DER SCHWARZWALD

DER SCHWARZWALD

Eine deutsche Kulturlandschaft in Geschichte und Gegenwart

Horst Friedrich Vorwerk
Mit Farbbildern von Erich Spiegelhalter

Herder Freiburg · Basel · Wien

Die Deutsche Bibliothek – CIP-Einheitsaufnahme

Der **Schwarzwald** : eine deutsche Kulturlandschaft in
Geschichte und Gegenwart / Horst Friedrich Vorwerk.
Mit Farbbildern von Erich Spiegelhalter. – Freiburg i. Br. ;
Basel ; Wien : Herder, 1992
ISBN 3-451-22658-8

NE: Vorwerk, Horst Friedrich; Spiegelhalter, Erich

Reproduktionen: Schaufler GmbH, Freiburg
Satz: Barbara Herrmann, Freiburg
Belichtung: Johannes Schimann, Ingolstadt
Karte: Melanie Waigand
Herstellung: Freiburger Graphische Betriebe 1992
ISBN 3-451-22658-8

Inhalt

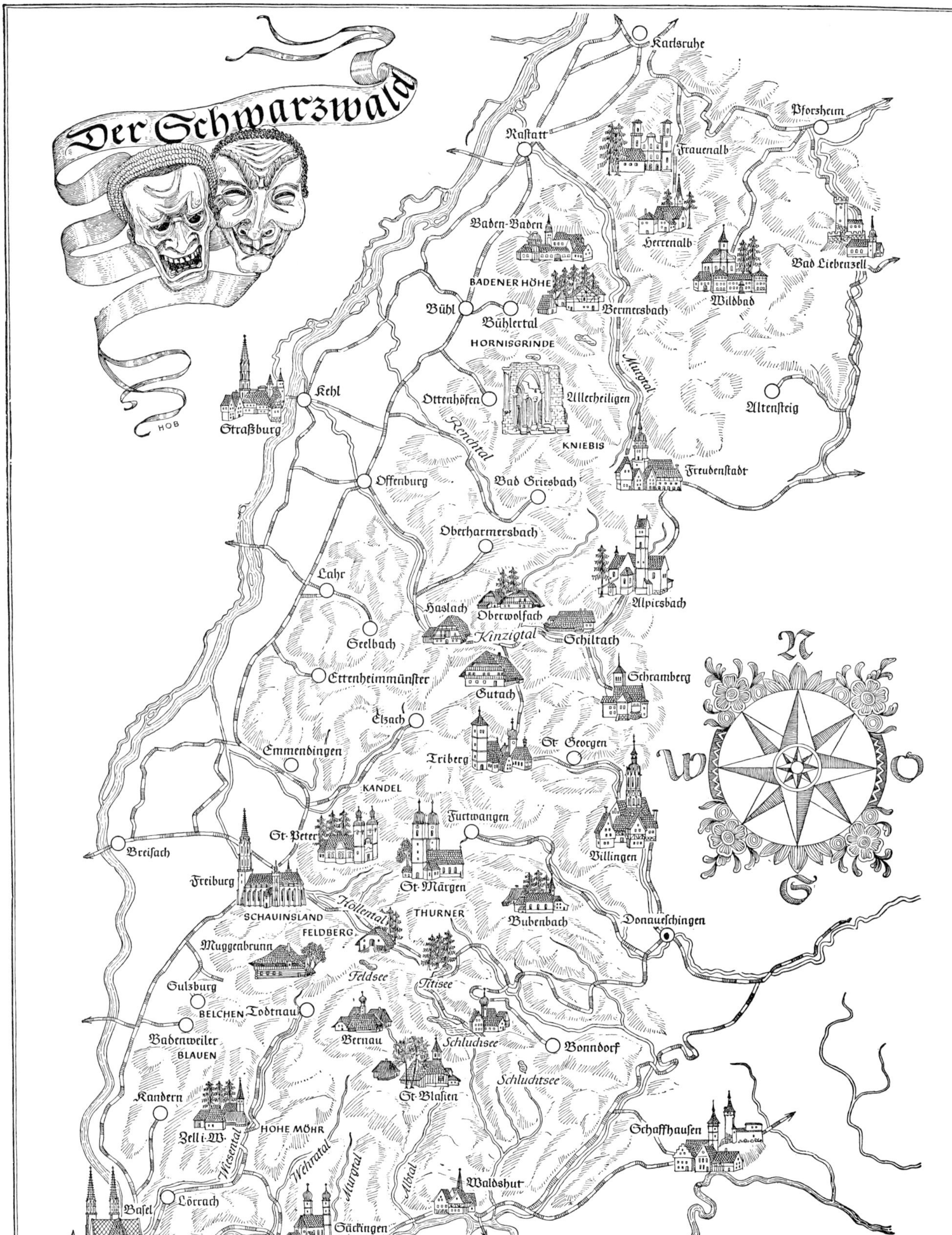
Der Schwarzwald
HOB
Karlsruhe
Rastatt
Pforzheim
Frauenalb
Herrenalb
Bad Liebenzell
Wildbad
Baden-Baden
BADENER HÖHE
Bühl
Bühlertal
Bermersbach
HORNISGRINDE
Murgtal
Straßburg
Kehl
Ottenhöfen
Allerheiligen
Altensteig
Renchtal
KNIEBIS
Freudenstadt
Offenburg
Bad Griesbach
Oberharmersbach
Lahr
Alpirsbach
Haslach
Oberwolfach
Seelbach
Kinzigtal
Schiltach
N
Schramberg
Ettenheimmünster
Gutach
Elzach
Emmendingen
Triberg
St. Georgen
W
O
KANDEL
Furtwangen
Villingen
Breisach
St. Peter
Freiburg
St. Märgen
S
SCHAUINSLAND
Höllental
THURNER
Bubenbach
Donaueschingen
FELDBERG
Muggenbrunn
Feldsee
Titisee
Sulzburg
BELCHEN
Todtnau
Bernau
Schluchsee
Bonndorf
Badenweiler
BLAUEN
Schluchtsee
Kandern
St. Blasien
Schaffhausen
Zell i. W.
HOHE MÖHR
Wiesental
Wehratal
Murgtal
Albtal
Basel
Lörrach
Waldshut
Säckingen

Vorwort

Landschaft, Leben und Brauchtum des beliebtesten deutschen Mittelgebirges sind so vielfältig, daß es immer wieder neues zu entdecken gibt.

Anliegen dieses Buches ist es, den Schwarzwald so zu zeigen, wie er sich wenige Jahre vor der Jahrtausendwende darstellt – selbstverständlich auch mit seinen Wurzeln, die in die Vergangenheit zurückreichen und aus denen die Gegenwart hervorgegangen ist.

Der Band zeigt die zahlreichen Schönheiten und viel besuchten Anziehungspunkte, doch es soll nicht verschwiegen werden, daß es auch eine andere Seite gibt. Die Zeit ist vor den Bergen nicht stehengeblieben. Natürlich ist vieles verlorengegangen, dem der heutige Besucher nachtrauert, das er vergebens zu finden trachtet. Mancher Schwarzwald-Reisende trägt jedoch ein Bild dieser Landschaft mit sich herum, das zu keiner Zeit der Wirklichkeit entsprochen hat, eine Vorstellung nostalgischer Klischees, die so nie vorhanden gewesen sind.

Allerdings hat die moderne Uniformität sich auch zwischen Rhein, Neckar, Kinzig und Schlücht breitgemacht; Fußgängerzonen mit den in ganz Deutschland bekannten Schriftzügen der Geschäftsketten beeinflussen auch hier das Bild der Städte. Zum Glück ist aber daneben die Eigenart und Einmaligkeit der Landschaft zu einem großen Teil erhalten geblieben, die dem Leser in erzählendem Ton vermittelt werden soll; dabei kommen Vergangenheit und Gegenwart gleichermaßen zu ihrem Recht.

Das Buch soll ein kurzweiliger Führer zu Naturschönheiten, Kuriositäten sein – und nicht zuletzt von den im Schwarzwald lebenden Menschen erzählen. Rückblicke auf die Vergangenheit, Schilderung des Vorhandenen und gelegentlich verstohlene Ausblicke in die Zukunft bestimmen den Aufbau.

Es wurde darauf Wert gelegt, die Vielfalt der Landschaft herauszustellen, ohne eine penible Vollständigkeit anzustreben, denn eine so reichbedachte Region lückenlos zu schildern, ist eine schier unmögliche Aufgabe. So wurden gelegentlich Kleinigkeiten, die oft unbemerkt bleiben, die aber für die Gegend charakteristisch sind, spektakulären, immer wieder erwähnten Attraktionen vorgezogen.

Dieses Buch möge bei der Vorbereitung einer Reise in den Schwarzwald, als Erinnerung an Ferientage oder als Informationsquelle dienen und Leser wie Betrachter durch Wort und Bild erfreuen sowie den Wunsch wecken, selbst auf Erkundung zu gehen und bisher Unbekanntes zu entdecken.

Horst Friedrich Vorwerk

Bei Allerheiligen, südlich der Hornisgrinde

Nördlicher Schwarzwald

Der 160 Kilometer lange Schwarzwald mit einer Breite von 25 Kilometern im Norden und 60 Kilometern im Süden (Linien „Ettlingen-Pforzheim" und „Lörrach-Waldshut") wird in drei ungefähr gleiche Teile gegliedert.

Würde diese Unterteilung nach politischen Gesichtspunkten erfolgen, gäbe es schon bei der Abgrenzung des nördlichen vom mittleren Bereich Schwierigkeiten, denn – selbst wenn die einst fürstenbergischen Besitzungen unberücksichtigt blieben – in den größtenteils württembergischen Anteil ragen so viele badische Landzungen hinein, daß eine klare Trennung unmöglich wäre.

Viel einfacher ist die Unterscheidung nach einer Trennungslinie, die von der Natur bereits gezogen wurde, bevor der Mensch begann, Grenzsteine aufzurichten: dem Freudenstädter Graben. Diese Linie – etwa von Achern bis Freudenstadt – ist ungefähr mit dem Kinzigtal gleichzusetzen.

Im folgenden wurde der nördliche Teil bis an die noch sehr zahlreich vorhandenen alten Grenzsteine ausgedehnt, die auf der einen Seite das Wappen Württembergs, auf der anderen das Badens tragen, ungefähr hier verläuft auch die Konfessionsgrenze.

Nördlicher Schwarzwald – das bedeutet, geologisch betrachtet, Buntsandstein, auf dem sich die größten zusammenhängenden Waldgebiete des Landes ausdehnen, unterbrochen von Hochmooren und Bergseen. Die höchste Erhebung mit 1164 Metern, die Hornisgrinde, bleibt um ein gutes Stück hinter ihren südlichen Brüdern zurück.

Die Ränder des beschriebenen Gebietes sind mit beachtlichen Städten besetzt wie etwa dem quirligen Pforzheim, dem mondänen Baden-Baden und dem auf eine große Vergangenheit als Markgrafenresidenz zurückblickenden Rastatt, dessen Schloß an Versailles erinnert.

Schlösser und Burgen – die meisten nur noch als Ruinen – sind, wie die zahlreichen noch bestehenden oder längst aufgelösten Klöster, für den nördlichen Schwarzwald charakteristisch, aber auch die zahlreichen Badeorte, deren Mineral- und Kohlesäurequellen beliebte Wasser liefern, die Ortsnamen wie etwa die von Griesbach, Peterstal, Rippoldsau, Teinach und Wildbad weit über den Schwarzwald hinaus bekanntgemacht haben.

Umgeben sich die Badeorte mit mondänem Flair, so sind die übrigen Städte durch schwäbischen Fleiß und Gediegenheit geprägt.

Die ausgedehnten Wälder verhalfen manchem Waldbauern, Holzhändler und Flößer zu Wohlstand, sie ernährten aber auch die weniger Begüterten, oft mehr schlecht als recht, die für den Schwarzwald typische – und jetzt teilweise verschwundene – Handwerke und Gewerbe ausübten, deren Rohstoff das Holz war. Daneben wurden auch intensiv Landwirtschaft und Bergbau betrieben.

Daß die Sorge um den Wald in der heutigen Zeit die Bewohner des nördlichen Schwarzwaldes sehr bewegt, ist verständlich, denn ein großer Teil von ihnen lebt noch immer von der Landschaft, indem sie Gäste beherbergen, die jährlich für einige Wochen im nördlichen Schwarzwald Ruhe, Entspannung und – im Bereich der Schwarzwaldhochstraße – Wintersportmöglichkeiten finden.

An Nagold und Enz: Bäder, Burgen, Brücken

Ein alter Meilenstein verkündet, daß die Römer die Stadt am Zusammenfluß von Enz, Nagold und Würm „Portus" nannten; für heutige Schwarzwaldbesucher ist Pforzheim ebenfalls „die Pforte" in das Gebiet der ausgedehnten Wälder.

Die einstige Residenzstadt badischer Markgrafen, die sich „Zentrum der deutschen Schmuckwaren- und Uhrenindustrie", sogar „Goldstadt" nennt, ist nach den schweren Zerstörungen von 1945 im Baustil unserer Zeit wiedererrichtet worden. Im großen und ganzen hat der Wiederaufbau eine Kulisse entstehen lassen, die den Naturfreund nicht unbedingt zu einem Zwischenaufenthalt verlockt.

Dennoch sind nach dem verheerenden Bombenangriff vom 23. Februar 1945, bei dem ein Fünftel der Bevölkerung ums Leben kam und 83 Prozent der Stadt zerstört wurden, einige der alten Schätze erhalten geblieben.

In der Schloß- und Stiftskirche St. Michael, der Grablege der Markgrafen von Baden, sind Zeugnisse romanischer und gotischer Baukunst sowie zahlreiche Epitaphe und Skulpturen zu sehen.

Auch die älteste Kirche der Stadt, St. Martin aus dem 12. Jahrhundert, hat das Inferno überstanden, in ihr wurden durch die Bombenerschütterungen Wandmalereien aus dem Mittelalter freigelegt.

Ein Kleinod kirchlicher Kunst befindet sich ungefähr 15 Kilometer von Pforzheim entfernt, die Magdalenakirche in Tiefenbronn. Die gotische Basilika aus dem frühen 15. Jahrhundert mit einem Chor, der um 1380 entstand, ist mit bedeutenden Altären und Kunstgegenständen ausgestattet.

Das Würmtal bei Pforzheim

Kultureller Mittelpunkt Pforzheims ist mit Kunstausstellungen und Konzerten das Reuchlinhaus, benannt nach Johannes Reuchlin (1455 bis 1522), Humanist und Sohn der Stadt.

Fast 2000 Jahre sind vergangen, seit die Römer am Enzübergang ihre Siedlung anlegten, auf deren Grundmauern die Martinskirche ruht.

In den vielen Jahren der Stadtgeschichte mußte der legendäre „Nackte Mann" sehr oft aus der Enz steigen, um Krieg, Pest und Hungersnot anzukünden – allein gegen Ende des 17. Jahrhunderts wurde die Stadt dreimal von französischen Truppen Ludwigs XIV. ausgeplündert und gebrandschatzt. Dank Bürgereifer hat sich trotzdem ein wirtschaftlicher Brennpunkt aus der einstigen römischen Siedlung entwickelt; hier leben übrigens, nach Frankfurt und Stuttgart, die meisten Millionäre.

Nun durch die „Porta Hercynica" der Römer, hinein in das Urlaubsreich der Fichten und Tannen! Doch – soll die Fahrt durch das Enz- oder das Nagoldtal führen? Ganz gleich, für welchen Weg sich die Urlauber entscheiden, einer der beiden Flüsse wird sie begleiten; sie werden ihn auf Brücken überqueren und zahlreichen Bädern sowie Kloster- und Burgruinen begegnen.

Nach einer Elf-Kilometer-Fahrt durch das Tal der Großen Enz grüßt in Neuenbürg (nomen est omen) vom Schloßberg das neue Schloß, daneben die Ruinen einer Burg aus dem 12. Jahrhundert. In der ehemaligen Schloßkirche gibt es frühgotische Wandmalereien zu sehen.

Bald ist Wildbad erreicht; es braucht einen Vergleich mit Baden-Baden nicht zu scheuen, die Gästelisten des einstigen Zarenbades bezeugen es. 625 Jahre nach seiner ersten urkundlichen Erwähnung darf sich das damalige „Wylbad" seit 1991 mit der Auszeichnung „Bad" schmücken.

Nur zögernd weist man heute noch Fremde auf selten gewordene Naturschönheiten hin, so ist es auch mit den vier Hochmooren im Kaltbronnengebiet, denn mit jährlich ungefähr 300 000 Besuchern und 70 000 Fahrzeugen ist diese botanische Rarität in Mitteleuropa schon mehr als überlastet. Das größte zusammenhängende Waldgebiet Deutschlands hat sich mit seinen ausgedehnten Wandermöglichkeiten nämlich zu einem der beliebtesten Ausflugsziele im Nordschwarzwald entwickelt. In Enzklösterle können die Reisenden, wenn sie den richtigen Zeitpunkt treffen, das Setzen und Abbrennen eines Kohlemeilers miterleben

Blick auf Wildbad. Stich von Max Roman

oder viel Wissenswertes über ein anderes altes Schwarzwaldhandwerk, die Flößerei, erfahren.

Hinter Besenfeld führt die Fahrt durch das tannenreiche Gebiet der Wasserscheide zwischen Enz, Murg und Nagold. Freudenstadt ist nicht mehr fern.

Wer sich statt von der Großen Enz von der Nagold südwärts führen läßt, erreicht 21 Kilometer hinter der „Goldenen Pforte“ Bad Liebenzell. Hier findet er neben dem Bad ebenfalls Burg und Kloster – das heißt: die Reste davon, denn aus Burg Liebenzell enstand eine Jugendburg, und das Kloster mit Benediktinerinnen aus Hirsau wurde bereits Ende des 12. Jahrhunderts nach Kentheim verlegt.

Im Ortsteil Hirsau der Hesse-Stadt Calw sind ebenfalls nur noch Ruinen von der einst großartigen Klosteranlage übriggeblieben. Erhalten hat sich dagegen in Kentheim die Candiduskirche, deren älteste Teile vermutlich dem 9./10. Jahrhundert entstammen.

Erheblich jünger, wenn auch schon vor fast 400 Jahren erbaut, ist die Hirschbrücke, auf der einst Gericht gehalten wurde. Sie überspannt unterhalb von Wildberg die Nagold. Ein kurzer Abstecher vom Flüßchen weg zu einem weiteren Bad und zu einem idyllischen Ort: Bad Teinach und Zavelstein. Die zu jeder Zeit reichlich sprudelnden Mineralquellen Teinachs wurden zu verschiedenen Zeiten auch von Mitgliedern des württembergischen Herrscherhauses besucht. Wie Calw und Hirsau, so wurde auch Zavelstein 1692 von General Melac niedergebrannt. Das Städtchen wurde

Bad Liebenzell. Stich von Max Roman

wieder aufgebaut, die Burg, in der Graf Eberhard II. beim Überfall in Wildbad Aufnahme fand, blieb Ruine. Dagegen noch gut erhalten ist ihr großer Burgkeller, den die Kaiserlichen 1634 plünderten, 300 Hektoliter Wein sind ihnen dabei in die Hände gefallen.

Der 28 Meter hohe Bergfried ist weithin sichtbar. Er wurde 1100 erbaut, im gleichen Jahr, in dem die St.-Georgs-Kirche nebenan als Kapelle errichtet worden ist.

In ihrem Innern befinden sich eine Reihe von Grabsteinen der letzten Burgherren; auf dem von Herrn Johann Friedrich Buwinghausen von Walmerode, gestorben 1790, ist zu lesen:

Hier bei diesem Leichensteine
ruhen die Gebeine
eines ehrlichen Mannes.

Im Frühjahr locken die üppig blühenden Krokusfelder bei Zavelstein immer wieder viele Naturfreunde an, manche von ihnen verweilen einen Augenblick bei dem Steinkreuz, in das ein Spinnrocken und eine Spindel eingemeißelt sind; das „Spennere Kreuz“ wurde an der Stelle errichtet, an der 1447 eine arme Spinnerin „im greulich tiefen Schnee erstickt“ ist.

Mit dem kleinen Fluß haben die Urlauber die Stadt erreicht, mit der er den Namen teilt. Die 786 zum erstenmal erwähnte „villa nagaltuna“ führt einen Nagel im Wappen, was auf den im Volksmund gebräuchlichen Namen des Ortes „Nagelt“ hindeuten soll, in Wirklichkeit sollen Fluß- und Stadtnamen keltischen Ursprunges sein. Phantasievoller weiß die Sage den Namen zu erklären: ein buckliger Zwerg aus dem Geschlecht der Hohenberger stieg häufig nachts von der Burg Altensteig zum Fluß hinab und kehrte des Morgens mit prall gefülltem Sack zurück. Nach dem Tod des Zwerges entdeckte sein Bruder in den unterirdischen Verließen eine riesige Menge des vom Zwerg aus dem Fluß zusammengetragenen Goldes, worauf er sprach: „Wenn dieser nahe Fluß so viel Gold mit sich führt, soll er Nagold heißen!“

Ist der Ursprung des Namens auch nicht einwandfrei zu erklären, für die Burg Hohennagold existieren Daten: auf dem von drei Seiten von der Nagold umflossenen Bergsporn hatten sich bereits bronzezeitliche Siedler niedergelassen, bevor die Pfalzgrafen von Tübingen um 1100 dort die erste Burg errichteten, deren Nachfolgerin im Dreißigjährigen Krieg von kurbayerischen Truppen zerstört wurde. Die Ruine ist heute beliebtes Ausflugsziel und Aussichtspunkt.

Nicht nur der Herrschaftssitz der Nagoldgrafen fiel der Zerstörung anheim, auch die von den Pfalzgrafen von Tübingen angelegte Stadt erlebte – wie fast alle alten Städte – mehrere große Feuersbrünste und kriegerische Angriffe.

Um so bemerkenswerter sind die erhaltenen Zeugen der Vergangenheit, wie die erstmals im Jahr 773 erwähnte Remigiuskirche mit Resten von Fresken um 1320/25, die Alte Vogtei, den Turm der abgebrochenen alten Stadtkirche von 1401 und das älteste, noch im 13. Jahrhundert mit Buckelquadern erbaute „Steinhaus“. Etwas jüngeren Datums ist die „Post“, ein Gasthaus mit markantem Fachwerkäußeren und einem prächtigen Wirtshausschild; das Gebäude von 1699 diente einst als Posthalterei an der Postkutschenlinie Stuttgart-Freudenstadt.

Auf ein noch beträchtlicheres Alter können allerdings die Siedlungsreste aus der Urnenfeld- und Hallstattzeit und der Fürstengrabhügel keltischen Ursprungs zurückblicken.

Beim Bummel durch den Ort entdecken die Besucher auf dem Stadtbrunnen die Statue der „Wüsten Urschel“, einer Grafentochter von der Burg, die mit einem Korb dargestellt ist; als Dank für ihre Wohltaten haben ihr die Nagolder dieses Denkmal gesetzt.

Wie einst die Postkutschenstrecke auf dem Weg nach Freudenstadt, so durchquert heute die B 28 Altensteig mit seinem Schloß aus dem 13. Jahrhundert, der Stadtkirche von 1775 und seinen malerischen Häusern hoch über der Nagold. Aus dem Tal heraus und weg vom Flüßchen geht es nun auf die Höhe über Dornstetten und zur Stadt mit dem größten Marktplatz Deutschlands: Freudenstadt.

Kloster Hirsau – das schwäbische Cluny

„Die gehörnten Tiere unseres Frieses entsprechen nach ihrer Zahl und Reihenfolge aufs Genaueste den Planeten“, so deutet der Hirsauer Heimatforscher Karl Greiner (1882–1971) die Friesfiguren am Westturm der ehemaligen St.-Peter-und-Pauls-Kirche in Hirsau als astronomische Sinnbilder.

Schon viele Erklärungen und Deutungen dieses rätselhaften Frieses am „Eulenturm“ sind versucht worden, vieles wurde in den Figuren gesehen, von den Heiligen bis zu den germanischen Hauptgöttern. Der Phantasie waren keine Grenzen gesetzt.

Der Westturm ragt als einziges Überbleibsel der einstigen Klosteranlage zwischen den Ruinen auf, daß er den großen Brand 1692 überstand, verdankt er einer wundersamen Fügung, daß er auch die Zeit danach ohne Schaden überdauerte, seiner Nutzung als Gefängnis.

Warum damals eine der größten romanischen Kirchen des 11. Jahrhunderts und die ausgedehnten Klostergebäude zerstört wurden, wird wahrscheinlich für immer ein Rätsel bleiben. Tatsache ist, daß nach der Schlacht von Ötisheim, am 17. September 1692, in der die Franzosen die Württemberger schlugen, der französische General Melac sowohl Calw als auch das Kloster dem Erdboden gleich machen ließ.

Emotionslos berichtet das Hirsauer Kirchenbuch: „Anno 1692 ist das hiesige Kloster wie auch Stadt Calw von den Franzosen abgebrandt … worden.“

Damals sank auch der südliche Westturm in Trümmer, ob er ebenfalls mit einem Fries geschmückt war, ist nicht überliefert, doch lassen an seinem Stumpf gefundene Bildsteine eine solche Vermutung zu.

Wahrscheinlich war das Nagoldtal vor dem Jahre 1000 noch unbewohnt, im ehemaligen Klosterbereich wurden jedoch Zeugnisse aus der jüngeren Steinzeit entdeckt.

Zwischen 765 und 768 entstand ein „Nazariuskirchlein“, doch soll schon 645 eine edle Frau aus dem Geschlechte der Edelknechte zu Calw eine kleine Kirche mit Zelle gestiftet haben.

Eine „Zelle des heiligen Aurelius“ entstand 830, und acht Jahre später wurde die dazugehörende erste Aureliuskirche konsekriert. Als um das Jahr 1000 die Calwer Grafen den einst dem Kloster übertragenen Besitz mit Gewalt zurückverlangten und die Mönche vertrieben, verödete die Niederlassung.

Nahe jenem Kloster, in einer Mühle, soll sich der Sage nach Graf Diepold von Calw mit seiner Gattin, die ihm dort einen Sohn gebar, vor Kaiser Konrad versteckt haben, weil er sich gegen diesen aufgelehnt hatte. Der Kaiser entdeckte jedoch das Neugeborene und wollte es durch einen Jäger töten lassen, da ihm beim Betreten der Mühle eine geheimnisvolle Stimme zugeraunt hatte: „Dieser Knabe wird einst dein Tochtermann und Erbe werden.“ Statt des Jungen mußte ein Hase sein Leben lassen, dessen Herz als Vollzugsbeweis dem Kaiser vorgezeigt wurde.

Wenn das Schicksal sich schon einmal verschlungene Wege ausgedacht hat, läßt es sich die absonderlichsten Begebenheiten einfallen, so auch in dieser Angelegenheit: Natürlich wird der Kleine gefunden, vom jagenden Schwabenherzog, der ihn als Kind annimmt. Bei einem Besuch des Kaisers erkennt der jedoch die wahre Herkunft des (natürlich schönen) Jünglings und will ihn zum zweitenmal umbringen lassen.

Er schickt ihn zur Kaiserin nach Aachen mit einem Brief des Inhaltes: „By dime leben gib deme jungen den Tod.“

Als der Diepold-Sohn auf dem Wege nach Aachen bei einem Priester übernachtet, öffnet der den Brief und verfälscht den Inhalt in „By dime leben gib deme jungen dine tochter.“

Selbstverständlich muß sich die Weissagung erfüllen, die Hochzeit wird in Abwesenheit des Kaisers begangen, der einsieht, daß Menschenpläne gegen Gottes Willen nichts ausrichten, und sogar Graf Diepold darf auf seine Güter nach Calw zurückkehren.

Außer daß im Klosterbereich häufig gejagt wurde, berichten die Annalen nichts von der wundersamen Geschichte.

Auf Betreiben von Papst Leo IX. wurde 1059 mit dem Bau des monumentalen Münsters begonnen, dessen erhaltener unterer Teil des Langhauses heute noch etwas von der steinernen Kraft spüren läßt, mit der die Benediktinermönche des 11. Jahrhunderts es ausgestattet hatten.

Wurde die Aureliuskirche teilweise erhalten und – nach verschiedenster profaner Nutzung – wieder in einen würdigen Zustand versetzt, so sind von der jüngeren Klosteranlage mit ihrer Kirche heute nur noch Ruinen zu sehen.

Der große Gebäudekomplex war, neben seinen Reformbemühungen, das große Lebenswerk des Abtes Wilhelm, der wegen des starken Zustromes von Laienbrüdern – einen Stand, den Hirsau als erstes deutsches Kloster schuf – in den bisherigen Gebäuden mit Raumnot zu kämpfen hatte und deshalb 1082 mit dem Neubau begann.

Abt Wilhelm war nicht nur Baumeister und Re-

Kloster Hirsau

former, sondern er verfügte auch über vielseitige andere Begabungen, so verfaßte er unter anderem Werke über Musik und Astronomie, was die Vermutung bestätigen könnte, im Fries seien tatsächlich Planetensinnbilder enthalten.

Am 2. Mai 1091 wurde die St.-Peter-und Pauls-Kirche eingeweiht, kurz darauf starb der Abt, so daß er den Umzug des Konventes in das neue Kloster nicht mehr erlebte. St. Aurelius verwaiste jedoch nicht, denn einige Mönche blieben dort zurück.

Nicht nur päpstliche Legaten und Mönche aus anderen Klöstern waren in Hirsau zu Gast, auch weltliche Herren machten dort häufig Rast auf ihren Jagd- oder Badereisen. Jeder echte Schwabe kennt das Gedicht, in dem Uhland den Besuch von Graf Eberhard im Rauschebart beschreibt:

Zu Hirsau bei dem Abte,
da kehrt der Ritter ein
und trinkt bei Orgelschalle
den kühlen Klosterwein.

Doch weniger des Weines oder Bades wegen kamen die Herzöge von Württemberg nach Hirsau, seit 1342 waren sie Schutzvögte des Klosters und erfreuten sich der Jagd im Nagoldtal auf Hirsche, Wildschweine und Wölfe, während die Mönche den Kleinen und Großen Bären am weiten nächtlichen Himmel verfolgten.

Zu Jagdzeiten hatten die fürstlichen Jäger für gewöhnlich im Kloster Quartier bezogen, bis sie 1592 ein eigenes Schloß im Klosterbereich beziehen konnten.

Die heute geläufige Bezeichnung „Jagdschloß" entspricht nicht dem zugedachten Zwecke des Prachtbaus, den Eberhard III. 1639 so beschrieb: „Der neue Bau im Hirsauer Kloster ist von Unseren Hochlöblichen Vorfordern zu dem Ende erbaut worden, Sich in Sterbensläuften dahin als einen gesunden Orth zu retiriren, wie auch darumb gelegenen Sauerbrunnen und Bäder desto füglicher von darauß zu gebrauchen."

Mit dem Schloß hatte Hirsau auch als Badeort seinen festen Bau erhalten, und das „Fürstliche Bad" über der „Hirschquelle" hat bis 1860 vielen prominenten Badebesuchern gedient.

Im Herzoglichen Schloß wurden rauschende Feste und Gelage abgehalten, bei den Bällen war der hängende Saal *die* Attraktion; in lateinischen Versen heißt es von ihm:

„... Das Kunstwerk des hängenden Saales
ist's, was vom Können des Künstlers und
seiner Mühe hier zeugt.
Wirklich, der Boden des Saales, frei
schwebend und nirgends befestigt,
locker nur ruht er auf stützendem, federndem Grund.
Tritt dann dein Fuß nur ganz leicht auf
den Boden des Saales
reizend gleich schwingt er ..."

(Übersetzung von Karl Greiner)

Dem Schloß und seinem wundergleichen Saale war das gleiche Schicksal wie Kloster und Kirche beschieden, sie verbrannten gemeinsam in derselben Septembernacht.

Im ausgebrannten Ostflügel ragte eine mächtige Ulme, die ihre Blätter rauschen ließ, von Uhland in einem Gedicht beschrieben:

Zu Hirsau in den Trümmern,
Da wiegt ein Ulmenbaum
Frisch grünend sein Krone
Hoch überm Giebelsaum.

Er wurzelt tief im Grunde
Vom alten Klosterbau,
Er wölbt sich statt des Daches
Hinaus ins Himmelsblau.

Weil des Gemäuers Enge
Ihm Luft und Sonne nahm,
So trieb's ihn hoch und höher,
Bis er zum Lichte kam.

Es ragen die vier Wände
Als ob sie mit bestimmt
Den hohen Wuchs zu schirmen,
Der zu den Wolken klimmt.

250 Jahre lang konnten die Wände den Baum schützen, doch im März 1989 war sein Ende gekommen, bis auf einen Reststamm von sechs Metern mußte er abgesägt werden.

Der mit dem Amtsantritt von Abt Wilhelm beginnende glänzende Aufstieg des Klosters und vor allem die von dort aus vermittelte kluniazensische Klosterreform machte den Namen Hirsaus weithin berühmt. Von Hirsau aus zogen Mönche über die Landesgrenzen hinaus, um die Reform des Klosterlebens und -bauens zu vermitteln. Im Schwarzwald selbst wurden vom Nagoldtal her die Klöster St. Georgen und Klosterreichenbach gegründet.

Doch die Blütezeit dauerte nur ungefähr ein Jahrhundert lang. Als 1535 die Frage lautete: „Rom oder Wittenberg?", blieb ein Teil der Mönche dem alten Glauben treu und fand im Kloster Maulbronn Aufnahme, Hirsau jedoch wurde 1556 evangelische Klosterschule.

Von St. Aurelius, wo die Wurzeln des blühenden Klosterlebens lagen, blieb nach dem Abriß der Türme, des Querschiffs und Chores nur noch ein Fragment erhalten, vom großen Bauwerk des Abtes Wilhelm nur Ruinen und der Eulenturm. Ob die Nachtvögel tatsächlich ihr Domizil zwischen den drei bärtigen Männern und den übrigen rätselhaften Bildern beibehalten haben, muß „vor Ort" erkundet werden.

Calw. Stich von Max Roman

Handwerk und Handel – Calw

Als 1692 das Kloster Hirsau und die Stadt Calw in Flammen aufgingen, war es für die Gemeinde nicht das erste Mal, daß sie zerstört wurde; bereits 59 Jahre zuvor waren 580 Häuser in Schutt und Asche gelegt worden, als die Bayern unter dem Reitergeneral Jan van Werth am 20. September 1634 kurzerhand über die Mauern stiegen, nachdem ihnen die Tore nicht geöffnet worden waren.

83 Tote und 200 Verwundete waren die unmittelbaren menschlichen Opfer der viertägigen Plünderungen und des Mordbrennens, rund 2500 Tote forderten die folgende Hungersnot und die daran anschließende Pest.

Die wenigen überlebenden Bürger bauten ihre Stadt wieder auf – schöner denn je, wie es hieß, doch 1692 brach mit den Franzosen und General Melac abermals das Verderben über Calw herein.

Das Nagoldtal ist für Ackerbau wenig geeignet, deshalb betätigten sich die Calwer Bürger schon früh in Handwerk und Handel. 1634 waren zwei Drittel der Bevölkerung als Tuchmacher beschäftigt, doch neben den Webern waren auch Färber und Gerber stark vertreten.

Einer der Calwer Rotgerber soll Karl, Herzog von Württemberg, auf dessen Frage, ob er es nötig habe, bei ungünstiger Witterung im Freien zu arbeiten, geantwortet haben: „Zwanzig würden oft gerne das Arbeiten lassen, wenn zweiunddreißig nicht wären." Der Herzog erhielt auf seine Bitte, Licht in diesen rätselhaften Ausspruch zu bringen, die Erklärung, die Zwanzig seien die Finger und Zehen des Gerbers, die schaffen müßten, um den zweiunddreißig Zähnen etwas zum Beißen zu verschaffen.

Gehandelt wurde, wie könnte das in einer Schwarzwaldgemeinde anders sein, mit Holz – aber auch mit aus Bayern eingeführtem Salz und mit dem schon erwähnten Tuch.

Die „Zeuglemacher" durften ihr Produkt nur an eine 1650 gegründete Zeughandels-Compagnie verkaufen, die wiederum die gewaschene und gefärbte Ware ins Ausland – sogar bis nach Westindien – lieferte. Die Bedeutung dieser Compagnie ist zu ermessen, wenn man sich vor Augen führt, daß sie 1787 rund 7000 Personen beschäftigte; ihr Ende kam zehn Jahre später, als statt einheimischer Wolle immer mehr Baumwolle verarbeitet wurde.

Ab der Mitte des 18. Jahrhunderts schlossen sich auch die Holzhändler zusammen und gründeten die Calwer Holzcompagnie, die ihre Stämme über Nagold, Enz, Neckar und Rhein nach Holland flößte.

Eine weitere Compagnie hatten die Salzhändler gegründet. An den schwunghaften Salzhandel erinnern heute noch in der Stadt der Salz-Kasten, die Salzgasse und die Arkaden des Rathauses, letztere, weil sie es zwei sich begegnenden Salzfahrzeugen ermöglichten, in der engen Gasse aneinander vorbeizukommen, indem eines der Fuhrwerke unter dem Rathaus hindurchfuhr.

Neben dem Rathaus steht noch immer das steinerne Haus, das – 1597 erbaut – als einziges Gebäude alle Katastrophen der Stadt überstanden hat.

Neben den vielen Fachwerkhäusern mit zum Teil kunstgeschichtlich wertvollen Stuckarbeiten sind zwei charakteristische Bauwerke besonders herauszuheben: die alte Brückenkapelle und „der Lange", ein Wächterturm, der 1518 erstmals erwähnt wurde. Im Jahre 1685 war die als Hexe verurteilte Agnes Mulferin im Langen eingesperrt worden. Der heutige Bau enstand 1706/1707.

Ein Kapitel über Calw wäre unvollständig, bliebe Hermann Hesse unerwähnt, der 1877 am Marktplatz geboren wurde und seine Jugendzeit an der Nagold zubrachte; er selbst schrieb über seine Heimatstadt: „Wenn ich als Dichter vom Wald oder vom Fluß, vom Wiesental, vom Kastanienschatten oder Tannenduft spreche, so ist es der Wald um Calw, ist es die Calwer Nagold, sind es die Tannenwälder und die Kastanien von Calw, die gemeint sind, und auch Marktplatz, die Brücke und Kapelle, Bischofstraße und Ledergasse, Brühl und Hirsauer Wiesenweg sind überall in meinen Büchern, auch in denen, die nicht ausdrücklich schwäbisch sich geben, wiederzuerkennen."

Die Stadt hat ihm vor kurzem mit einem reich ausgestatteten „Hermann-Hesse-Museum" eine Gedenkstätte eingerichtet.

Freudenstadt – der größte Marktplatz Deutschlands

In der Vergangenheit war es manchmal keine Freude – und zu gewissen (Urlaubs-)Zeiten ist es noch immer keine –, sich mit dem Auto durch Freudenstadt zu quälen, ganz gleich, ob man aus dem Murgtal oder von Mitteltal, die Griesbacher Steige hinauf oder den Pfahlberg hinab in die Stadt kommt. Der Stadtgründer Friedrich I. von Württemberg hatte sich weder um Verkehrs- noch um Parkplatz-Probleme zu sorgen, er wollte ganz einfach eine Stadt bauen, allerdings eine völlig andere als diejenige, die schließlich enstanden ist – ja, wäre es nach seinen Vorstellungen gegangen, so hätte Freudenstadt heute wahrscheinlich ein völlig anderes Gesicht.

Es war schon ambitiös, was der junge Herzog von Württemberg 1597 in Auftrag gab: ein Residenzschloß als Zentrum einer neuen Stadt sollte

Der Marktplatz von Freudenstadt

ihm Baumeister Schickhardt errichten – und das auf unwirtlicher Höhe von 740 Metern ü. d. M., inmitten „förchtig wilden Walds".

Der Baumeister begann, doch der Herzog zog sich in ein anderes Leben zurück. Die Stadt wurde verwirklicht, das Schloß nicht; an seiner Stelle blieb der große freie Platz, der heute dem Stadthaus, dem Postamt, einer Grünanlage, drei Bundesstraßen und einer neuen Tiefgarage Platz bietet – und vielleicht dem zukünftigen „Maulwurfprojekt", einem Tunnelbau mit zwei Ästen, einem Richtung Baiersbronn, einem Richtung Kniebis, der den Autoverkehr unterirdisch durch die Stadt führt.

Durch den Bau der unterirdischen Parkplätze bot sich die Chance, den jetzt vom ruhenden Verkehr freien Marktplatz neu zu gestalten.

Was findet der Besucher außer dem ausgedehnten, von Arkaden gesäumten Platz noch? Der Stadtprospekt schwelgt in Superlativen: die höchstgelegene Stadt Baden-Württembergs beherbergt das einzige erhaltene hölzerne und bemalte Lesepult aus dem Mittelalter – es stammt aus dem ehemaligen Kloster Alpirsbach (oder Hirsau?); da ist die mit zwei Schiffen im rechten Winkel gegeneinander gebaute („... daß die männlichen und weiblichen Besucher ... einander nicht, beide aber den Geistlichen sehen können", wie Hansjakob anmerkt) Winkelhakenkirche, in der außer dem Lesepult ein romanischer Taufstein – ebenfalls aus Alpirsbach – aufbewahrt wird.

1639 wirkte an der Kirche ein Jürg Stöffler als Stadtpfarrer. Den wollten die plündernden Franzosen und Weimarer aufknüpfen, weil er ihnen die versteckten Kirchengeräte nicht herausgab, doch der schwedische Feldpater, ein Kapuziner, rettete seinem protestantischen Kollegen das Leben. Seitdem genießt jeder durchreisende Kapuziner in Freudenstadt das Privileg, kostenlos Nachtquartier und Beköstigung zu erhalten – doch heutzutage ist eher ein Bundeskanzler auf einsamer Schwarzwaldhöhe als ein Kapuziner in Freudenstadt anzutreffen.

Seit ihrer Renovation vor einigen Jahren ist die Stadtkirche ein von Einheimischen und Fremden vielbewundertes Schmuckstück, allerdings gehen die Ansichten über einen Gerichtsengel der Neuzeit auseinander.

Häufig mußten Freudenstadts Bürger wieder neu beginnen und Zerstörtes aufbauen, denn allzu

Die Arkaden des Freudenstädter Marktplatzes

oft vernichteten Feuersbrünste die Stadt. Da gab es beispielsweise den großen Stadtbrand von 1632, bei dem die Hälfte von Friedrichs Gründung schon 33 Jahre nach dem Bau der ersten Häuser in Schutt und Asche versank. Ein Schuldiger für die Katastrophe war rasch gefunden: eine Hexe. Nur die Katharina Giroth, Ehefrau des Wirtes „Zum Güldenen Barben", konnte Verursacherin des Unheils gewesen sein, war nicht ihr Vater im Vorjahr als Hexer verbrannt worden? Und was machte es schon aus, daß die „Girothin" sich während des Brandes in ihrer Heimatstadt Oppenau aufhielt, hatte nicht fast genau hundert Jahre zuvor eine Hexe mittels „Fernauslösung" das nahe Schiltach eingeäschert?

Rasch war auch eine Zeugin gefunden, die beteuerte, die Wirtsfrau habe an Hexenversammlungen bei der „Linden vor dem stetlin" teilgenommen. Zur Ehre der damals verantwortlichen Freudenstädter sei mitgeteilt, daß sie die Girothin ungeschoren ließen, als sich durch die „theologische Artikul" die Unschuld der Frau erwies.

Kurz vor dem Ende des Zweiten Weltkriegs wurde die Gründung Friedrichs fast vollständig zerstört. Doch abermals entstand aus Trümmern eine neue Stadt und mit ihr ein beachtliches Kurzentrum, das zahlreiche Gäste in den heilklimatischen Kurort zieht.

Der Wald rings um die Stadt blieb vom Krieg verschont, seine Zerstörung ist vielleicht unserer Zeit vorbehalten.

Urlauber und Kurgäste kümmert es wenig, ob ihr Feriendomizil einmal „Freudenstadt" oder „Friedrichstadt" heißen sollte, darüber lassen sie die Verfechter des „Freydenstadt" mit denen des

„Friedrichstatt" streiten. Auch die Frage über den Anlaß zur Stadtgründung sollen die Experten unter sich lösen. Partei für die eine oder andere Seite werden seit der innerdeutschen Grenzöffnung allerdings einige dabei ergreifen, ob der Platz in Erfurt größer als der in Freudenstadt sei. Nachdem eindeutig nachgewiesen worden ist, daß Heide in Dithmarschen, das den Freudenstädtern ihren Anspruch auf den größten Marktplatz ebenfalls streitig machen wollte, nur über den zweitgrößten verfügt, bleibt man in der Schwarzwaldstadt gelassen. Doch nun ist Freudenstadt erneut gefordert.

Hätte Herzog Friedrich sein Schloß bauen können, wären solche Fragen gar nicht gestellt worden.

Kloster Alpirsbach

Wenn heute ganz selbstverständlich von der „Klosterstadt" gesprochen wird, äußern sich darin Einfluß und Bedeutung des ehemaligen Klosters Alpirsbach. Es läßt sich nicht leugnen: die Stadt verdankt ihre Entstehung einigen weltlichen Herren und den Benediktinern und wuchs im Schatten von Kirchturm und Krummstab.

Erst etwa im 11. Jahrhundert begann man mit Roden und Neubesiedeln in dieser Region. Nach den Kämpfen zwischen Alamannen und Römern war die Gegend für einige Jahrhunderte so gut wie unbewohnt geblieben, doch schon lange vorher – in der Jungsteinzeit – hatten Menschen hier gelebt, wie zum Beispiel ein in der Kinzig gefundenes Steinbeil beweist.

Etwa 1095 wurde das Kloster auf dem Hofgut des Grafen Adalbert von Uffgau gegründet; Mutterabtei war St. Blasien. Die Klostergebäude erfuhren im Laufe der Jahre viele Umbauten, heute ist nur noch der Abtserker im ursprünglichen Zustand erhalten. An ihm findet sich auch ein schriftlicher Hinweis auf die einstigen Klostergründer: ein Fresko zeigt die Wappen von Hausen (Neckarhausen), Sulz und Zollern sowie die Inschrift „Das send die styffts Herrn dieses Wirdigen gotts Hauß Alppersbach".

Auditorium, Dormitorium, Bruder- und Kapitelsaal wie auch einige Mönchszellen sind heute noch zu besichtigen, leider nur noch teilweise im ursprünglichen Zustand.

Bei einem Besuch der im ehemaligen Kloster eingerichteten katholischen Kirche achte man auf die Bretterdecke, sie gehörte einst zum Refektorium, das durch Vereinigung mit dem darunter liegenden Raum die heutige St.-Wolfgangs-Kirche bildet. Auch die alte Balkendecke des Kapitel- und eine tragende Holzsäule des Brudersaales blieben von den baulichen Veränderungen unberührt.

Während die Konventsgebäude im Inneren nicht mehr in ihrer ursprünglichen Form erhalten sind, finden sich an den Außenwänden noch zahlreiche Zeugnisse wie Wappen der Schirm- und Klosterherren und Inschriften, die oft auf die Geschichte des Klosters hinweisen.

Ein Papstprivileg von 1101 hat den Namen des ersten Abtes überliefert: Kuno. Die Reihe seiner Nachfolger weist Persönlichkeiten aus, deren Führung durch rege Bautätigkeit, Vergrößerung des Kloster-Wohlstandes, sowohl durch Dulden von Mißständen als auch durch Bemühungen um Reformen gekennzeichnet ist.

Brände und Kriege verschonten das Alpirsbacher Kloster nicht, im Bauernkrieg wurde es geplündert.

Solange Württemberg unter österreichischer Herrschaft stand, hatte die Reformation auf das Kloster keinen nachhaltigen Einfluß, obwohl Luthers Lehre dort schon 1520 verbreitet worden war. Nach der Rückeroberung des Landes durch Herzog Ulrich war das Eindringen des neuen Glaubens nicht mehr aufzuhalten. Zwar erhielten die Benediktiner das Kloster noch einmal zurück, doch nach dem Augsburger Religionsfrieden wurde es – mit allen anderen Klöstern in Württem-

Alpirsbach. Lithographie von Ludwig Federer

berg – zur Lateinschule unter Leitung evangelischer Äbte.

Im Dreißigjährigen Krieg gelang den Benediktinern noch einige Male die Rückkehr nach Alpirsbach, doch beim Frieden zu Osnabrück fiel das Kloster endgültig an Württemberg und wurde eine Pfründe evangelischer Theologie-Professoren der Universität Tübingen.

Im Gegensatz zum Kloster erhielt sich die Bausubstanz der Kirche trotz einiger Umbauten weitgehend in der ursprünglichen Form, sie gehört zu den besterhaltenen kluniazensischen Reformkirchen in Deutschland.

Von den geplanten zwei Türmen wurde nur einer gebaut, an ihm ist deutlich der Übergang von der Romanik zur Gotik zu beobachten. Innerhalb der romanischen Vorhalle, über dem Hauptportal, sieht man das Relief des thronenden Christus und auf den lederverkleideten Türflügeln zwei herrliche bronzene Löwenköpfe aus romanischer Zeit.

Die Strenge des Äußeren setzt sich im Innern fort. Die Balkendecke, nach romanischer Bautechnik, ist noch original erhalten. Die zehn monolithischen Säulen wirken wuchtig im Vergleich zu den schlanken Bäumen, die um das Kloster wachsen.

Schon allein die Fresken aus dem frühen 13. Jahrhundert rechtfertigen einen Besuch der Alpirsbacher Klosterkirche. Aus allernächster Nähe läßt sich das „Jüngste Gericht" in der Altarnische der Apsis betrachten. Dagegen muß der erst 1951 entdeckte Freskenzyklus über das Leben Jesu mehr erahnt werden. Ein prächtiger spätgotischer Hochaltar der Ulmer Schule ist erhalten geblieben und wurde im nördlichen Flügel des Querhauses aufgestellt. Wesentlich älter, aus der ersten Hälfte des 12. Jahrhunderts, ist eine Bank des ehemaligen Chorgestühls, sie kann zurecht als das älteste Sitzmöbel seiner Art in Deutschland bezeichnet werden.

Romanische und frühgotische Grabsteine gehören ebenfalls zur Innenausstattung des alten Gotteshauses; bisher wurden in der Kirche 32 und im Kreuzgang und im Kapitel 40 Mönchsgräber aufgefunden.

Der spätgotische Kreuzgang stammt aus der letzten Blütezeit des Klosters. Seine Flügel mit ausgezeichnetem Bildhauerschmuck geben in den Sommermonaten einen würdigen Rahmen für die dort aufgeführten „Kreuzgangkonzerte" ab.

Am oberen Lauf der Kinzig ergaben sich ideale Voraussetzungen für die Gerberei: die Bauern des Klosteramtes Alpirsbach lieferten die Felle, die Kinzig das notwendige Wasser, und im damals noch ausgedehnten Mischwald waren die für die Lohe notwendige Eichen- und Fichtenrinde vorhanden. Auf diese Weise entstanden in Schiltach und Alpirsbach Zentren des Gerbereihandwerkes.

Von den drei Verfahren zum Haltbarmachen der Tierhäute wurde das mit pflanzlichen Stoffen, auch Loh- oder Rotgerbung genannt, im Kinzigtal angewendet.

Seit über 350 Jahren sind in Schiltach Rotgerber ansässig, der erste wurde 1618 schriftlich erwähnt. 1813 gab es im Ort 15 Rotgerber, ihre Häuser mit den Einmannbetrieben lagen entlang der Kinzig. Sowohl in Schiltach als auch in Alpirsbach bezeichnen die mit „Gerbergasse" benannten Straßen heute noch die Stätten ihres Tuns; steinerne Gerberwappen erinnern an jene alten Handwerksmeister. Einer dieser Steine von 1705 in Alpirsbach trägt den Namen „Trautwein", ein häufiger Name bei den Schiltacher Rotgerbern.

Die industrielle Schnellgerbung und das Aufkommen von Kunstleder und Gummisohlen im 20. Jahrhundert bedeuteten das Ende des alten Gewerbes; der letzte Rotgerber schloß 1976 in Schiltach seinen Betrieb. Heute betreiben dort zwei im Schwarzwald bekannte Unternehmen den Handel mit Fellen und Lederwaren, beide mit dem ehemals verbreiteten Familiennamen der Gerber, der auf dem Wappenstein in Alpirsbach zu lesen ist.

Ohne Gerbstoff, ohne Wasser,
ohne Häute, ohne Loh,
ohne Schuster, ohne Gelder
wird ein Gerber niemals froh.

Baden-Baden

Kurstadt, wer denkt da nicht an Baden-Baden!

Baden-Baden verbindet man mit Spielcasino, Thermen und Trinkhalle, römischen Ruinen, der Galopprennbahn, klassizistischer Architektur, Antiquitätengeschäften und Juwelieren, Kuranlagen, prächtigen Hotels im Stil der Jahrhundertwende und der vielfältigen Natur, auf der einen Seite das Rebland, auf der anderen der Anfang einer langen Straße durch den Schwarzwald.

Baden-Baden. Stich von Max Roman

Wie kann eine solche Vielfalt konzentriert dargestellt werden? Systematisch? Mit den so oft zitierten alten Römern beginnen? Doch lange vor ihnen, in der Steinzeit, haben hier schon Menschen gelebt, die das Mammut jagten. Da waren überhaupt schon so viele gewesen, bevor sich die Römer blicken ließen, ihre Kulturen wurden wissenschaftlich bezeichnet: um 1000 v. Chr. die Urnenfeldkultur, dann Hallstatt- und La-Tène-Zeit, um 500 v. Chr. die Kelten – und erst nach ihnen kamen die Söhne Roms, etwa gegen 80 n. Chr. Sie konnten sich bis ungefähr 260 behaupten, dann mußten sie den Alamannen weichen.

Eines ist sicher: die Römer haben die Basis für das Badeleben der Stadt geschaffen, die vom Legionärsbad zur mondänen Kurstadt aufstieg. Die Kelten hatten das Flüßchen Oos *Ausava*, helleuchtende Wasser, genannt, die Römer bezeichneten die Stadt als *Aquae*, Bad.

Für die römischen Soldaten wurden in der Stadt zahlreiche Badeanlagen angelegt und bereits 214 erweitert.

Caracalla, der spätere Kaiser Mark Aurel, der die bekannten Thermen in Rom anlegen ließ und der, neben Hadrian, Trajan, Mark Anton mit Faustina zu den ersten prominenten Gästen der Stadt gehört haben soll, ehrte den Ort, indem er ihm seinen Namen gab: Aurelia Aquensis.

Die Badeanlagen waren reichlich mit Statuen und Gedenksteinen für Wassergötter ausgestattet, deshalb ist Baden-Baden schon seit langem ein ertragreiches Feld für Archäologen.

"Das alteste Denkmal, dessen Inschrift ein chronologisches Datum enthält, ist eine Inskriptionstafel, ein viereckiger Stein, 3 Schuhe hoch, 2 Schuhe 3 1/2 Zoll breit. Die sehr wohl erhaltene Inschrift deutet auf das Jahr 197 oder 198", schreibt 1810 „Herr StaatsRath Klüber" in seiner „Beschreibung von Baden bey Rastatt".

Als um die Mitte des 3. Jahrhunderts die Alamannen den Limes durchbrachen, wurde Aquae Aureliae fast völlig vernichtet und sank zur unbedeutenden Siedlung herab.

Nicht nur die Völker wechselten im Oostal, auch der Name der Niederlassung änderte sich: Aquae, Aquae Aureliae, Badon, Baduon, Badin, Baden bei Rastatt, Baden-Baden. Doch soweit ist es noch nicht, zunächst besiegt der Frankenkönig Chlodwig 496 die Alamannen, und Murg, Oos und die Schwarzwaldberge werden Grenzlinie zwischen fränkischem und alamannischem Gebiet. Das mag der Zeitpunkt gewesen sein, zu dem die lokale Sage von der Engels- und der Teufelskanzel entstand, Symbol für den Kampf zwischen christlichen Franken und heidnischen Alamannen. Die beiden so benannten Felspartien liegen links und rechts der Straße, die über den Gebirgskamm nördlich von Baden-Baden Richtung Gernsbach führt. Von der Teufelskanzel soll der Teufel gegen einen Engel, von der Engelskanzel ein Engel gegen den Teufel gepredigt haben. Der Teufel unterlag – wie soll es anders sein – und hinterließ den Abdruck eines Pferdefußes, als er zurück in die Hölle fuhr.

1070 dann die Zähringer, sie werden die Markgrafen stellen. Schon 1073 baut Hermann II. die Burg Hohenbaden aus und gibt sich den Titel „Marchio de Badun", Markgraf von Baden. Dann geht es rasch aufwärts, Baden wird 1399 nach Mühlberg und Pforzheim Regierungssitz.

Nach den umstrittenen Aufenthalten römischer Kaiser ist der eines deutschen im Jahr 1418 belegt: Sigismund weilt für fünf Tage in der Stadt. 1473 schon wieder kaiserlicher Besuch, am 30. Juni trifft Friedrich III. zur Badekur ein; das exotische Erlebnis für die Stadt: in Begleitung des Kaisers befindet sich Prinz Calixt Osman, getaufter Bruder des Sultans Mohammed II. Friedrich nimmt sich mehr Zeit als Sigismund: „also lag unser here Kaiser 6 wochen 4 tag zu Paden und pad (badete)".

An der Heilkraft der Wasser zweifelt niemand mehr, denn als Johannis 1349 ein „grausamer erschrockenlicher landsterben durch die ganz teutsch nation ging", ließen die Badener das Quellwasser durch die Straßen laufen, und keiner der Bürger wurde von der Pest befallen. So halfen sich die Badener auch später, zuletzt 1831, und die Stadt blieb jedesmal von Pest und Cholera verschont.

Heilkraft hin, Heilkraft her, nicht alle Gäste fühlten sich in Baden wohl. Einer der Gesandten des Markgrafen von Brandenburg notierte, als er sich gleichzeitig mit Kaiser Friedrich in der Stadt aufhielt: „... das ist ein stinkendiu statt". Und ein anderer, unbekannter Schreiber zur gleichen Zeit: „Auch ist nit ander hier denn teuer Zehrung und übel Essen und Gelage."

Die Badener nahmen Kritik nicht einfach so hin. Als ein Claus Lauweler d. Ä. nach seiner Kur berichtete, der Wein sei so sauer gewesen, daß kein Biedermann ihn trinken könne, beschwerten sich die Wirte beim Markgrafen, der eine Protestnote verfaßte, so daß der frühe Kurgast des 14. Jahrhunderts schriftlich widerrufen mußte.

Natürlich gründet sich das gesamte Badeleben auf die vielen Quellen, die aus ungefähr 1200 bis 1800 Metern Tiefe das mit Salz angereicherte Wasser mit einer Temperatur von 68,8° Celsius heraufbringen, lediglich die „Kühlquelle" bringt es „nur" auf 56,5° Celsius.

So heiß sei das Wasser, schrieb um 1480 Hans Foltz, daß, wer „in sein Fluß weych eyer legt, die sin dar in gesoten schier". Und der Doctor Medicinae mit dem bombastischen Namen Philippus Aureolus Paracelsus Theophrastus Bombastus von Hohenheim – auch schlicht „Paracelsus" genannt – lobt, was da im Oostal aus der Tiefe kommt: „Die heißen Wasser von Badin aber sind vollkommener denn alles andere" – und die heutigen Mediziner bestätigen seine Feststellung.

Nun aber zum nächsten Aushängeschild der Stadt!

"Serenissimus haben zu äußern geruht, um die Gelder möglichst im Lande zu behalten, das Hasardspiel einer aus inländischen Personen bestehenden Gesellschaft zuzuwenden", heißt es 1806. Man sorgte schon dafür, daß Geld hereinkam und im Lande blieb, darauf wollte auch die Verordnung der „Großh. Bad- und Polizeidirektion" achten, die den Lohnkutschern verbot, „mit Extrapost ankommende Personen eher als nach einem Aufenthalt von 2 x 24 Stunden weiter zu führen".

Eine Urkunde vom 15. Oktober 1748 gesteht einigen Gasthöfen zu, für ihre Gäste einen dem Hasardspiel gewidmeten Salon zu unterhalten.

Wer hätte es dem Prälaten aus Karlsruhe zugetraut, daß er, ein häufiger Gast in Baden, auch mehrmals die Spielbank aufsuchte! J. P. Hebel schreibt: „Man neckte mich hier, ich hätte mein Geld verspielt. Nein! Zwei Kronen hatte ich gewidmet und auch richtig verloren. Mehr nicht."

Seiten wären nötig, um die Kaiser, Könige, Großfürsten, Fürsten, Grafen, Prinzen, Herzöge, Generäle, die Musiker und Dichter, die Maler und Bankiers aufzuzählen, die im Modebad Zerstreuung, Kurzweil und Erholung suchten. Doch nicht nur die Crème der Gesellschaft scheint es in die Stadt gezogen zu haben, denn zu Beginn des 19. Jahrhunderts berichtet der Chronist, es kämen

Baden-Baden. Die Kurpromenade

auch „Bauern, Knechte und Mägde, Handwerkspursche, lüderliche Bürgersöhne und Dirnen, um zu tanzen, spielen, zechen, raufen und die Unschuld zu verführen", wobei man auch „Possenreißer, Bankhelden, Abenteurer, Industrieritter, Zierbengel-Junker findet", wogegen „die medizinische Polizei sich aus Kräften sträuben" solle.

In dieses farbige Bild paßt auch der Spieler Dostojewski, den seine Leidenschaft so weit trieb, daß er seinen Mantel verspielte und die Schuhe nur deshalb behielt, weil sie wegen ihres schlechten Zustands nicht akzeptiert wurden.

An der Wende vom 18. zum 19. Jahrhundert, als sich das allgemeine Zeitungswesen entwickelte, wurden auch in der sich sehr aufgeschlossen darstellenden Stadt Anstrengungen unternommen, eine eigene Zeitung zu bekommen. Entsprechende Gesuche 1810 und 1820, eine Druckerei in Baden einzurichten, wurden mit der Begründung abgelehnt, die „Censur" sei um so leichter auszuüben, je weniger gedruckt werde.

Und die weltberühmten internationalen Rennen? Für die dreimal jährlich stattfindenden internationalen Galopprennen stellt das Dorf Iffezheim, das „Heim des Uffini", in der Gemeinde Rastatt seit 1858 sein Gelände zur Verfügung. Die Termine teilt die Kurverwaltung mit.

Auf und ab ging es mit der Stadt, besonders hart traf es sie in der Bartholomäusnacht 1689. Gegen Ende des vorausgehenden Jahres waren im Zuge der Raubkriege Ludwigs XIV. französische Truppen eingerückt. Am 24. August 1689 ließen sie die Stadt mit ihren Häusern, Kirchen, Klöstern, Badeanlagen und Herbergen in Flammen aufgehen.

In der Folgezeit blieb die gesamte Markgrafschaft Okkupationsgebiet und mußte ungeheuerliche Lasten ertragen.

Das Ende der einst blühenden Stadt schien endgültig gekommen, als Markgraf Ludwig Wilhelm 1706 die Residenz nach Rastatt verlegte; zurecht bestand damals die offizielle Bezeichnung „Baden bei Rastatt". Wer hätte geglaubt, daß Baden noch einmal zu Blüte und Pracht aufsteigen würde!

Die heutige Stadt ist noch stark von der Handschrift Friedrich Weinbrenners, des „Großh. Baudirektors", geprägt; er wurde der Baumeister des badischen Klassizismus und schuf unter anderem das erste Theater, die Antiquitätenhalle für römische Funde, das Bäderviertel mit der alten Trinkhalle und das „Conversationshaus", das heutige Kurhaus; das Jesuitenkolleg baute er zu Kurhaus und Spielbank um.

Auch Gastronomie und Hotellerie haben Weltbad-Tradition. Zwei Betriebe seien ihrer Historie wegen hervorgehoben. Da ist einmal das „Bad-Hotel zum Hirsch", in dem seit 1715 Gäste kuren, unter anderen Balzac, Paganini und Baron Rothschild. Schon unter dem ersten Wirt erhielt das „Baad-Wirtshaus genannt Hirsch" am Ooser Tor einen direkten Thermalwasser-Anschluß, so daß sich die Gäste ihres Thermalbades in der eigenen Wanne erfreuen können, genauso wie im Hotel „Badischer Hof". Diese noble Unterkunft blickt auf eine erzählenswerte Geschichte zurück, ist das Haus doch aus dem ehemaligen Kapuzinerkloster hervorgegangen. Wieder war Weinbrenner beteiligt, er baute von 1807 bis 1809 das Kloster zum Hotel um. Die große Säulenhalle ließ er unverändert, und kaum jemand vermutet, daß die 18 Säulen aus jahrhundertealten Stämmen von Schwarzwälder Tannen entstanden. Die Liste berühmter Gäste, die hier seit dem ersten Hausherrn, von Cotta, nächtigten, liest sich wie ein altes „Who is Who".

Wie alle Kur- und Badeorte schmückt sich auch Baden-Baden mit Superlativen; es hat den schönsten Aussichtspunkt des Schwarzwaldes (auf dem Merkur), die älteste Spielbank Deutschlands, eine der größten Europas und die schönste der Welt. Doch lassen sich ganz in der Nähe, in Enzklösterle, an der Oos oder in Lichtental, nach dem Brahms seine II. Symphonie benannt hat, vielfältige „stillere" Reize entdecken.

Klöster im nördlichen Schwarzwald: Lichtental, Fremersberg, Allerheiligen, Frauenalb, Herrenalb

Es klingt wie ein Wunder: beim Bauernaufstand wurde Kloster Lichtental nicht geplündert, im Dreißigjährigen Krieg blieb es von den Schweden verschont, ja selbst die Franzosenkriege und die schonungslos-radikale Säkularisation ließen die Niederlassung der Zisterzienserinnen im *Vallis Lucida* der Römer unbehelligt. Ein Wunder? Fruchtbarer Boden für Legenden.

Im Bauernkrieg war es die Äbtissin, die den Aufrührern als „Weiße Frau" entgegentrat, bei den Schweden die „Schlüsselmadonna" – auf einem Bild der Baden-Badener Trinkhalle ist das Geschehen dargestellt.

Schon die Gründung des Klosters ist von einer Legende umwoben: auf seinem Werbefeldzug für den zweiten Kreuzzug war Bernhard von Clairvaux auch am Hoch- und Oberrhein sehr aktiv. In einem Sgrafitto rühmt sich der „Hirschen" in Tiengen noch heute des berühmten Gastes, der am 8. Dezember 1146 hier wohnte und drei Kranke heilte. Mit „honigsüßen Worten" versuchte Bernhard, Teilnehmer für den Kreuzzug zu gewinnen, weshalb er in der Pfarrkirche von Tiengen mit einem Bienenkorb, in Birnau mit einem Bären dargestellt wurde.

Kloster Lichtental. Stahlstich

Von Freiburg aus kam der berühmte Prediger auch in das Tal der Oos. Als sein Troß am Leisberg rastete, rief Bernhard angesichts der schönen Landschaft aus: „Hic angulus mihi placet. Hic ordini meo monasterium aedificabitur!" Frei übersetzt: „An diesem wohlgefälligen Ort will ich meinem Orden ein Kloster erstellen!" Er steckte einen dürren Zweig in den Boden, der gleich zu grünen begann – Bürgschaft dafür, daß er den richtigen Platz gewählt hatte.

In der Markgräfin Irmengard fand sich auch nach einigen Jahren eine Stifterin, die das Kloster auf dem linken Oosufer erbauen wollte.

Es müssen sich jedoch Schwierigkeiten mit dem für diesen Bereich zuständigen Bischof von Straßburg ergeben haben. Da das rechte Ufer dem Bischof von Speyer unterstand, der die neue Abtei seiner Diözese eingliedern wollte, wurde ein neues Flußbett ausgehoben und die Oos umgeleitet, so daß die Baustelle nun auf dem anderen Ufer, im Bistum Speyer lag.

1243/44 begannen die Bauarbeiten, 1252 wurde die Abtei eingeweiht. Irmengard, inzwischen Witwe, trat selbst in das Kloster ein. Nach ihrem Tod wurde sie im Chor bestattet, wo heute noch ihr Grabmal zu sehen ist.

Bis 1423, als die Pfarrkirche in Baden zur Stiftskirche aufstieg, blieb Lichtental Grablege der badischen Markgrafen.

Das Kloster hatte schon bald einen so starken Zulauf adeliger Damen, daß Papst Alexander 1256 die Zahl der Nonnen auf 80 beschränkte, 1366 setzte das Kloster selbst die Höchstzahl auf 60 herab.

Durch Kriegswirren, Überfälle von Aufständischen und spätere Umgestaltungen erhielten Kloster und Kirche im Laufe der Jahrhunderte zum Teil neue – nicht immer gelungene – Formen.

Dem in der Nähe von Lichtental gelegenen Kloster Fremersberg war das Schicksal nicht so hold, nicht einmal mehr Ruinen sind von ihm vorhanden. Als Fremersberg säkularisiert worden war, durften zwar einige Mönche bleiben, doch 1826 wurden die Gebäude – bis auf ein Tor – abgerissen.

Auch die Gründung dieses Klosters ist mit einer Legende verbunden, die in der Baden-Badener Trinkhalle in ein Fresko umgesetzt wurde: der spätere Markgraf Jakob verirrte sich bei einem Gewitter im Wald und wurde von zwei Klausnern aufgenommen. Zum Dank versprach er, ein Kloster zu bauen.

1411 wird von einem Einsiedler berichtet, um den sich mehrere „Waldbrüder" scharten, die in ihrem „Hospitium" verirrte Reisende aufnahmen und sich der Armenpflege und gottesdienstlichen Aufgaben in der Umgebung widmeten. Später folgten ihnen die Franziskaner, die um 1700 ihren Konvent in die neue Residenz nach Rastatt verlegten.

Im nördlichen Schwarzwald gibt es eine Vielzahl von Klosterruinen, einige verleihen der sie umgebenden Landschaft einen romantischen Hauch, andere sind schon völlig eins mit ihr geworden.

Kloster Allerheiligen unterscheidet sich in einigen Dingen von den anderen Schwarzwaldklöstern. Ungewöhnlich ist bereits seine Gründungsgeschichte. Während die selige Luitgard im Traum von Gott die Weisung erhielt, ihr Kloster in Wittichen zu errichten, oder dem heiligen Fridolin durch Neigen des Baumes, an den er seine Tasche mit einem Finger des Hilarius gehängt hatte, die Stelle bezeichnet wurde, wo das Säckinger Gotteshaus gegründet werden sollte, so wurde die Stelle, an der Allerheiligen entstand, auf recht bodenständige Weise ermittelt: man lud einem Esel das für den Bau bestimmte Geld auf und trieb das Tier in den Wald. Tatsächlich geschah das erwartete Wunder, denn der Esel schlug hoch auf dem Sohlberg eine Quelle aus dem Fels, der Himmel hatte entschieden. So ganz traute man der Sache wohl doch nicht, denn an der Quelle wurde lediglich eine Kapelle erbaut, während das Kloster im Tale errichtet wurde. Das soll sich im Jahre 1196 zugetragen haben, und die Stifterin war Uta, eine Tochter des Grafen Gottfried von Calw.

Im Unterschied zur Mehrzahl der Schwarzwaldklöster wurde Allerheiligen nicht von Bendiktinern, sondern von Prämonstratensern unterhalten.

Und schließlich der Name! Begnügte man sich

Kloster Allerheiligen, aufgenommen von Abt Felix

andernorts mit einem oder gelegentlich zwei Schutzpatronen, so mußte für das Kloster an der Wiesenau gleich die gesamte Schar der Heiligen eintreten. Ob die Reliquien der Prämonstratenserkirche nicht zuzuordnen waren?

Allerheiligen wirft einige Fragen auf, die einen Laien verwundern. Eines hatte Allerheiligen jedoch mit anderen Klöstern gemein: es brannte ab; das war 1470. Darauf zogen die Mönche in die Ortenau, wo sie sich sehr wohlgefühlt haben sollen. Doch die Gräber der Stifter durften nicht verlassen bleiben, so zogen die Klosterleute zurück und errichteten einige der Gebäude neu.

Die Säkularisation verschonte auch Allerheiligen nicht; in dieser Hinsicht hatte es wieder ein gemeinsames Schicksal mit anderen Klöstern. Ein Blitz verhalf Allerheiligen jedoch zu einem „ehrenvollen" Ende, 1811 brannten die zum Abbruch verkauften Gebäude nieder, und der Nachwelt blieb eine sehenswerte Ruine erhalten.

Es wäre ungewöhnlich, wenn nicht auch Kloster Frauenalb seine Gründungssage hätte, sie wird in der Zimmerischen Chronik erzählt: „Bei einer Jagdgesellschaft des Albrecht von Zimmern, an der auch Graf Berthold von Eberstein teilnahm, hatte Albrecht eine gespenstische Erscheinung, die ihn bewog, das Kloster Frauenzimmern bei Heilbronn zu gründen. Berthold, den das ‚nit weniger beherzget und beweget, dann ob es ihm selbs widerfahren … pawt er zu gleicher weis ain frawencloster, Frawenalb genannt' ".

Das soll nach der Chronik 1138 gewesen sein, doch sprechen neuere Erkenntnisse dafür, daß die „cella sanctae Mariae" erst um 1180 entstanden ist, ungefähr 50 Jahre nach der Gründung des nicht weit entfernten Zisterzienserklosters Herrenalb durch Graf Berthold III., nach seiner Heimkehr vom zweiten Kreuzzug.

Sowohl dem Männer- als auch dem Frauenkloster sollte ein bewegtes Schicksal bevorstehen, das von zahlreichen Plünderungen und Bränden gekennzeichnet war.

Wer heute zwischen den Mauern der ehemaligen Klosterkirche von Frauenalb umhergeht, wundert sich, wie eine so umfangreiche Anlage in dem einst abgeschiedenen Tal der Alb, die mit dem Flüßchen im südlichen Schwarzwald den Namen teilt, entstehen konnte. Die Erklärung ist, daß es sich bei dem Kloster in erster Linie um eine Versorgungseinrichtung der unverheirateten weiblichen Familienmitglieder der Ebersteiner und der mit ihnen verbundenen Adelsfamilien handelte. Das Stift blieb hauptsächlich adligen Damen vorbehalten, Bürgerliche fanden lediglich als Laienschwestern Aufnahme.

Um ihre Versorgung brauchten die Stiftsdamen wirklich nicht zu fürchten, denn Besitz und Zehntrechte sowie andere Einnahmequellen des Klosters vermehrten sich laufend; die Äbtissin erlangte sogar die weltliche Obrigkeit über die Einwohner der mehr als 50 dem Stift unterstellten Dörfer.

Macht fördert Zwietracht, auch in diesem Fall, die Auseinandersetzungen zwischen Frauenalb und weltlichen Herren nahmen kein Ende – bis

Frauenalb. Stich von Max Roman

schließlich der Markgraf Bernhard I. 1403 das Kloster in Brand steckte. 105 Jahre später stand es abermals in Flammen, diesmal aus Fahrlässigkeit, nur Kirche und Siechenhaus blieben verschont.

Die Kette des Unheils riß nicht ab: 1525 wurde Frauenalb gleichzeitig mit Herrenalb im Bauernaufstand geplündert; dem Männerkloster war ein solches Schicksal schon einmal widerfahren, denn auch in den Jahren 1496/97 hatten Soldatenhorden abgeräumt.

Den Zisterzienserinnen blieben danach nur noch wenige Jahre in Frauenalb, 1598 hob Markgraf Ernst Friedrich das Kloster auf und führte die Reformation ein. Herrenalb war schon 1535 säkularisiert und protestantischer Gottesdienst eingeführt worden, die Mönche gingen ins Kloster Maulbronn.

1631 entstand Frauenalb noch einmal als Benediktinerinnenkloster, doch schon drei Jahre später mußten die Nonnen vor dem Dreißigjährigen Krieg nach Lichtental fliehen.

Auch Herrenalb litt erheblich unter dem Krieg; 1632 erlebte es zahlreiche Plünderungen, sechs Jahre später brannte die Klosterkirche ab, und schließlich zerstörten schwedische Truppen 1642 das Kloster.

Das Ende des Klosters Frauenalb folgte eineinhalb Jahrhunderte später. Nach seiner endgültigen Aufhebung 1802/03 wurden von den unterschiedlichsten Betrieben Kirche und Konventsgebäude genutzt, und in den Napoleonischen Kriegen richtete man hier ein Lazarett ein. Immer wieder gab es Brände, bis 1853 eine riesige Feuersbrunst nur noch die heutigen Ruinen übrigließ.

Gnädig meinte es das Schicksal mit der zerstörten Kirche des ehemaligen Männerklosters, sie wurde 1738 wiederaufgebaut und besteht noch heute neben den Ruinen des einstigen „Paradieses". Ob in dem monumentalen Grab im Chor jedoch Markgraf Bernhard I. bestattet wurde, ist mehr als zweifelhaft, er liegt wahrscheinlich in der Stiftskirche von Baden-Baden begraben.

Räumliche Nähe von Frauen- und Männerkloster, gelockerte Klosterzucht und das Bestreben, bei Klosterleuten Allzumenschliches zu entdecken, ließen manche wahren und noch mehr unwahre Geschichten entstehen, auch die vom unterirdischen Gang zwischen Herren- und Frauenalb, in dem zahllose Säuglingsgerippe gefunden worden sein sollen.

Herrenalb und das Albtal

Was ist daran? Nun, einen Gang gibt es, in dem man bequem stehen kann, 20 Meter davon wurden freigelegt. Bis Herrenalb soll er führen? Das wären ungefähr vier Kilometer – dies hätte eine ungeheure Arbeitsleistung erfordert. Wahrscheinlicher ist, daß der Gang zu einem verschütteten Keller führt oder – wie einige andere entdeckte Gänge – ein Fluchtweg war, der in den damaligen unsicheren Zeiten oft Rettung vor eindringenden Horden brachte.

Herrenalb, seit einigen Jahren mit dem Prädikat „Bad" ausgezeichnet, kann auf die Attraktion eines unterirdischen Ganges verzichten, seine Gäste suchen anderes. Tatsächlich kann der streßgeplagte Zeitgenosse auf den ausgedehnten Waldwegen, die bis zu 1000 Meter in ein Gebiet von Hochmooren hinaufführen, zur Ruhe und zu Besinnung kommen. Das Siebentäler-Städtle hat den Anschluß an die heutige Zeit nicht verpaßt.

Und Frauenalb? Die kleine Ansiedlung um das einstige Zentrum scheint nach dem verheerenden Brand in einen apathischen Dämmerzustand gefallen zu sein, aus dem es auch die neugierigen Besucher nicht aufzuwecken vermögen. Eine Art von Kirchhoffrieden liegt über der Ruinenstätte, aus der, noch immer imposant, Peter Thumbs mächtige Fassade – Zwillingsschwester von St. Peter im Hochschwarzwald – und die beiden Kirchtürme emporragen.

Wunderbarlich Wasser: der Mummelsee

Mit einer Höhenlage von 1036 Metern am Südhang der Hornisgrinde ist der Mummelsee der höchstgelegene See in den weiten Wäldern links und rechts der Schwarzwald-Hochstraße. Er ist ein eiszeitlicher Karsee, ein Gewässer im obersten Teil eines Tales, durch das sich einst ein Gletscher hindurchgeschoben hat.

Noch Anfang dieses Jahrhunderts war der See erst nach mehrstündigem, mühseligen Aufstieg zu erreichen. Mit dem Bau der Schwarzwald-Hochstraße waren Abgeschiedenheit und Stille dahin.

Schon früh hat das „wunderbarlich Wasser" die Einbildungskraft der Menschen angeregt. Im See lebende „Mümmlein" verhalfen ihm zu seinem Namen. Diese nixenhaften Wesen tauchten auf, um zu tanzen und zu singen. Doch wehe demjenigen, der das fröhliche Treiben belauschte! Er wurde von dem plötzlich über die Ufer tretenden See in die Tiefe gezogen. So soll es auch dem „roten Dieter" ergangen sein, einem Wilderer, der den von ihm erschossenen Förster in einem Sack im See versenken wollte.

In Grimmelshausens „Simplicissimus" erzählen die Leute vom Mummelsee: „Wenn man ungrad, es seien gleich Erbsen, Steinlein oder etwas anderes, in ein Nasentüchlein bindet und hineinhängt, so verändert es sich in grad. Wirft man einen oder mehr Stein hinein, so erhebt sich gleich, Gott geb wie schön auch der Himmel zuvor gewesen, ein grausam Ungewitter, mit schrecklichem Regen, Schloßen und Sturmwinden." Wunderbarliche Geister von Erd- und Wassermännlein hätten sich sehen lassen und mit den Leuten geredet. „Auf ein Zeit, als der See überfroren gewesen, ein Baursmann mit seinem Ochsen und etlichen Blöcken, daraus man Dieln schneidet, über den See gefahren ohn einzigen Schaden; als ihm aber sein Hund nachkommen, das Eis mit ihm gebrochen und der arme Hund allein hinuntergefallen und nicht mehr gesehen worden."

Die einstige Stille des Ortes ist dahin, nur der Wildsee, „das dunkle Auge des Schwarzwaldes", konnte sich etwas von der Ruhe bewahren. Doch im allgemeinen verleiden Parkplätze, Pisten und Hotels die gesuchte Erholung und die Schönheiten dieses Gebietes. An manchen sonnendurchfluteten Winterwochenenden wälzen sich zwei Blechlawinen von Baden-Baden nach Freudenstadt und in die andere Richtung. Hinzu kommen die zum Teil deutlich sichtbaren Schäden durch Giftgase und Pistenbau. Sehnsuchtsvoll hoffen Naturfreunde, daß immer häufiger diskutierte Verkehrsbeschränkungen Wirklichkeit werden.

Dabei führt von Baden-Baden nach Freudenstadt eine der schönsten Höhenstraßen: Die Schwarzwald-Hochstraße, das sind 60 Kilometer voll wundervoller Ausblicke, 60 Kilometer, gesäumt von komfortablen Hotels und einfachen Hütten und mit unzähligen Querverbindungen nach beiden Talseiten, mit Loipen, Skiliften, Rodel- und Eisbahnen und dem Anschluß an den 250 Kilometer langen Ski-Wanderweg. Die Hochstraße hat das ganze Jahr über Saison: im Frühling, wenn die warme Sonne an den letzten Schneehaufen leckt; im Sommer lockt die frische Höhenluft; im goldenen – manchmal aber auch nebeligen – Herbst; im Winter tummeln sich Abfahrtsläufer an den Hängen, und Skiwanderer ziehen durch die Wälder.

Als vor 700 Jahren büßende Brüder auf dem Kniebis ihr Kloster gründeten, von dem heute nur noch spärliche Ruinenreste vorhanden sind, zogen bereits viele Menschen über den alten „Schwabenweg", der das Elsaß mit dem Schwäbischen verband. Um die Mitte des 13. Jahrhunderts wurde der wichtige Paß zur Grenze. Noch heute erinnern die Bezeichnungen „schwäbischer" und „badischer Kniebis" an diesen Zustand.

Die wenigsten, die hier oben unterwegs sind, wissen um diese Dinge, hoffentlich nehmen sie sich auf dem Weg zum „wunderbarlich Wasser" mindestens die Zeit, an einem der schönen Aussichtspunkte in die Rheinebene hinabzublicken.

Die Geister am Mummelsee

Vom Berge, was kommt dort um Mitternacht spät
mit Fackeln so prächtig herunter,
ob das wohl zum Tanze, zum Feste noch geht?
Mir klingen die Lieder so munter.
O nein! – so sage, was mag es wohl sein?

Das, was du da siehest, ist Totengeleit,
und was du da hörest, sind Klagen.
Dem König, dem Zauberer gilt es zuleid.
Sie bringen ihn wieder getragen.
O weh! So sind es die Geister vom See!

Sie schweben herunter ins Mummelseetal, -
sie haben den See schon betreten,
sie rühren und netzen den Fuß nicht einmal,
sie schwirren in leisen Gebeten -
O schau! – Am Sarge die glänzende Frau!

Jetzt öffnet der See das grünspiegelnde Tor;
gib acht, nun tauchen sie nieder!
Es schwankt eine lebende Treppe hervor,
und – drunten schon summen die Lieder.
Hörst du? – Sie singen ihn unten zur Ruh!

Die Wasser, wie lieblich sie brennen und glühn!
Sie spielen in grünendem Feuer;
es geistern die Nebel am Ufer dahin,
zum Meere verzieht sich der Weiher.
Nur still! – Ob dort sich nichts rühren will?

Es zuckt in der Mitten – o Himmel! ach hilf!
Nun kommen sie wieder, sie kommen!
Es orgelt im Rohr, und es klirret im Schilf;
nur hurtig, die Flucht nur genommen!
Davon! – Sie wittern, sie haschen mich schon!

Eduard Mörike

Das Glattal und Albrecht II.

Ist's jemandem wohler auf der Welt,
als einem, der seine treue Geliebte hält
mit seinen Armen gar fest umschlossen?

Albrecht II.

Gibt es ein Schwarzwaldtal, in dem sich mehr alte Burgen finden und um das sich so viele Sagen und Geschichten ranken wie um das Tal der Glatt?

Zahlreich sind hier die Sitze des ehemaligen örtlichen und regionalen Adels – sogar ein in diesem Landstrich seltenes Wasserschloß ist darunter –, die, teils gastronomisch genutzt werden, teils als Ruinen über den Orten oder tief versteckt zwischen Fichten und Tannen die Gegenwart an sich vorüberstreichen lassen.

Natürlich besitzt jede dieser ehemaligen Burgen ihre Sagen von Weißen Frauen, Irrlichtern, von greulichen Mordtaten und über den Teufel, oft gleichen sie einander landauf und landab wie ein Baumstamm dem anderen; doch daneben gibt es auch Geschichten und Anekdoten, die sich wirklich so zugetragen haben könnten, wie etwa die von Hans Wilhelm von Hohendießen, der einem Prediger der Lehre Luthers androhte, er werde ihn höchstpersönlich von seinem Stuhl herunterschießen, wenn er nicht sofort das Weite suche.

Aber auch jenes Ereignis könnte stattgefunden haben, bei dem ein Ziegenbock den Ritter Johann Georg durch Zuschlagen der Türe in seiner Schatzkammer einsperrte, aus der er dann erst Tage später halbtot von seinem schwerhörigen Diener und seiner uralten Wirtschafterin, mit denen er alleine auf der Burg hauste, befreit wurde.

Doch im Tal der Glatt werden nicht nur Geschichten erzählt, hier wurde auch Geschichte geschrieben.

Nach dem seit 1254 bestehenden Interregnum wurde 1273 der Habsburger Graf Rudolf zum König ausgerufen. Seine Gemahlin war Gertrud von Hohenberg, die „Blume von Heuberg". Deren Bruder wiederum, der Minnesänger Graf Albrecht II., bewohnte Burg Lichtenfels, die oberhalb des heutigen Leinstetten liegt. Seit der kaiserlosen Zeit litt das Land besonders unter dem Treiben der zahlreichen Raubritter. Um seine Untertanen vor deren Plünderungen und übrigen Drangsalen zu schützen, zerstörte Albrecht gemeinsam mit seinem Schwager Rudolf 90 Raubritterburgen. Dieser war es auch, der die Stadt Rottenburg am Neckar gegründet hat.

Als Rudolf gestorben war, übernahm Graf Adolf von Nassau die Königswürde; der Minnesänger aus dem Glattal blieb jedoch dem Hause Habsburg treu und versuchte, die Unterstützung des Nassauers durch die Bayern unter Herzog Otto III. zu verhindern. Unterhalb der Burg Lichtenfels kam es daraufhin am 17. April 1298 zur Schlacht mit den Bayern. Der Minnesänger fiel, angeblich durch Verrat, und mit ihm zwischen 200 und 500 seiner Bauern.

Adolf konnte sich jedoch seines Sieges nicht lange erfreuen; am 2. Juli desselben Jahres wurde er in der Schlacht bei Göllheim erschlagen, und erneut bestieg ein Habsburger, Albrecht I., den Thron.

In der berühmten „Manessischen Handschrift" ist die Schlacht im Glattal eindrucksvoll dargestellt. Sie war für die Reichsgeschichte von Bedeutung, da es hierbei um den Erhalt der Monarchie durch die Habsburger nach dem Interregnum ging.

Die „Zimmerische Chronik" berichtet, daß noch bis ins 16. Jahrhundert hinein viele Kreuze mit Namen und Wappen auf dem einstigen Schlachtfeld zu finden gewesen seien; sie gaben auch der Stelle, an der Mitte 1989 ein Minnesänger-Denkmal und drei Kreuze errichtet wurden, ihren bis heute gültigen Namen: „Kreuzwiese".

Auch wenn sich geschichtliche Begebenheiten durch eventuell vorhandene Urkunden leichter erklären lassen, so bleibt doch vieles mangels eindeutiger Zeugnisse im Unklaren oder Spekulation. So auch im Tal der Glatt: Zwischen Neuneck und Leinstetten, auf der Gemarkung von Unter-Iflingen, warten beispielsweise die Überreste der „alte Statt", heute „Altstadt" geschrieben und „Rockesberg", genannt, noch immer auf ihren überzeugenden Deuter. Deren hat es allerdings schon viele gegeben; man verwies auf das römische Arae Flaviae – auf das sich Rottweil zurückführt – einen fränkischen Reichshof, eine mittelalterliche, im Aufbau steckengebliebene oder zerstörte Stadt, doch ob dies die richtige Erklärung ist? Die Überreste einer Ansiedlung sind vorhanden, wenn auch von der Waldvegetation stark überwuchert: ein Wall, ein Vorwerk, ein sogenannter Marktplatz von 75 mal 15 Metern, ein „Tor", eine gepflasterte Straße und Grundmauern von Gebäuden. Doch immer noch stellt sich Archäologen und Historikern die Frage, was verbirgt sich hinter: „Rockhensperg die alte abgangne Statt underhalb Neuneckh am wasser Glatt oben uff der Höhe in Underyflinger Marckhung gelegen"? Nur soviel ist sicher: „Ist anjetzo allerdings mit holtz verwachsen und allain der Stattgrab darumb, wie auch der Marckht da es noch etlicher ortten Pflaster gehabt zue sehen ..." Ob es jemals eine überzeugende Erklärung für „die alte abgangne Statt" geben wird?

Tagebuch „Waldsterben"

1978
Ganz selten sind im Jahr die Tage, an denen ein solches Erlebnis möglich ist: Tausende Spitzen und Zacken der Bäume des Glaswaldes oder des Kinzigberges tragen den Schnee der vergangenen Nacht, und eine strahlende Mittagssonne läßt die Pracht vor einem tiefblauen Himmel glitzern.

1979
Vom Glaswald herüber, aber auch von den beim Haus stehenden Fichten wirbeln die Samen auf das an den Wald grenzende Gelände. Nach einigen Monaten zeigen sich die Bäumchen, sie werden sich in wenigen Jahren zu prächtigen Kindern ihrer Eltern entwickeln.
Für den Baum an Weihnachten ist gesorgt, mit Säge und Axt wird er am Tag vor Heiligabend frisch geschlagen, Nachwuchs ist genug vorhanden.

1980
Rasch hat ein bisher unbekannter Begriff Eingang in die Umgangssprache gefunden: „Waldsterben". Auf dem Roßberg gibt es die ersten schweren Schäden, doch selbst für aufmerksame Beobachter scheint die Situation harmloser als sie ist.

1981
Exkursion unter Führung von Forstleuten. Mit ein wenig Nachhilfe kann schon jeder die Schäden erkennen.

1982
Immer wieder tauchen neue Theorien über die Ursachen des Waldsterbens auf, ohne daß jedoch wirkungsvolle Maßnahmen eingeleitet würden.
Ein Bürgermeister erregt sich außerordentlich, als über die Wälder seiner Gemeinde geschrieben wird, die Spuren sterbender Bäume seien dort nicht zu übersehen. Man will Tatsachen nicht wahrhaben, fürchtet das Zurückgehen der Übernachtungen.

1983
Das „Waldsterben" ist inzwischen im Bewußtsein der Menschen. Zeitungen, Zeitschriften, Fernsehen behandeln das Thema in solcher Ausführlichkeit, daß ein Abstumpfungsprozeß befürchtet werden muß. Politiker geben Lippenbekenntnisse ab, denen keine Taten folgen. Gutgemeinte Einzelaktionen verantwortungsvoller Bürger sind der sprichwörtliche Tropfen auf den heißen Stein.

1984
Die Gegend um Freudenstadt hat es mit am schlimmsten getroffen: Beim Gang über die Wege im Glaswald und am Kinzigberg ist es zu sehen. Die Freude am glitzernden Baumfiligran ist dahin, und die wirbelnden Samen können kaum noch Hoffnung wecken, denn es gibt zu viele Bäumchen, deren frisches Grün sich in Gelb gewandelt hat.

1985
Der Bundeskanzler besucht den Schwarzwald und zeigt sich erschüttert, doch Taten bleiben weiterhin aus („Erst muß das Ergebnis eines Großversuches abgewartet werden.")
Die Europäische Gemeinschaft dabattiert, zeigt Verständnis. Doch es ändert sich fast nichts. Die Bäume sterben weiter in erschreckender Zahl.
Zu begrüßen sind die Initiativen einiger Gemeinden, die den wahren Sachverhalt nicht vertuschen und ihre Gäste aufklären, sie legen Lehrpfade „Waldsterben" statt der üblichen Waldlehrpfade an. Von vielen wird das Ausmaß der Schäden jedoch auch überschätzt, sie glauben, es gebe kein Grün mehr im Schwarzwald.
Der Fremdenverkehrsverband hat das Wort „Waldsterben" durch den Begriff „Walderkrankung" ersetzt, das hilft vielleicht der Hotellerie, dem Wald bestimmt nicht.

1986
Gastronomie und Hotellerie jubeln: Die Fernsehserie „Schwarzwaldklinik" soll fertiggebracht ha-

ben, was den Experten für Fremdenverkehr bisher anscheinend mißlungen ist, die Übernachtungszahlen gehen wieder in die Höhe.
Am 18. Oktober gibt es eine Sternwanderung auf den Thurner. Bei der Kundgebung unter dem Motto „Endlich handeln!" spricht Bundespräsident von Weizsäcker.

1987
Die meisten Ferienwohnungen und Pensionen sind gut belegt, auch die meisten Hotels. Vom kranken und sterbenden Wald spricht kaum noch jemand, auch die Medien haben von aktuelleren Katastrophen zu berichten. Die Krankheit des Waldes dehnt sich jedoch aus.

1988
Das Wissen um sterbende Bäume scheint nur noch bei umweltbewußten Menschen vorhanden zu sein. Kein Wunder, das Sterben der Flüsse und Meere, der Berge und die Vergiftung der Luft, immer wieder in den Medien präsentiert, stumpft ab. Politiker scheinen überfordert zu sein, ihren Worten folgen keine Taten.
Der Wald ist eines von vielen Umweltproblemen geworden.

1989
Der Wald sieht schwarz und schweiget – ein Großteil der Medien ebenfalls.

1990
Zum erstenmal wird die 60 %-Grenze des Schadens überschritten, nur noch 40 % des Waldes haben eine Überlebenschance.
Als würde das noch nicht genügen, betreiben im Februar vier Orkane, mit klingenden Namen wie zum Beispiel „Vivian", an verschiedenen Stellen radikalen Kahlschlag. Massenhaft lagern die Sturmholzstämme und müssen mit Wasser besprüht werden.

Anfang der neunziger Jahre weist jeder vierte Baum deutliche Nadel- und Blattverluste auf. Umweltbelastungen und Klimakatastrophen schaukeln sich in ihren Auswirkungen gegenseitig nach oben und geben dem Wald den Rest. Es bleibt zu hoffen, daß die Mehrzahl der Menschen mit einem umweltbewußteren Leben der Natur eine Chance läßt.

Zwischen Schenkenzell und Schiltach: der Heilkunst einen Garten

Es gibt wohl keinen Ort auf der Welt, der nicht seine Originale hätte! Ein Mann, der eine Reihe origineller Eigenschaften in sich vereint, hat sein Reich dort, wo zwischen Schenkenzell und Schiltach die Kinzig zu einer Schleife gezwungen wird. Die an dieser Stelle gemeinsam verlaufenden Bundesstraßen 294 und 462 müssen hier in einer weiten Kurve den Fels der Schenkenburgruine umfahren, während das „Bähnle" den kurzen Weg durch den Berg, direkt unter der ehemaligen Burg hindurch, nimmt. Hier liegt ein Garten, in dem ein Gärtnerkönig herrscht, der alle Besucher verzaubert. Das Bild bestimmen in erster Linie die fast 200 verschiedenen Arzneipflanzen, Kräuter, Bäume und gefiederten Bewohner des Gartens; doch wäre nicht Gärtnermeister Schmidtke, der bis ins kleinste Detail Geschichten von seinen Pflanzen, Vögeln und Insekten zu erzählen weiß – die meisten Besucher würden nur die Hälfte entdecken.

Daß Schmidtke über die therapeutische Wirkung der verschiedenen Pflanzen Bescheid weiß, ist wohl Voraussetzung für seine Arbeit im Heilpflanzenanbau; was er jedoch darüber hinaus noch mitzuteilen hat, kann nur erstaunen: „Früher wurde die Kermesbeere nicht nur in der Heilkunde verwendet, die roten Früchte enthalten einen Farbstoff, der von den Winzern verwendet wurde, wenn es wenig Rotwein gab und die Preise dafür stiegen."

Wenn mittags die Sonne mit voller Kraft auf die Lavendelstauden brennt, glaubt sich der Besucher in Mittelmeerländer versetzt. Der Gärtner weiß zu berichten, daß bei der Mittagshitze besonders viele ätherische Öle – und damit auch Duftstoffe – freigesetzt werden, weil die Pflanze mit diesem Verdunstungsschutz weniger Wasser verbraucht. Er weiß auch von dem Mönch, der als erster den Lavendel über die Alpen brachte, und von den „Lavendelweibern", die in Wien singend von Haus zu Haus zogen und ihre Büsche feilboten.

Für Schmidtke ist es Ehrensache, daß die Heil- und Gewürzpflanzen der Mystikerin und heilkundigen Hildegard von Bingen in seinem Garten wachsen und selbstverständlich sind auch die von Karl dem Großen im „Capitulare de villis" aufgeführten vorhanden. Vieles, was hier zwischen den

Schwarzwaldbergen wächst, wird bereits im Buch der Bücher erwähnt oder ist aus der Geschichte bekannt. Der brennende Busch, in dem Gott vor Moses erschien – hier an der Kinzig wächst er, „Diptam“ ist sein Name. Daß er brennen kann, ohne selbst zu verbrennen, bewirken seine klebrigen, leicht entzündlichen Sekrete. Oder der Ysop, Psalm 51, 9: David betet: „Entsündige mich durch Ysop.“ Aus der Kreuzigungsgeschichte ist die Pflanze ebenfalls vertraut.

Schließlich zeigt der Gärtner auf den Schierling und erinnert daran, daß sein Saft den Griechen als Hinrichtungsmittel diente und Sokrates das berühmteste Opfer war.

Nach dem Rundgang lädt der Gärtnermeister seine Gäste ins Gartenhäusle zu einem Viertel Kaiserstühler ein. Beim Wein führt er die Zuhörer in die höhere Kunst des Gartenbaues ein, erzählt, daß es nicht gleich sei, ob bei zu- oder abnehmendem Mond ausgesät oder gepflanzt werde, daß bis zu 95 Prozent der Apfelblüten nicht vom Wind, sondern von den Bienen bestäubt würden, daß kleine Äpfel nicht weniger Vitamin C als große enthielten, daß auf der Pflanzung 100 Nistkästen hingen und ihre Bewohner Insektizide überflüssig machten usw.

Nicht weit von Schmidtkes Zaubergarten entfernt treffen wir Creszentia; das Schalten und Walten im Gasthof hat sie inzwischen ihren Nachfolgern überlassen, sie beschränkt sich darauf, die Gäste – auch die unbekannten – mit Handschlag zu begrüßen, sich mit ihnen an den Tisch zu setzen und zu plaudern.

Sie hat ihren Ruhestand verdient, denn viele der zurückliegenden Jahre im abgeschiedenen, reizvollen Kaltbrunner Tal waren mit harter Arbeit ausgefüllt. Ihren Gasthof, vor dem man bei günstigen Temperaturen auch unter Linden sitzen und die Bergsilhouette betrachten kann, hatte sie nach einem alten Lied „Im Thäle der Heimat“ benannt, weil sie für den Namen „kein Viech, wie Ochs, Rößle oder Lamm“ wollte. Leider setzte die Brauerei durch, daß mit einem neuen Wirtshausschild auch die Bezeichnung „verdeutscht“ wurde. So steht heute auf dem uniformen Brauereischild „Zum Tälchen der Heimat“.

Schiltach. Stich von M. Merian

Die Kleine Kinzig: Kloster Wittichen, Kaltbrunn

Alle Voraussetzungen, die heutzutage Firmen in Stellenanzeigen von den Bewerbern fordern, besaß sie: sie war kreativ, dynamisch, einsatzfreudig und wie solche angeblich unabdingbaren Eigenschaften heißen; die Rede ist von Luitgard, der Gründerin des Klosters Wittichen.

Der Erfolg belohnte ihre Ausdauer, und selbst härteste Rückschläge konnten sie nicht entmutigen, die selige Luitgard, deren Gehirn unversehrt vorgefunden wurde, als man fast 300 Jahre nach ihrem Tode am 12. April 1629 ihr Grab öffnete.

Bär und Luchs hatten noch ihr Revier im schwarzen Wald, als die Klosterfrau und 34 Mitschwestern am 18. Oktober 1325 in ihr Kloster einzogen, das sie unter täglicher Mithilfe bei den Bauarbeiten – die Nacht verbrachten sie aus Angst vor den wilden Tieren auf den Bäumen – endlich fertigstellen konnten. Das im Vortal, am Zusammenfluß von Gallenbach, Kaltenbach, Reinerzauer Bach (Kleine Kinzig) und Witticherbach (Klosterbach), vermutlich im Kreuzhäusle, heute Vortal Nr. 126, geborene mittellose Bauernmädchen hatte während zahlloser Bettelreisen, durch ein Fußleiden stark behindert, das notwendige Geld besorgt.

Zur Zeit des Klosterbaues bestand noch die „Burgstall Witchenstein“, die Burg des Schenken Burkart, die 1292 zum erstenmal erwähnt wird, rund 200 Jahre nach der ersten Kunde von Wittichiwilare; alter Kulturboden mithin, auf dem die Klausnerinnen bauten.

Das Nachbartal von Kaltbrunn, dem Kaltobrunnin, das laut einer Urkunde von 1127 dem Kloster Alpirsbach gehörte, wird erst einige Jahrhunderte später ins Gespräch kommen, als der Vogtsbauer Andreas Harter, der reichste Bauer weit und breit, mit eigenem Militär, Musikzug und dem Großherzog freundschaftlich verbunden, dort seine Glanz- und Elendszeit erlebte. Er verbrachte die letzten armseligen Jahre nicht weit vom vermutlichen Geburtshaus der Luitgard entfernt in einem Hühnerstall.

Die Bewohner der beiden kleinen Täler ernährten sich zur Zeit der Luitgard hauptsächlich von Einkünften aus Wald- und Feldarbeit sowie vom Harzreißen. In den ausgedehnten Wäldern im oberen Kinzigtal und um den Kniebis herum, aber auch an einigen anderen Plätzen des Schwarzwaldes, „harzten“ Taglöhner für Bauern und Kaufleute, die das Harzrecht besaßen. Im Kinzigtal und im Tal der Wolfach bestanden zahlreiche Harzsiedereien und Rußhütten, in denen der begehrte Rohstoff zur Herstellung von Terpentinöl, Wagenschmiere, Pech, Kienruß und Metzgerharz verarbeitet wurde.

Arme Holzarbeiter, die kein Privileg zum Harzen besaßen, gingen oft heimlich bei Nacht dieser Tätigkeit nach und rissen mit dem „Kratzeisen“ die Fichten auf und leerten die Harzkanäle. Daß die „Harzer“ meist rauhe Burschen waren, geht aus dem zeitgenössischen Bericht Grimmelshausens hervor, der seinen im Walde umherirrenden und auf Menschen stoßenden Simplicissimus erzählen läßt: „... und von ferne sah, daß sich etliche Waldbauren dabei befanden, die mit dem Harz zu tun hatten: Wiewohl nun solchen Gesellen nit allzeit zu trauen, so zwang mich doch die Not ...“.

Auch der Bergbau hatte einmal große wirtschaftliche Bedeutung für den Schwarzwald. Der Reichtum an Mineralien ließ einige hundert Bergwerke entstehen. Bereits Römer schürften in diesem Gebiet nach Silber und Blei, später wurde auch auf Kupfer, Quarz, Baryt-Bleiglanz und viele andere Mineralien gegraben. Besondere Bedeutung kam dem Kobalt zu, das in der Farbmühle von Alpirsbach bearbeitet und an die Niederlande verkauft wurde, wo es unter anderem den Grundstoff für das geschätzte Delfter Blau geliefert haben soll.

1517 verlieh die Landgräfing Elisabeth zu Fürstenberg in einer Urkunde dem „Schulmeister und Stattschreiber zue Wolffach, Johannes Wäscher ... unnsern Berg und Bergwerrkh zue und by dem Gotzhuß Wittechen ...“. 21 Bergwerke werden um die dreißiger Jahre des 18. Jahrhunderts in den Tälern von Wittichen und Kaltbrunn erwähnt. Um

Alpirsbach mit Kloster Wittichen

die Mitte des 19. Jahrhunderts jedoch wurden die Gruben unrentabel und stillgelegt; erhalten blieben jedoch ihre poesievollen Bezeichnungen wie „Gnade Gottes und St. Josef“, „Sophie zum Ludwig“, „Bergmännisch Glück“ „Gabe Gottes“, „Bergmännisch Herz“, „Hilfe Gottes“, „Erzengel Michael“.

Es kam auch vor, daß Bauern auf eigene Faust unter oft primitivsten Verhältnissen Bergbau betrieben. Einem solchen „Erzbauern“, dem Benedikt aus dem Bühl, hat Hansjakob ein literarisches Denkmal gesetzt.

Wie mögen die Tagelöhner und Bauern das Werk der Klosterfrau und ihrer Mitschwestern beurteilt haben? Gewiß anders, als heutige Zeitgenossen vermuten werden, denn Luitgard wirkte viele Wunder und als sie starb, pilgerten Tausende zu ihrem Grab in den „Gruonen Widechen“. Das Grab und ihre Hirnschale befinden sich in der kleinen Klosterkirche, rechts unter der Empore.

Das geistige Werk der Seligen bewirkte gewiß sehr viel aus der Einöde heraus in die näher gelegene Welt – doch was ist vom irdischen geblieben?

1327 brannte das Kloster bis auf die Grundmauern nieder. Luitgard baute es wieder auf. 1640 und 1663 folgten abermals Brände und abermals Wiederaufbau. 1858 wurden alle Klostergebäude, bis auf den jetzt noch erhaltenen „langen Bau“ und die Kirche, abgebrochen. Das Klostergebäude quer zum Tal errichtet, hat drei Durchlässe: einen für den Klosterbach, einen zweiten – mit ausdrucksstarkem Renaissance-Portal – für Fußgänger und einen dritten für Fahrzeuge. Die Straßendurchfahrt ist für Autos die einzige Möglichkeit, in das hintere Tal zu gelangen.

Der Bruder des „Bauernfürsten" Harter hatte einst auf dem Roßberg seinen einsam gelegenen Hof, ungefähr eineinhalb bis zwei Stunden dauert der Aufstieg dorthin. Schon 1275 werden die kleine weltabgelegene Waldsiedlung und die Kapelle „Ad Sanctum Georgium, Rosberch" in einem päpstlichen Zehntbuch erwähnt. 1275 – das war vor einem Kreuzzug von Papst Gregor X., 50 Jahre vor der Gründung des Klosters Wittichen. Spektakulärer Kreuzzug hier, stilles Wirken der Klosterfrauen dort – was hat wohl der Menschheit mehr genutzt?

Die Kleine Kinzig, die so munter am Kaltbrunner und Witticher Tal vorbeiplätschert, war bis Ende der siebziger Jahre ein ziemlich unbekanntes Flüßchen. Es kam aus einem abgeschiedenen, anmutigen Tal, in dem nur die Gebäude des alten Forsthauses darauf hinwiesen, daß sich in dieser Waldeinsamkeit auch Menschen aufhielten.

Das änderte sich 1977/78 schlagartig, als große, schwere Baumaschinen anrückten, um hier die erste Trinkwassertalsperre Baden-Württembergs in Angriff zu nehmen.

Der Bau einer solchen Talsperre war gewiß erforderlich, denn im Spätsommer oder frühen Herbst sprudeln die Quellen nur noch spärlich oder versiegen ganz, und die sonst oft wasserreichen Bäche verkümmern zu Rinnsalen. Und das gerade zu einer Zeit, in der durch starken Urlauberandrang bedingt der Wasserverbrauch in die Höhe schnellt. In regenarmen Jahren hatte es schon oft Probleme mit dem Trinkwasser gegeben. Schultheiß Preuninger schrieb über das sehr trockene Jahr 1921, daß zwar ein Jahrhundertwein herangewachsen sei, die Stadt Alpirsbach jedoch Schwierigkeiten mit der Wasserversorgung ihrer Bevölkerung habe.

In Alpirsbach wurde 1922 versucht, durch Fassen weiterer Quellen solche Probleme zu bewältigen. Eine überörtliche gleichzeitige Lösung für viele Gemeinden aber bedeutete erst der Bau der „Trinkwassertalsperre Kleine Kinzig".

Heute ist von den gewaltigen Erdbewegungen, die damals erforderlich waren, nichts mehr zu sehen, ein 345 Meter langer, 8 Meter breiter und 70 Meter hoher Damm staut einen See, der auf einer rund 8 Kilometer langen Strecke umrundet werden kann. Ungefähr 13 Millionen Kubikmeter Wasser werden hier pro Jahr für rund 150 000 Menschen zur Verfügung gestellt, die oft in entfernten Orten wie Schramberg oder Zell a.H. leben.

Von der Talsperre an talabwärts ist die Kleine Kinzig das muntere Flüßchen von ehedem, es durchplätschert das liebliche Reinerzauer Tal und strebt seiner großen Kinzigschwester zu, die es an der von Salzmann erbauten Kirche in Schenkenzell trifft.

Es bietet sich an, von Schenkenzell aus einen Aufstieg über Fohrengrund und Holzebene zum Brandsteig zu machen.

Paßhöhe Brandsteig

Einheimische und Urlauber schätzen die Gegend um den Brandsteig, zwischen Aichhalden, Rötenberg und Schenkenzell, als ein abwechslungsreiches Wandergebiet.

Das einstige Zollhaus und eine dichte Kette von Grenzsteinen erinnern daran, daß hier einst zwei autonome Länder aneinanderstießen. 1853, vier Jahre nach der kurzen Revolution im Südwesten Deutschlands, wurden die Steine gesetzt; auf den freistehenden sind die Wappen von Baden auf der einen und von Württemberg auf der anderen Seite stark verwittert und mit Moos überwachsen, bei denen im Wald, in der Nähe des Schänzle, sind sie noch sehr gut erhalten.

Mag die Zeit der Herzöge und Könige auch schon lange Vergangenheit sein, ja sogar das Zusammenlegen von Baden und Württemberg zu einem Bundesland für viele weit zurückliegen, wieviel entfernter ist dagegen jener Augenblick, in dem der Brandsteig zum erstenmal seine Bedeutung als Paßhöhe erhielt!

Nachdem er die Bataver geschlagen hatte, beauftragte der römische Kaiser Vespasian seinen Legaten Pinarius Cornelius Clemens, eine direkte Querverbindung durch den Schwarzwald, vom Oberrhein zur Donau zu erkunden, die anstelle des zeitraubenden Umweges über Basel benutzt werden könnte. Bislang waren die Römer um den wildzerklüfteten Urwald herummarschiert, denn sie fürchteten die menschenfeindliche Wildnis, in der Luchs, Wolf und Bär hausten. Noch 357 schreibt Kaiser Julian über den „Hercynischen Wald“, daß „mit der wilden Unzugänglichkeit ... soweit unsere Kenntnis reicht, ähnliches dieser Art nicht mehr erschaut wird.“ Die neben „Adnoba silva“ bekannte römische Bezeichnung „silva Hercynia“ wurde von Hans von Fleming 1749 und vor ihm schon vom Lexikographen Adam Kirsch mit „Harzwald“ übersetzt.

73 n. Chr. setzten sich die Einheiten des Pinarius Clemens in Bewegung, von Straßburg aus über Offenburg ins Kinzigtal hinein. Bis zum heutigen Schiltach folgten die Kohorten und ein Reiterregiment der Kinzig, dann bogen sie ab und begannen den Aufsteig über die Berge. Beim Brandsteig hatten sie den Scheitelpunkt erreicht (Schänzle 694, Zollhaus 720 Meter ü. d. M.) und stiegen wieder aufwärts. Im Jahre 74 kam der Legat mit seinen Leuten bei Rottweil an den Neckar. Die damalige Marschroute stieß südlich der Donau auf eine schon vorhandene Heerstraße, sie wurde bis zur Provinzhauptstadt Augsburg zur Militärstraße ausgebaut. Kastelle, Gutshöfe und Herbergen säumten im Laufe der Zeit die wichtige Abkürzung durch den Schwarzwald. Am Brandsteig entstand eine Paßherberge, deren Grundmauern ein Gelände von 60 mal 125 Meter umschlossen und die, neben einigen Nebengebäuden, im 19. Jahrhundert von Archäologen ausgegraben wurden. Auch ein zwischen 90 und 96 n. Chr. der Schwarzwaldgöttin Abnoba gestifteter Weihestein kam bei den Grabungen ans Tageslicht, in einer Bombennacht ging er 1944 in Stuttgart für immer verloren. Ein erst 1982 am Brandsteig gefundenes Merkur-Relief beherbergt heute das Museum für Ur- und Frühgeschichte in Freiburg.

Nicht nur am Brandsteig stößt der Wanderer auf Grenzsteine, an zahlreichen Stellen des Schwarzwaldes sind diese Zeugen vergangener Zeiten zu entdecken. Manch tragische, aber auch viele kuriose und heitere Geschichten sind aus den Grenzgebieten überliefert.

Mittlerer Schwarzwald

Bestimmen ausgedehnte Waldgebiete den nördlichen Teil des beliebtesten deutschen Mittelgebirges, so dominieren im mittleren Teil die Flüsse. Hier ist das Einzugsgebiet von Elz, Kinzig, Rench, und die Quellflüsse Brigach und Breg sind Ursprung der später zum mächtigen Strom anwachsenden Donau. Auch das imponierende Wasserschauspiel von Triberg soll hier nicht unerwähnt bleiben. Den mittleren Schwarzwald durchzieht die europäische Wasserscheide, so daß es auf der „Kalten Herberge" das Kuriosum gibt, daß das Regenwasser aus der vorderen Dachrinne des dortigen Wirtshauses der Donau, das der hinteren dagegen dem Rhein zufließt.

Geologisch betrachtet, setzt sich der mittlere Schwarzwald vorwiegend aus ältesten Gesteinen, Granit und Gneis, zusammen, doch kommen in der Vorbergzone auch Kalk- und Sandstein vor. Rund 80 Meter höher als die Hornisgrinde im Norden ist in diesem Gebiet der sagenumwobene Kandel (1241 Meter).

In diesem – gegenüber dem Norden – stärker besiedelten Landstrich liegen auch die wohl bekanntesten Schwarzwaldklöster St. Peter und St. Märgen, während im Raum von Emmendingen eine Reihe von Burgruinen an edle Geschlechter erinnert.

Schwarzwaldhaus in Wild-Gutach

Der mittlere Schwarzwald ist die Wiege der Uhrenindustrie, die in ihren Anfängen die halbe Welt mit Zeitmessern versorgte.

Selbstverständlich wurden daneben auch die alten Gewerbe des Waldes ausgeübt, die in den Häusern des Freilichtmuseums „Vogtsbauernhof" dokumentiert sind. Hier sind die verschiedenen Abwandlungen des Schwarzwaldhauses versammelt, für diesen Landschaftsabschnitt das Kinzigtäler, Gutacher und das Zartener Haus.

Im mittleren Schwarzwald befinden sich einige der alten Nester schwäbisch-alemannischer Fasnacht. Die Tracht der Orte Gutach, Reichenbach und Kirnbach gilt weltweit als *die* Schwarzwaldtracht.

Cimbern, Zimbern, Zimmern

In den Jahren von 1564 bis 1566 verfaßten die beiden Grafen von Zimmern, Froben Christoph und Wilhelm Werner, gemeinsam mit ihrem Sekretär, Johannes Müller, eine Chronik, die auch für den heutigen Leser noch informativ und kurzweilig ist, wenn er über genügend Geduld verfügt. Das Werk von zweitausend Seiten ist nämlich im Hochdeutsch der Mitte des 16. Jahrhunderts abgefaßt worden, außerdem kommt ein schwäbisch-alemannischer Mischmasch hinzu, da Herrenzimmern, die Burg des Geschlechtes, praktisch auf der Grenze der beiden Sprach- und Kulturräume lag.

Die Herren von Zimmern saßen auf verschiedenen schwäbischen Besitztümern, auch in der Gegend von Rottweil.

Die Zimmerische Chronik, in erster Linie eine Geschichte des Freiherren-Geschlechtes, berichtet daneben recht ausführlich über Kulturgeschichtliches, erzählt aber auch viele Schwänke und deftige Liebesabenteuer, so daß – bei einer entsprechenden Auswahl – ein umfangreiches schwäbisches Dekameron zusammengestellt werden könnte.

Bauernhochzeit in Gutach. Stich von Wilhelm Hasemann

Wilhelm Werner von Zimmern

Zwar ist in der Chronik die Wahrheit recht oft mit Dichtung vermischt, doch konnte mit Hilfe des Werkes manche dunkle Stelle in der Geschichte aufgehellt, manches zum Verständnis der damaligen Lebensumstände erklärt werden.

Daß die Autoren besonders großzügig mit der Wahrheit verfuhren, wenn es um die eigene Familie ging, zeigt die Tatsache, daß sie ihre Herkunft vom germanischen Stamm der Cimbern ableiten: „... mit weiterem bericht, daraus gruntlich verstanden werden mag, das die alten freiherren zu Zimbern von iez vielgemelten Cimbris abkomen und iren ursprung genommen haben.“

Auch von der Teilnahme dreier Herren von Zimmern am Kreuzzug im Jahr 1095 berichtet stolz das Buch. Daß von der Freiherrschaft auch Gaben in die Klöster flossen, findet natürlich ebenso entsprechende Berücksichtigung: „... das in dem closter zu Alpersbach auf dem Schwarzwaldt ein alt geschriben buoch, desgleichen ein grohser gewirkter aufschlag gewesen ...“.

Und zum Abschluß noch ein Beispiel von der kräftigen Sprache des Werkes (es geht um das Frauenkloster in Oberndorf): „... das vil adels ab dem Schwarzwaldt und am Necker in disem closter den ufritt gehapt, und het domals mit gueten ehren und der warhait vilmehr des adels hurhaus, dann des adels spital mögen genempt werden.“

Wettstreit der Schlitzohren (nach der Zimmerischen Chronik)

Als die Einwohner von Wittershausen eines Tages vernahmen, Herr Johann von Zimmern werde bei ihrem Dorfe vorbeireiten, setzten sie sich auf die Straße und verschränkten ihre Beine untereinander.

Als der hohe Herr hinzukam, erhoben die Bauern ein seltsames Hadern und Lamentieren und erzählten Herrn Johann, sie hätten ihre Beine so durcheinandergebracht, daß sie gar nimmer wüßten, wie ein jeder die seinen zurückbekommen könne; falls der Herr ihnen helfe, wollten sie ihm jährlich einen Sack voll Korn zum Lohn für seine Mühe schicken. Herr Johann merkte rasch den Spaß, griff sich einen Stecken und klopfte den Bauern damit kräftig auf die Schienbeine. Im Nu hatte jeder zurück, was ihm gehörte.

Als die Zeit gekommen war, wollte der Graf die Wittershausener in die Pflicht nehmen und ließ einen so großen Sack anfertigen, daß er gefüllt kaum auf einem Wagen Platz fand. Die Bauern erschraken gewaltig, hatten sie doch einen Sack von einem halben Malter gemeint, doch sie machten gute Miene zum bösen Spiel, da in der verfaßten Urkunde nur von „einem Sack“ die Rede war.

Kurze Zeit später schickte das Dorf eine Abordnung zum Schloß, die um die Erlaubnis bat, in den Wäldern der Herrschaft einen oder mehrere Bäume fällen und ins Dorf führen zu dürfen. Der Bitte wurde allergnädigst stattgegeben.

Nun fällten die Bauern an der entferntesten Stelle im Wald den mächtigsten Baum, den sie dort finden konnten und schickten zu Johann von Zimmern mit der Botschaft, sie hätten nur einen Baum geschlagen, weil der so groß sei, daß er für ihre Zwecke genüge, ob sie nun für das Heimholen eine Schneise schlagen und das anfallende Holz behalten dürften.

Auch diese Bitte wurde nicht abgeschlagen, worauf die Malefizer ihren Baum quer auf zwei Wagen luden und alles niederschlugen, quer durch den ganzen Wald, was dem breiten Gefährt im Wege stand.

Danach war ihnen doch nicht ganz wohl, und sie schenkten eilig dem Grafen und allen seinen Erben das Patronatsrecht in ihrem Dorfe, womit sie auch der jährlichen Kornabgabe ledig wurden.

Fasnetsbräuche: Oberndorf, Schramberg, Rottweil

Die schwäbisch-alemannische Fasnet hat weit zurückreichende Wurzeln, doch so alt, wie es oft behauptet wird, ist sie nun auch wieder nicht. Der Nationalsozialismus unterstützte die Vorstellungen von den wilden germanischen Männern, die mit allerlei Riten den Winter zu vertreiben suchten. Zwar hatten auch die alten Römer eine Art Fasnacht gefeiert, doch beweist der Freiburger Volkskundler Dr. Werner Mezger überzeugend, daß erst die mittelalterliche Kirche Ursprung der heutigen Fasnacht ist.

Fasnet oder Fasent hat mit deutschem Karneval oder Fasching so wenig zu tun wie ein Düsseldorfer Majoretten-Corps mit einer Schwarzwälder Hexengruppe. Während der Kölner, Mainzer oder Münchner Trubel in explodierter Ausgelassenheit tobt, geht es bei der schwäbisch-alemannischen Fasnet eher wehmütig-vergnügt zu.

Wer jedoch als Außenstehender glaubt, das schwäbisch-alemannische Treiben als langweilig oder uniform einordnen zu müssen, sollte die Vielfalt der Gestalten unterschiedlicher Dörfer und Städte Südwestdeutschlands einmal besuchen.

Sehr wahrscheinlich ist der Ursprung des närrischen Treibens in Oberndorf im ehemaligen Freimarkt zu suchen, dazu die Zimmerische Chronik: „Damit aber sollichs dester mit minderm argwon zugienge, do ließ er anno 1502 ein freien Markt geen Oberndorf außriefen."

Und über 150 Jahre später heißt es an anderer Stelle: „Auf Aschermittwoch 1664 gab Prior Benning einen Daler der Bürgerschaft, welche auf den Aschermittwoch nach altem Brauch im Klosterhof den Stadtfahnen geschwungen und Salve geschossen."

Auch 1690 ist von der Fasnacht die Rede, allerdings von einer bescheidenen, wegen „Mißwuchs und Theuerung".

Fröhlich geht es zu bei der Fasnet in Oberndorf, es wird viel Musik gemacht und gesungen. Die Masken verbreiten Heiterkeit, und die Schrecklarven anderer Orte fehlen.

Zwar bestehen einige Unterschiede zwischen dem Fasnachtstreiben in Oberndorf und beispielsweise dem in Rottweil, doch zählen beide zur vielfältigen Tradition der schwäbisch-alemannischen Fasnet. In beiden Neckarstädten beginnt die Fasnet am Dreikönigstag. Der nächste Höhepunkt in Oberndorf ist der „schmutzige Donnerstag", an dem zum erstenmal in den Gasthäusern „aufgesagt" wird. Oft sind es Gruppen, die aktuelle Ereignisse aus dem Stadtleben als Lied oder Gedicht vortragen, manchmal ist es aber auch ein einzelner Schantle, der die liebevoll in einem Buch niedergeschriebene und ausgemalte Geschichte zum besten gibt. Doch wer auch immer sich beim Aufsagen betätigt, ohne Musik spielt sich in Oberndorf nichts ab.

Häufig schließen sich mehrere Schantle zu einer Kapelle zusammen und bieten eine steinerweichende Katzenmusik oder stimmungsvolle Weisen auf dem Akkordeon dar. Samstag, Sonntag und Montag sind ebenfalls quirlige Narrentage, doch das Höchste ist der Fasnets-Dienstag mit dem Narrensprung.

Wie in Rottweil wird auch in Oberndorf der sogenannte Narrensprung vom „Narrensamen", den Kindern, angeführt. Die Hansel stecken in roten Kitteln, tragen einen weißen spitzen Kragen, bunte Tücher und ihre Sonnenschirme. Aus einem

Rottweil am Neckar

Henkelkorb am Arm verteilen sie Bonbons oder Apfelsinen.

Ihnen folgen die Narros, sogenannte Weißnarren, weil sie ein weißes Kleid tragen, das kunstvoll mit Figuren bemalt ist. Wie bei den Hansel untermalt ihr Geschell den schmissigen Narrenmarsch, und auch die Menschen am Straßenrand singen lautstark mit: „O jerum, o jerum, die Fasnet hot a Loch …"

Die wohl urtümlichste Narren-Gruppe ist die der Schantle. Während Hansel und Narro flink zur Musik hüpfen, hinken die Schantle heran. Sie schieben ihren mächtigen Bauch voran und wenden ihre Larven – jede ist anders – freundlich den Menschen am Rande der Straße zu. Sie benötigen keine Kapelle, denn auf Ziehharmonikas machen sie ihre eigene Musik.

Einige tragen Stecken, an denen eine Wurst baumelt, in die der Zuschauer hineinbeißen darf – wenn er sie erwischt, wobei die Hände nicht zu Hilfe genommen werden dürfen. Erst nach dem Ersten Weltkrieg kamen auch im Oberndorfer Zug Pferde vor; anders als in Rottweil dürfen sie sich frei bewegen und drängen zu weit auf die Straße vordringende Zuschauer zurück.

Fünf Täler stoßen bei Schramberg aufeinander, drei Burgen, heute Ruinen, bewachten einst die Ein- und Ausgänge der Stadt. In die Burg Falkenstein flüchtete Herzog Ernst von Schwaben vor seinem Stiefvater Kaiser Konrad II. Noch heute läßt sich ahnen, wie sicher Unter- und Oberfalkenstein auf den unzugänglichen Granitklippen des Bernecktales gelegen war.

Uneinnehmbar sollte auch Hohenschramberg sein, die Burg, die Hans von Rechberg 1457 bis 1459 errichten ließ; selbst den aufkommenden Feuerwaffen sollte sie standhalten. Der Meinung waren auch die Nachfolger des Rechbergers und ließen das Bauwerk immer aufs neue verstärken. So kamen Mauern zustande, die stellenweise mehr als sechs Meter dick sind.

Wie Hohenschramberg ragte auch Burg Schiltteck auf Porphyrfelsen oberhalb des Flüßchens Schiltach empor.

Dieser kleine Fluß, der sich einige Kilometer unterhalb Schrambergs in Schiltach mit der Kinzig vereinigt, ist alljährlich – sofern sein Wasseraufkommen es zuläßt – Schauplatz eines Spektakels, an dem die alten Rittersleut auf ihren Burgen vermutlich auch ihren Spaß gehabt hätten.

Vor etwas mehr als einem halben Jahrhundert kamen in Schramberg einige Narren auf die Idee, das Fasnachtsgeschehen von den Straßen auf die Schiltach, „de Bach" genannt, zu verlegen. In hölzernen Waschzubern, wie sie zu jener Zeit noch fast in jedem Haushalt verwendet wurden, schwammen sie, miteinander wetteifernd, dem Ziel entgegen.

Damals waren es acht Kanalfahrer, heute sind es um die vierzig. Die einstigen Waschzuber haben sich inzwischen zu phantasiereichen Fahrzeugen entwickelt. Doch nicht nur die originellen Aufbauten entscheiden über Siegespunkte.

Es kommt auch darauf an, den Zuschauern etwas zu bieten, sein Schifflein möglichst unbeschädigt in das Ziel zu bringen und einigermaßen trocken anzukommen; doch das gelingt nur wenigen.

Am Fasnachtsmontag läuft das Spektakel ab. Frühmorgens werden die in vielen Freizeitstunden mit Fleiß gebauten Schifflein zum Startplatz an der Schützenbrücke gebracht. Jeder Zuber glossiert ein Thema aus der großen Politik oder dem Schramberger Stadtgeschehen. Die Holzzuber gehören der Narrenzunft. Sie werden einige Wochen vor dem großen Ereignis den Bachkapitänen zum Bearbeiten zur Verfügung gestellt. Nachdem die Jury die aufgereihten Fahrzeuge begutachtet hat, beginnt die Entscheidung auf und im Wasser.

Um 13 Uhr fällt der Startschuß, und der erste Kapitän schießt mit seinem Bottich über die Rampe in die Fluten, mit einer großen Glocke läutet er die „da-Bach-na-Fahrt" ein. Dem ersten folgen in rascher Folge die anderen. Die Ufer der Strecke sind von Zehntausenden gesäumt, die die rasche Fahrt mit anfeuernden Rufen begleiten. Kein Mauervorsprung, kein Dach, kein Laternenpfahl und kein Baum, die nicht von einem oder mehreren Zuschauern besetzt wären.

Am Roßgumpen ist das Wasser gestaut worden. Dort muß der Steuermann seinen Bottich sicher über eine Rutsche bringen, danach hat er ungefähr die Hälfte der Strecke hinter sich.

Oft hat ein Zuber-Kapitän die Kräfte des Baches unterschätzt, und sein mit viel Eifer gebautes Schifflein löst sich in seine Einzelteile auf. Dabei geht der Steuermann in des Wortes wahrster Bedeutung baden. Doch solche Mißgeschicke entmutigen nicht, und der „da-Bach-na-Fahrer" watet völlig durchnäßt bei Februartemperaturen, gleichzeitig mit den Latten und bunten Papierfetzen seines Bootes, durch das Ziel an der St.-Maria-Kirche. Viele der so tapfer Gestrandeten ernten mehr Applaus als die heil Ankommmenden.

Den meisten ist das Glück hold, sie umschiffen geschickt alle Hindernisse und bringen ihren Zuber in Rekordzeit in das Ziel. Sie werden mit einem Schnaps und einer heißen Wurst empfangen, danach schlüpfen sie rasch unter die heiße Dusche der Burgschule.

Außer der Ehre, eine gute Plazierung und den Orden der Narrenzunft zu erhalten, gibt es keine weiteren Preise, trotzdem melden sich jedes Jahr viele Teilnehmer zur Zuber-Fahrt an, nur deshalb, weil es Spaß macht, dabeigewesen zu sein.

Im anschließenden großen Fasnetsumzug, selbstverständlich mit den typischen Schramberger Narrenfiguren „Lächler", „Weiner" und „Hoorig Katz" – werden auch die siegreichen Zuber mitgeführt. Sie haben zwar einiges an Pracht und Glanz eingebüßt, aber schließlich ist die Hauptsache, daß Teilnehmer und Zuschauer ihren Spaß gehabt haben.

Neuerdings ist der bisherige Startplatz an der Schützenbrücke wegen Straßenverlegungen weggefallen, und am Ziel hat es wegen eines neu errichteten Bergtunnels ebenfalls Veränderungen gegeben. Das wird die Schramberger nicht davon abhalten, weiterhin zur Fasnet die Schiltach hinabzufahren. Wenn Menschen etwas durchsetzen wollen, finden sie meistens – allen Schwierigkeiten zum Trotz – eine Lösung. Selbst die mächtigen Mauern Hohenschrambergs hielten die Männer nicht auf, die sich in den Kopf gesetzt hatten, die Burg einzunehmen; am 10. Januar 1689 wurde sie zerstört.

Schwarzwaldhäuser: der Vogtsbauernhof

Dort, wo sich zwischen Wolfach und Hausach die Wasser der Gutach mit denen der Kinzig mischen, die von Freudenstadt kommende Bundesstraße B 294 und die nach Donaueschingen führende B 33 aufeinanderstoßen, öffnet sich das Gutachtal.

Vieles in diesem Schwarzwaldtal ist besonders erwähnens- und ansehenswert: Die Schwarzwaldbahn von Offenburg nach Villingen, einst als Wunderwerk der Technik gepriesen, überwand bei ihrem Bau (1867 bis 1873) hier die größten Schwierigkeiten; die Stadt Hornberg, in der jedes Jahr das Schauspiel vom „Hornberger Schießen" die Erinnerung an das legendäre Ereignis von 1564 wachhält; die Gutach, die in Triberg rund 160 Meter hinabstürzt und Deutschlands höchster Wasserfall ist; der Ort Gutach, aus dem die weltbekannten Bollenhüte kommen (ein Ort gleichen Namens liegt nur wenige Kilometer Luftlinie entfernt im Tal der Elz); schließlich das oft bizarre, manchmal anmutige Landschaftsbild mit vielen prächtigen Häusern und Höfen.

Einer dieser Höfe ist der Vogtsbauernhof, Mittelpunkt des gleichnamigen Freilichtmuseums, das inzwischen Anziehungspunkt für Hunderttausende geworden ist.

Die Idee, Häuser und andere Gebäude wie Kunstgegenstände zu sammeln und in einem Museum zu vereinen, ist von großer Bedeutung. Wichtige Baudenkmäler, die ohne solche Maßnahmen vermutlich verfallen und eines Tages gänzlich verschwunden sein würden, bleiben so der Nachwelt erhalten. Um die Zeugen der Vergangenheit an einem Ort nebeneinander zeigen zu können, ist es erforderlich, sie Stein für Stein, Balken für Balken zu numerieren, abzutragen und im Museum wieder aufzubauen.

Der „Vogtsbauernhof" ist das einzige Schwarzwaldhaus im Museum, das an seinem ursprünglichen Platz steht, alle anderen Gebäude sind auf die beschriebene Art hierher gekommen.

Fünf Höfe, also fünf verschiedene Typen des Schwarzwaldhauses, sowie eine Reihe von Wirtschafts- und Nebengebäuden sind im „Freilichtmuseum Vogtsbauernhof" zu sehen. Mit ungefähr einer halben Million Besuchern im Jahr gilt dieses Freilichtmuseum als das meistbesuchte der Bundesrepublik.

In den verschiedenen Gebäuden werden neben Einrichtungsgegenständen auch Dokumentationen zur Hausgeschichte, zur Wohnkultur, Lebensweise der Menschen und ihrer Arbeitswelt gezeigt. Beachtlich ist auch das Waldmuseum mit Darstellungen der Waldgeschichte, einer Übersicht der Holzarten, der Holzverwertung und des Holztransports.

Kaum eine andere Gegend hätte sich besser zur Anlage dieses Museums geeignet, finden sich doch im Gutachtal, bedingt durch die unterschiedlichen ehemaligen Herrschaftsbereiche, allein drei der fünf gezeigten Hausformen.

Der Oberlauf der Gutach gehörte zum ehemali-

Schwarzwälder Heidenhaus, alt

Schwarzwälder Heidenhaus, jünger

Hotzenhaus

Zartener Haus

Schauinslandhaus

Gutacher Haus

Kinzigtäler Haus

gen vorderösterreichischen Bereich, es ist dies die Region der „Heidenhäuser“. Dagegen ist der einst zum Fürstentum Württemberg gehörende Mittellauf die Heimat der „Gutacher Häuser“, während am Fürstenberg/Österreichischen Unterlauf die „Kinzigtäler Häuser“ angesiedelt waren. Die damit einhergehenden unterschiedlichen Konfessionen (Mittellauf protestantisch, Ober- und Unterlauf katholisch) lassen sich an der üppigen katholischen oder der kargen evangelischen Ausstattung der jeweiligen Herrgottswinkel ablesen.

Alle Schwarzwaldhäuser sind aus Holz erbaut. Da hölzerne Häuser starke Eigenbewegungen entwickeln, mußten ihre Fenster dem dabei entstehenden Druck entzogen werden. So entstanden das alemannische Fensterband am Heidenhaus und der alemannische Erker am Vogtsbauern- und Lorenzhof – gleichzeitig schmückende Bestandteile der Gebäude.

Schwarzwälder Bauernhäuser sind sogenannte Eindachhöfe, Wohn- und Wirtschaftsräume befinden sich unter einem gewaltigen Dach, das – je nach Haustyp – unterschiedlich gestaltet ist. Allen gemeinsam ist die Hocheinfahrt vom Hang aus über eine Brücke oder Erdrampe. Da die Schwarzwaldhöfe meistens Selbstversorgungsbetriebe waren, gehört eine Reihe von Nebengebäuden wie Back-, Brennhaus, Mühle und Speicher zum jeweiligen Anwesen.

Für denjenigen, der sich genauer mit Bauten, Gebrauchsgegenständen und dem Leben der früheren Schwarzwälder beschäftigen möchte, gibt es an der Museumskasse einen ausgezeichneten Führer.

Der „Vogtsbauernhof" wurde 1570 am jetzigen Standort erbaut und gehört zum Typ der „Gutacher Häuser". Sein Name, den auch das Museum übernahm, läßt erkennen, daß er Wohnsitz des Talvogtes war. Politisch gehörte dieser Teil des Tales zu Württemberg. So sind auch einige Merkmale des Vogtsbauernhofes in der württembergischen Bauordnung von 1586 vorgeschrieben, zum Beispiel das Steinwerk in der Mitte der Giebelseite oder das „heimlich Gmach", der Abort (im übrigen Schwarzwald ging man in den Stall).

Das strohgedeckte Dach weist auf eine klimatisch gemäßigte Region hin; in der Gegend der Heidenhäuser wurden statt Stroh Holzschindeln verwendet.

Der Herrgottswinkel mit der Herrgottssäule läßt den Einfluß der Reformation deutlich erkennen, denn Bilder aus dem Marien- oder Heiligenleben fehlen. Im Herrgottswinkel versammelte sich die Familie zum Gebet, oder – das aber nur an Sonn- und Feiertagen – zum Essen. Reichhaltiger ist der Herrgottswinkel des aus katholischem Gebiet stammenden Hippenseppenhofes ausgestattet. Ein Ausdruck religiöser Inbrunst sind der schmucke Bildstock und die Hofkapelle bei diesem Heidenhaus. Eine solche Kapelle gehörte praktisch zu jedem Schwarzwaldhof, so daß sich die Bauernfamilie selbst bei ungünstigster Witterung um einen Altar versammeln konnte.

Die 1736 entstandene Kapelle ist hauptsächlich mit Bildern von „Vieh"-Heiligen, die bei Krankheiten der Haustiere angerufen wurden, geschmückt. Einer dieser Helfer ist der Heilige Antonius, wegen seines Attributes, einem kleinen Schwein, volkstümlich „Sau-Toni" genannt.

Neben christlichen Symbolen sind in der Dreschtenne des Hippenseppenhofes eine Reihe vorchristlicher Heilszeichen eingeritzt, die Fruchtbarkeit sowie Kinder- und Erntereichtum bringen sollten. Daneben Abwehrzeichen, um böse Mächte zu bannen. Dem gleichen Zweck sollte wohl auch ein an der First-Hochsäule befestigter mumifizierter Ochsenkopf dienen; er soll von einem der Tiere stammen, die 1599 beim Herbeischaffen des für den Bau benötigten Holzes eingesetzt worden waren. Für den Hippenseppenhof sind ungefähr 1000 Festmeter Rundholz, das entspricht 275 Baumstämmen, verwendet worden. Dieser Viehzüchterhof des Hochschwarzwaldes stammt aus dem Katzensteig nahe Furtwangen.

Von den Heidenhäusern, der ältesten Hausform des Schwarzwaldes, wird gesagt, sie hätten schon zu Zeiten der Heiden existiert; sie sind selten geworden, der Hippenseppenhof ist einer der letzten.

Der als „Kinzigtäler Haus" bezeichnete Typ, der durch den Lorenzhof vertreten ist, wird fälschlicherweise als *das* Schwarzwaldhaus angesehen, obwohl es nur im Kinzig- und Renchtal anzutreffen war. Der eingeschossige Bau auf steinernem Sockel trägt ein Halbwalm-Strohdach.

Der „Lorenzhof" stand in Oberwolfach, ehemals fürstenbergisches Gebiet. Mit der Methode der Baumringdatierung konnte festgestellt werden, daß 1498 das Holz für seinen Bau geschlagen wurde. Da zu jener Zeit das frisch geschlagene Holz sogleich verbaut wurde, dürfte der Lorenzhof zu diesem Zeitpunkt entstanden sein.

Der von katholischem Territorium stammende Hof hat einen reich ausgestatteten Herrgottswinkel mit Herrgottssäule, Madonna, Kruzifix, Heiligenbildern und am Palmsonntag in der Kirche geweihten „Palmen".

Seit einiger Zeit ist auch ein „Hotzenhaus" aus dem Hotzenwald im Freilichtmuseum zu sehen.

Die den einzelnen Hausformen entsprechenden Speicher zum Aufbewahren von Vorräten und Materialien sind im „Vogtsbauernhof" ebenfalls wiedererrichtet worden. Der einfachste ist der Heidenhausspeicher; er gehörte zum Winterhalderhof in Schollach und steht zum Schutz vor Bodenfeuchtigkeit und Ungeziefer auf Pfählen.

Beim Gutacher Speicher ruht das hölzerne Gebäude auf einem steinernen Untergeschoß. Bei ihm steht besonders der von den heiratsfähigen Töchtern als Schlafkammer genutzte Teil im Mittelpunkt des Besucherinteresses, in dem nach alten Unterlagen „die Gelegenheit zum nächtlichen Zusammenschlieffen wissentlich gestattet" war.

Neben dem Lorenzhof steht ein Vertreter des Kinzigtäler Speichers, eine Miniaturausgabe des gleichnamigen Schwarzwaldhauses. Wie dieses hat der Speicher ein gemauertes Sockelgeschoß, auf dem der hölzerne Säulenbau ruht. Neben den Räumen zum Aufbewahren von Lebensmitteln, Obst, Most und Grundstoffen verfügt der Speicher über Schlafkammern für Knecht, Hütebub, Mägde und Töchter des Bauern. Der 1601 erbaute Speicher brauchte für seine Reise ins Museum nur 2,5 Kilometer zurückzulegen, denn er gehörte zum Reutehof im nahen Hauserbach.

Junge Museumsbesucher fühlen sich besonders stark von den alten Maschinen der Schwarzwaldhöfe angezogen, so z.B. von der Hausmahlmühle von 1609. Eine solche wassergetriebene Mühle gehörte zu jedem größeren Schwarzwaldhof, hieß es doch: „Ein rechter Schwarzwaldbauer pflanzt, mahlt und backt sein Brot selber.“ Schon im 13. Jahrhundert werden Mahl- und Sägemühlen im Schwarzwald erwähnt.

Auch Klopfsägemühle und Hochgangsäge haben im Museum ihre Vertreter. Ebenfalls seien noch die dort installierte Hammerschmiede und die Ölmühle erwähnt. Mit dem Hammer stellte der Bauer Werkzeuge und andere Geräte her. In den Tälern von Gutach und Kinzig waren Hammerschmieden und – wegen des umfangreichen Rapsanbaues – Ölmühlen sehr häufig.

Zum Selbstversorgungsbetrieb der Schwarzwaldhöfe gehörten auch Back- und Brennhäusle, in denen Brot und Kuchen gebacken sowie Schnaps gebrannt wurde.

In verschiedenen Räumen finden sich außerdem umfangreiche Ausstellungen zur Kultur und Lebensart des Schwarzwaldbewohners. Hier stößt der Besucher auf Berufe und Tätigkeiten, die zum Teil nur noch dem Namen nach bekannt sind. Als Beispiele seien die Köhler, Kübler, Deuchel-Bohrer und Löffelmacher erwähnt. An anderer Stelle wird auf die Tätigkeit der Flößer, Glasbläser und Bergleute eingegangen.

Ausgestellt sind auch die vielfältigen Formen der Kopfbedeckung Schwarzwälder Mädchen und Frauen. Im Hippenseppenhof kann die Entwicklung des Bollenhutes verfolgt werden. Auch eine Anzahl von „Schäppel“, Festtagskronen der Mädchen, sind hier zu bewundern.

Wohl nirgendwo anders als im „Vogtsbauernhof-Museum“, von dessen Ausstellungsstücken hier nur die wichtigsten erwähnt werden konnten, kann der interessierte Fremde so viel über den Schwarzwald in so konzentrierter Form erfahren.

Gutach: Bollenhut – Schwarzwaldhut

Den Gutachern ging der Bollenhut hoch, als im Gefolge Kölner Karnevalisten sogenannte Schwarzwald-Maidle mit Bollenhut auftraten; die gleiche Reaktion zeigten sie, als in einer Weinwerbung bayrisches Dirndl, österreichisches Mieder mit ungarischen Stickereien und einem solchen Hut kombiniert wurden. Der weltbekannte Hut, mit 14 schwarzen Bollen für verheiratete Frauen und 14 roten für Mädchen, ist Markenzeichen für den gesamten Schwarzwald geworden,

Mühle in Gutach. Stich von Wilhelm Hasemann

Hornberg. Stich von Max Roman

obwohl er nur auf eng umgrenztem Gebiet getragen wird.

Begonnen hat es mit Strohhüten, die geflochten und mit roten oder schwarzen Punkten versehen wurden. Daraus entwickelten sich die Wollrosen oder – wie es im Schwarzwald heißt – die „Bollen".

Die Mädchen und Frauen aus Gutach, Kirnbach und Reichenbach, den drei protestantischen Gemeinden, die den Hut auch als Ausdruck ihrer Religionszugehörigkeit verstanden wissen wollen, legen – vom Rummel um ihre Kopfbedeckung unbeeindruckt – an Festtagen ihre alte Tracht an, beim Gutacher Erntedankfest oder bei der Konfirmation in Kirnbach.

Am Konfirmationstag sind besonders viele Fremde in dem kleinen Ort, um einen einmaligen Festzug mit Männern, Frauen, Mädchen und Buben in Trachten bewundern zu können. Unter den Klängen der Blasmusik ziehen die Konfirmanden und ihre Verwandten vom Berg herab in die Kirche. Von diesem Tag an tragen die Mädchen bis zu ihrer Hochzeit den Hut mit den roten Bollen.

Seltener tauchen „Schäppel" auf, die prächtigen Festtagskronen lediger Mädchen, sie bestehen aus vielen bunten Perlen, Spiegelchen und Bändchen. Schäppel können ein beachtliches Gewicht haben; das im Vogtbauernhof ausgestellte aus Langenschiltach soll mit 2 Kilogramm zu den größten gehören, doch im nahen Triberger Heimatmuseum macht ihm ein 3 Kilogramm schweres aus St. Georgen den Rang streitig. Da die Schäppel über ein größeres Gebiet als die Bollenhüte verbreitet sind, wären sie eigentlich eher geeignet, den Schwarzwald zu repräsentieren, doch die Situation ist nun einmal eine andere, und die Leute aus dem Gutachtal werden sich damit abfinden müssen, daß ihr Bollenhut auch weiterhin für alle möglichen Zwecke mißbraucht wird.

Das Hornberger Schießen

Mit Schillers „Die Räuber" kam der vielzitierte Begriff vom „Hornberger Schießen" ins Theater. Die Redensart wird verwendet, wenn eine Sache

Hornberger Tracht

„Drum die Moral von der Geschicht,
verschieß zu früh dein Pulver nicht!"

Eine andere Fassung des Geschehens berichtet, der Herzog habe den Hornberger Schützen den Zuschuß für das Pulver verweigert, so daß es mit dem beliebten Zeitvertreib des Schießens vorbei gewesen sei.

Lebensnah und wahrscheinlich klingt auch die dritte Version, die behauptet, die Hornberger hätten gerne tief ins Glas geschaut. So auch bei einem ihrer Schützenfeste, so daß keiner aus der schieß- und trinkfreudigen Runde die Schützenscheibe zu treffen in der Lage gewesen sei.

erfolglos verlaufen ist, aber was steckt, historisch betrachtet, dahinter? Eine Geschichte mit drei Versionen. Eine davon hat man in dem schmucken Städtchen an der Gutach festgeschrieben und spielt sie jedes Jahr im Sommer auf der Freilichtbühne:

1564 wollte der württembergische Herzog Ulrich die kleine Stadt Hornberg besuchen. Die Untertanen freuten sich, schrubbten und putzten alles und setzten die für den Salut bestimmten Kanonen instand. Selbstverständlich feuerten sie auch einige Probeschüsse ab, um zu prüfen, ob die Geschütze in Ordnung seien.

Als der große Tag gekommen war, wurde ein Späher auf den Schloßturm geschickt, um des Herzogs Nahen zu melden. Als der Mann im Ausguck eine große Staubwolke sah, gab er das verabredete Zeichen, und die Hornberger böllerten los. Wie groß war die Enttäuschung, als statt des erwarteten Herzogs eine Rinderherde in die Stadt zog.

Zum zweiten Mal kündigte der Wachtposten den hohen Herrn an, und wieder dröhnte ein Salut durch das Tal, doch es war nur eine Postkutsche, die ankam.

Das gleiche Geschehen wiederholte sich ein drittes Mal, als ein Krämer mit seinem Karren nahte.

Als der Herzog wirklich in seine Stadt ritt, hatten die Hornberger ihr ganzes Pulver verschossen und konnten ihren Herrn nicht mit einem Salut begrüßen.

Ihre Erkenntnis fassen die heutigen Hornberger zu Ende des Theaterstückes in den Vers:

Wasserscheide, Wasserfälle: Hexenloch, Kalte Herberge, Triberg

Es ist leicht zu erklären, warum gerade die Plätze, deren Namen auf Hexe, Hölle oder Teufel verweisen, für den heutigen Geschmack als die schönsten Gegenden im Schwarzwald empfunden werden: diese wilden, dunklen und oft zerklüfteten Gegenden, in früheren Zeiten als unheimlich gemieden, sprechen „romantische Gefühle" der Zeitgenossen an.

Mit der Hexenlochmühle verhält es sich nicht anders, doch haben die Besucher der „Mühle im Schwarzwald, im Tal" par excellence – weder Hexen noch Teufel fürchtend – alle bösen Geister, aber auch einen großen Teil der Romantik vertrieben. Der Mühle, vor einigen Jahren instandgesetzt, war die Auffrischung nicht gut bekommen, sie wirkte auf eine gewisse Weise fremd, doch die Zeit arbeitet für sie und gleicht sie langsam wieder der Umgebung und ihrem alten Aussehen an.

Wer aus dem Hexenloch auf die B 500 kommt, befindet sich auf einer 1030 Meter hohen Schwarzwaldkuppe. Die Stelle könnte mit „Kalte Herberge" nicht treffender benannt sein, denn hier liegt – wer hätte das wohl vermutet! – Deutschlands kältester Ort. Das alte Gasthaus an der Straße zwischen Furtwangen und Triberg kann kaum als „kalte Herberge" bezeichnet werden, es ist gut geheizt und besitzt eine Merkwürdigkeit: es steht genau auf der Wasserscheide, und sein Regenwasser aus der vorderen Dachrinne fließt zur Donau, das der hinteren zum Rhein.

Der Triberger Wasserfall. Stich von Max Roman

Triberg. Stich von 1836

Von Fließen kann bei den Wasserkaskaden in Triberg keine Rede sein, sie stürzen, tosen, rauschen und donnern hinab, über 160 Meter tief.

Ist es wirklich so wichtig, daß der Wasserfall von Triberg Rekordhalter unter Deutschlands Fällen ist? Er ist gewaltig, überwältigend – und das ist entscheidender; über sieben Hauptfälle brausen die Wasser des Fallbaches zwischen riesigen Granitblöcken herab, um sich unterhalb von Triberg mit Nußbach und Schonach zur Gutach zu vereinigen. Von der Gewalt des Wasserfalles ist nichts mehr zu bemerken, wenn sich das Flüßchen durch das hinter Hornberg weiter werdende Tal dahinbewegt, durch Gutach hindurch, an Schwarzwaldbahn und Vogtsbauernhof vorbei, um sich bei Hausach der Kinzig zuzugesellen und zum Rhein zu fließen.

Ganz gleich, ob die Wasser des Schwarzwaldes in den Rhein oder in die Donau fließen, sie wissen von wilden, romantischen Bergen und Tälern zu erzählen, die für die Menschen ihre Schrecken verloren haben und ihrer Erholung dienen.

Schwarzwälder Handwerk und Gewerbe

Die Gegebenheiten der Landschaft brachten es mit sich, daß im Schwarzwald neben der Land- auch die Waldwirtschaft betrieben wird. Die Waldbauern waren angesehener als die Getreidebauern, sie brachten es oft zu erheblichem Reichtum, ja, einige von ihnen sogar zu der Bezeichnung „Waldbauernfürst“.

Die bäuerlichen Waldbesitzer mußten die anfallende Waldarbeit selbst verrichten. Allein zu arbeiten war wegen der Waldunfälle jedoch oft lebensgefährlich. So wurde Verwandtschafts- und Nachbarschaftshilfe in Anspruch genommen, und auch viele Floßknechte verdingten sich im Winter als Waldarbeiter.

Daß für das Fällen und Transportieren der Bäume Kerle benötigt wurden, die ordentlich zupakken konnten, versteht sich von selbst, wurden die Stämme doch oft mit Menschenkraft an die Riesen, die an den Berghängen angelegten Rinnen, geschafft, in denen das Holz zu Tal befördert wurde. Für längere Strecken kamen Pferde- und Ochsengespanne zum Einsatz.

Im Gegensatz zu einer Reihe verschwundener Gewerbe und Tätigkeiten ist die Arbeit im Walde geblieben und wird auch nicht untergehen, solange Forstwirtschaft betrieben wird, allerdings tragen viele technische Errungenschaften zu ihrer Erleichterung bei: so vereinfacht zum Beispiel die Motorsäge das Fällen und Seilwinde und Unimog den Abtransport der Stämme.

Der Flößer

Wer heute die Flüsse des Schwarzwaldes betrachtet, erlebt – von extremen Situationen, wie im Februar 1990 abgesehen – fast stets ruhige Wasserläufe. Die Regulierungen, Begradigungen und Verlegungen haben die einst unsteten Gewässer in feste Bahnen gezwungen, Überraschungen in Form von Hoch- oder Niedrigwasser sind zu Ausnahmen geworden.

Das war nicht immer so, die unbeständigen Flüsse verursachten einst unangenehme, manchmal gar katastrophale Zustände. An manchem Haus sind die Hochwasserstände der verschiedenen Jahre noch markiert.

Mit den launischen Flüssen hatte der Berufsstand der Flößer seine von Jahr zu Jahr unterschiedlichen Probleme: Hochwasser oder zu geringer Wasserantrieb gestalteten die Fahrten auf den Flüssen zum Rhein hinab unterschiedlich lange, zwischen zwei Tagen und einer Woche.

Die Flößerei zählte neben der Uhrenfabrikation und der Glasmanufaktur zu den bedeutendsten Wirtschaftszweigen des Schwarzwaldes.

In dem Märchen „Das kalte Herz“ schildert

Wilhelm Hauff die unterschiedlichen Charaktere der Schwarzwälder in den verschiedenen Gewerben: „Die Leute des badenschen Schwarzwaldes beschäftigen sich gewöhnlich mit Glasmachen; auch verfertigen sie Uhren und tragen sie in der halben Welt umher. Auf der anderen Seite des Waldes wohnt ein Teil desselben Stammes. Sie handeln mit ihrem Wald, fällen und behauen ihre Tannen, flößen sie durch die Nagold in den Nekkar und den Rhein hinab bis weit hinein nach Holland, und am Meer kennt man die Schwarzwälder und ihre langen Flöße."

Im Laufe der Zeit führte der Handel mit dem Wald zu einer völlig anderen Zusammensetzung des Baumbestandes im Schwarzwald. Bis weit in das 17. Jahrhundert hinein hatten dichte Buchenmischwälder und Tannen die Höhen bedeckt, doch Fichten ergaben schneller Nutzholz, und so wurden vorzugsweise sie gesetzt.

Die meisten Schwarzwälder Gewerbe und Handwerke, seien es nun die Schnefler, Köhler oder Glasmacher gewesen, fügten dem Wald erhebliche Schäden zu – die folgenschwersten verursachten jedoch die Holzhändler. Für sie war der Wald ein Mittel, möglichst rasch zu Geld zu kommen. Den Bauern wurden die Wälder abgekauft und kahlgeschlagen, doch wurde in den meisten Fällen nicht aufgeforstet, sondern der Grund und Boden wurde weiterverkauft. Was heute das Waldsterben besorgt, dafür waren früher andere verantwortlich, doch die Forstleute sind dabei, die Schäden früherer und neuerer Zeit zu beheben und dem Schwarzwald sein früheres Aussehen zurückzugeben. Bis allerdings das ehemalige Bild, eine gute Mischung aus Buchen, Tannen und Fichten, erreicht sein wird, muß noch viel Zeit vergehen, und einen grüneren Schwarzwald werden vielleicht noch nicht einmal unsere Kindeskinder erleben.

Der brutale Raubbau früherer Zeiten machte nicht nur manchen Flößer zum wohlhabenden Mann, sondern half auch, die aufwendige Hofhaltung des württembergischen Herzogs Karl Eugen mitzufinanzieren. So trat im einst holzreichen Schwarzwald die Situation ein, daß Holz zur Mangelware wurde.

Die für den Schwarzwald einst typische Tanne macht heute 25 statt früher 50 % des Bestandes aus, und die Buche ist fast völlig verdrängt worden. Dabei ist die heute so üppig verbreitete Fichte für die Monokultur in der Region schlecht geeignet, denn anders als bei der tiefwurzelnden Tanne liegt ihr Wurzelwerk eher flach unter dem Boden, was den Baum sehr sturmanfällig macht.

Auch daß eine Reihe von Waldhöfen versteigert wurde, von denen viele die Fürstenberger aufkauften, gehörte mit zu den Folgen hemmungsloser Geschäftemacherei mancher Holzhändler. Heinrich Hansjakob klagte Ende des letzten Jahrhunderts: „Die Spuren Mammons, des Gottes unserer Zeit, trifft man eben überall. Er schont nichts, was Geld bringt, am wenigsten die Tannen unseres Schwarzwaldes. Wenns so fortgeht bei uns, so kann man bald den Schwarzwald in Kahlwald umtaufen."

Die damaligen Flößer machten sich darüber wohl kaum Gedanken, ihre Aufgabe war es, das Holz vom Schwarzwald an die von ihren Auftraggebern bestimmten Plätze zu befördern.

Die Flöße wurden in den Flüssen zusammengesetzt, nachdem die Bauern die Stämme aus den Wäldern die Berge hinabgeriest hatten. Die Riesen sind – zwar überwachsen – noch an vielen

Flößer im Schwarzwald. Holzstich 19. Jahrhundert

Stellen aufzuspüren. In ihnen wurden mit der Wasserkraft von Grundbächen oder der „Schwallung" die gefällten Bäume zu Tal gebracht. Bei solchen rasenden Fahrten gab es natürlich sehr hohe Holzverluste, doch fehlende Wege zwangen zu dieser Art von Transport.

Schwallungen waren künstlich angelegte Seen, die geöffnet wurden, wenn genügend Stämme beieinander waren. Der beim Öffnen entstehende Wasser*schwall* trug das Holz fort. Noch viele Schwallungen existieren, die älteste, zwischen 1795 und 1798 angelegt, am Schwarzenbach bei Herrenwies.

Die rund 18 Meter langen und am dünnen Ende ungefähr 30 Zentimeter dicken Holzstämme wurden zu größeren Flößen zusammengestellt. Es gab die unterschiedlichsten Flöße mit ebensovielen verschiedenen Bezeichnungen. Am bekanntesten waren die „Holländer". Sie bestanden aus 280 Stämmen und waren etwa 7 Meter breit und 40 Meter lang. Zusammengeflochten wurden diese mächtigen Gebilde mit Floß-Weiden aus jungen Tannen oder Haselstauden. Auf den Flößen wurde auch Fracht befördert, eine zusätzliche Einnahmequelle. An Bord waren ein Floßschiffer und 15 Floßknechte, denen das Flößen auf den manchmal reißenden Schwarzwaldflüssen mit ihren starken Gefällen große Geschicklichkeit abverlangte.

Zentren und Stapelorte im Kinzigtal waren Alpirsbach, Schenkenzell, Schiltach und Wolfach. Hier hatten sich auch die „Schiffer-" oder „Holländer-Holzhändler-Gesellschaften" niedergelassen. Sitz einer schon im 14. Jahrhundert gegründeten „Murgschifferschaft" war Gernsbach. Auch in anderen Schwarzwaldtälern bestanden „Schiffer-" oder „Flößer-Kompagnien", aber es gab auch selbständige Flößer, die ihr Gewerbe auf dem Wasser oft neben ihrer Hauptbeschäftigung betrieben. So waren einige Schiffer Gastwirte und Bauern, auch ein Bäcker ist bekannt, der während der Flößzeit das Backen seiner Familie überließ.

Einem ganz speziellen Zweck diente das Flößen im Breisgau: hier ließ die Familie Litschgi, Unternehmer und Wohltäter mit ausgeprägten kaufmännischen Begabungen, einen schnurgeraden Flößkanal anlegen, um das Holz für den Festungsbau nach Breisach flößen zu können; das 1716 aufgenommene Unternehmen endete allerdings bereits 1744.

Eine ganz besondere Stellung nahmen die Schiltacher Flößer ein: sie waren nicht nur außerordentlich zahlreich (1703 gab es 22 eingeschriebene Schiffer, die zusammen 60 große Flöße führen durften), sie müssen auch ihr Gewerbe sehr gut verstanden haben, denn sie wurden im südlichen Schwarzwald eingesetzt, um Wutach, Schlücht und Steina flößbar zu machen, ja sie arbeiteten sogar als „Fremdarbeiter" und flößten in Ungarn.

Die Flößerei wurde als „herrenmäßiges" Gewerbe angesehen. Mit seinem schwarzen Hut, einer Lederhose und langen Stulpenstiefeln war der Flößer eine imposante Erscheinung und „flößte" – wie der Holländer Michel in Hauffs Märchen – gehörigen Respekt ein.

Der Eisenbahnbau im Schwarzwald hatte für die Flößerei einschneidende Folgen: der Transport der Stämme wurde vom Wasser auf die Schiene verlegt. 1894 verließ das letzte Floß Schiltach, schon vier Jahre zuvor war das letzte Gestöhr (Gstehr) durch das Wolfachtal geschwommen, es trug eine Tafel mit der Aufschrift:

> „Heut flößen wir das letzte Mal
> durch dieses schöne Wolfachtal.
> Was lange unsere Freude war,
> nun ist's vorbei, auf immerdar."

Das alte Gewerbe hatte sein Ende gefunden, die Erinnerung an die Flößerei wird durch Ausstellungen im Vogtsbauernhof und im Flößermuseum in Schiltach wachgehalten, aber auch Hauffs Märchen bewahrt ihm ein Andenken: „Diese Menschen sind an ein rauhes, wanderndes Leben gewöhnt. Ihre Freude ist, auf ihrem Holz die Ströme hinabzufahren, ihr Leid, am Ufer wieder herauf zu wandeln."

Der Köhler

Ein nostalgisches Erlebnis für Einheimische und Fremde ist der Besuch eines rauchenden Kohlemeilers, doch sie sind fast völlig aus der Schwarzwaldregion verschwunden, und von den einst zahlreichen Kohlplätzen sind nur noch geringe Spuren vorhanden, lediglich Gewannbezeichnungen, wie „Kohlhalde", „Kohlwald" und „Kohlplatz" erinnern heute noch an das ausgestorbene Gewerbe der Köhler.

Kohlemeiler. Schaubild im Vogtsbauernhof

Aber einmal im Jahr bietet sich Gelegenheit, entweder in Münstertal, Enzklösterle oder Dachsberg-Ruchenschwand Bekanntschaft mit der für kurze Zeit auferstandenen Köhlerei zu machen, denn dann werden an den genannten Orten Kohlemeiler aufgebaut und angezündet.

Die Köhlerei zählte einst zu den am häufigsten ausgeübten Gewerben im Schwarzwald, noch vor rund hundert Jahren gab es im Münstertal über hundert Köhler. Sie hatten allein in den erzverarbeitenden und Bergbaubetrieben genügend Abnehmer, die auf Holzkohle nicht verzichten konnten. So fanden sich denn auch in der Nähe von Standorten solcher Betriebsstätten die meisten Kohlplätze.

Wie für viele andere Gewerbe im Schwarzwald lieferte auch für die Köhlerei der Wald das Material. Das Schichten der Meiler und ihre Überwachung und Wartung erfordern vom Köhler größte Sorgfalt. Der Aufbau eines Meilers von sechs bis sieben Metern Durchmesser dauert ungefähr zwei Tage. Dabei werden um einen Heizungsschacht – drei Pfähle, die durch einen Eisenring gehalten werden – die auf einen Meter Länge zugeschnittenen Hölzer senkrecht zum Anfeuerungsschacht aufgestellt. Wenn das Holz „verbaut“ ist, wird alles mit Tannenreisig und Erde zugedeckt. Viermal am Tage und zweimal in der Nacht muß der Köhler nach dem Meiler sehen und regelmäßig Rauch- und Zuglöcher hineinstoßen, um eine Explosion zu vermeiden. Nach etwa zwei Wochen ist der Kohlemeiler, der im Innern eine Hitze bis zu 600 Grad entwickeln kann, durchgeglüht, und der Abbau kann beginnen.

Im Herbst begaben sich die Köhler zu den Höfen der Waldbauern, die minderwertiges Holz, das sie nicht verkaufen konnten, an einem Ort zusammengetragen hatten; die Köhler brannten daraus Holzkohle, die die Bauern im Städtchen oder im eigenen Dorf an den Schmied verkauften.

Noch während des letzten Krieges brannten in Hochsal, im Hotzenwald, zwei Kohlemeiler Holzkohle für Schmiedewerkstätten der Wehrmacht und – weil Holzkohle nicht raucht – für Feuerstätten im Frontbereich.

Die gleichen Gründe, aus denen viele alte Handwerke und Gewerbe eingingen, bereiteten auch der Köhlerei ihr Ende: die Nachfrage blieb aus, weil die Eisenbahn Steinkohle aus dem Ruhrgebiet heranbrachte und Holzkohle industriell hergestellt werden konnte.

Trotzdem bleiben die heutigen Hobby-Köhler nicht auf ihrem Produkt sitzen – im Gegenteil, es ist sehr begehrt von Goldschmieden und Arzneimittel-Herstellern, und mancher Gastgeber einer Gartenparty ist der Ansicht, daß es etwas Besonderes ist, seinen Grill mit Meilerkohle zu betreiben, die in Enzklösterle, Ruchenschwand oder Münstertal gebrannt wurde.

Dabei gibt es unterschiedliche Arten des Meilerbaus; während der Rund- oder Pyramidenmeiler der Schwarzwaldköhler heute noch an zwei Orten gebaut wird, raucht im Hotzenwald ein vom Balkan importierter Langmeiler; er soll den Vorteil besitzen, auch Holzscheite unterschiedlicher Größe zu verbrennen, und er muß nicht rund um die Uhr betreut werden.

Der Glasbläser

Das Produkt eines Gewerbes war in der ganzen Welt begehrt und hat wesentlich dazu beigetragen, den Schwarzwald bekanntzumachen: die Glaswaren der Waldglashütten.

Auch diesem Handwerk, das hier seit dem 12. Jahrhundert belegt ist, lieferte der Schwarzwald die erforderlichen Materialien: in den Bächen fand sich genügend Quarzsand, der mit der aus Buchenholz gesottenen Pottasche zusammengeschmolzen wurde. Nicht nur der Pottasche wegen mußte der Wald erhebliche Einschläge hinnehmen, Holzbedarf bestand auch für das Feuern der Schmelzöfen.

So konnte es vorkommen, daß die Glasbläser – wie die Köhler – ihren Arbeitsplatz an eine andere Stelle verlegten, wenn das Gebiet um ihre Hütte entwaldet und das Heranschaffen von Baumstämmen zu schwierig geworden war, denn um 100 Kilogramm Glas herzustellen, waren 200 Kubikmeter Holz erforderlich. Der intensive Holzverbrauch so vieler Gewerbe führte zu großflächigen Kahlschlägen, so daß bis zur Mitte des 19. Jahrhunderts zahlreiche Berghänge entwaldet und einst unerschöpflich erscheinende Waldgebiete verwüstet waren.

Selbstverständlich konnten die Glasbläser nicht ohne weiteres an jedem gewünschten Ort eine Hütte einrichten, sie mußten vom Landesherrn dazu das Recht erwerben, das meist längerfristig vergeben wurde.

Um rentabel arbeiten zu können, schlossen sich oft mehrere Meister zusammen und betrieben eine Hütte, in der jeder an seinem Ofenloch arbeitete.

Die Waldglashütten wurden aus ähnlichen Gründen wie die Köhlerei Ende des letzten Jahrhunderts aufgegeben, doch Glasbläsern kann man noch heute bei ihrem alten Handwerk zusehen, in kleinen Glasbläsereien in Alpirsbach und beim „Sternen“ im Höllental, in größerem Rahmen in der „Dorotheenhütte“ in Wolfach. Es ist immer wieder faszinierend, zu erleben, wie am Blasrohr durch Drehen und Rollen aus der flüssigen Masse wundervolle, zierliche Gebilde entstehen.

Glasbläser. Stich von 1836

Die Glaswaren wurden von Glasträgern zu weit entfernten Märkten befördert. Heinrich Hansjakob schildert das Leben dieser Zunft in seinen „Erinnerungen einer alten Schwarzwälderin“ (1898):

„Die Äbte der Benediktinerstifte St. Blasien, St. Peter und St. Georgen-Villingen hatten schon im 17. Jahrhundert in ihren Gebieten, meist einsamen Waldgegenden, wo das Holz wertlos war, Glashütten angelegt.

Arme Leute vom Wald trugen die Glaswaren, mit Stroh umhüllt, in ihren „Grätzen“ ins nächstgelegene Land und zogen damit von Haus zu Haus. Sie hießen im Volk allgemein Glasträger.

Im Breisgau angekommen, waren sie am Rhein und sahen drüben das Elsaß. Bald trugen sie ihre Grätzen auch dorthin und in die benachbarte Schweiz. Jetzt bekamen sie die Namen Elsaßträger und Schweizerträger. Den ersteren Namen trugen sie selbst im ganzen Lande Baden noch vor wenigen Jahren.

Schon zu Anfang des 18. Jahrhunderts bildeten sich aber Kompanien oder, wie sie sich selbst nannten, Gemeinden, die als Handelsgesellschaften auftraten, in allen größeren Städten des Breisgaus, des Elsasses, der Pfalz, Württembergs und der Schweiz Niederlassungen errichteten und von diesen aus ihre Hausierknechte ‚ins Land‘ gehen ließen. Die Kompanien, unter sich geeinigt, teilten sich in die einzelnen Länder. Es gab eine Elsässer-, eine Schweizer-, eine Breisgauer-Kompanie, bald auch Schwaben- und Pfälzer-Kompanien, und damit Schwabenträger und Pfalzträger.

Ihre Gesetze waren ungeschrieben, die meisten von den ‚Gemeindern‘ des Lesens und Schreibens unkundig. Ihre Handelsnormen gingen von Mund zu Mund. Niemand lehrte sie eine Buchführung, noch die Gesetze des Handels, und doch haben sich ihre Kompanien fast zwei Jahrhunderte lang erhalten und ihre Gemeinden zu vermöglichen Leuten gemacht.

Aber der einzelne gehörte ganz der Gesellschaft an. Weib und Kind mußte der Glasträger auf dem Schwarzwald lassen und durfte sie nur einmal im Jahr auf kurze Zeit sehen.

Alljährlich hielten sie Abrechnung, die im Tribergischen im „Löwen“ zu Triberg, die in der Obervogtei Neustadt zu Saig im „Ochsen“. Da ward gerechnet, gerügt, geteilt und spekuliert – aber auch gezecht und getrunken nach Herzenslust.

Was hat diese Glasträger, die daheim einst nichts besaßen als eine Hütte, eine Kuh, ein Haferfeld und eine Wiese – zu vermöglichen Handelsherren gemacht? Lediglich der gesunde Menschenverstand und ihre Arbeit, nicht die Schule und nicht die Bildung."

Der Schnefler

Ein über den gesamten Schwarzwald verbreitetes holzverarbeitendes Handwerk, das der Schnefler (Schnitzer), hatte im Bernauer Tal sein Zentrum. Zwar stand auf jedem Hof ein „Schnidesel", eine Schnitzbank, auf der die Bauern an langen Winterabenden hölzerne Löffel, Schüsseln und andere Gebrauchsgegenstände aus Holz herstellten, doch intensiv gewerbsmäßig wurde die Schneflerei in der Gegend um Bernau ausgeübt, wo zwei Drittel aller Familien in dieser Hausindustrie beschäftigt waren. 1850 gab es dort 200 Schnefler, darunter 120 Kübler.

Während die Kübler Waschzuber, Butterfässer, Weinbutten und Eimer herstellten, fertigten die Schnefler kleine Holzwaren wie Löffel, Holzschindeln und Holzbretter, aber auch sogenannte Schachtelwaren wie Holzkörbe, Kleinkindersärge und Versandschachteln. Ab dem 19. Jahrhundert wurde nicht mehr nach den unterschiedlichen Arbeitstechniken eingeteilt, nun wurden auch die Kübler „Schnefler" genannt.

Schon früh traten Probleme mit der Materialbeschaffung auf, denn die Schnefler konnten nur bestes, 100 bis 150 Jahre altes Holz von Fichten und Weißtannen und das der Buchen und des Bergahorn verwenden. Um gegen den Holzraubbau vorzugehen, wurde 1683 eine „Waldordnung für des löblichen Gotteshauses (St. Blasien) Unterthanen im Bernauertale" erlassen, die jedem Schnefler nur noch einen Baumstamm im Jahre umsonst zugestand. Im 19. Jahrhundert wurde die kostenlos zugestandene Stammzahl zwar auf zwei im Jahr festgesetzt, doch wie wenig war das, konnte ein tüchtiger Mann doch bis zu vierzig verarbeiten. Daß es bei einer solchen Situation häufig zu Baum- und Waldfrevel kam, versteht sich von selbst. Durch den Anstieg der Holzpreise verschlechterte sich die wirtschaftliche Lage der Schnefler stetig, hinzu kam, daß mit dem Aufkommen der Emailwaren die Nachfrage nach hölzernen Gebrauchsgegenständen zurückging. Aufgrund von Armeeaufträgen gab es zwar zu Beginn des Ersten Weltkrieges noch einmal einen Aufschwung, doch die Depression folgte bald, und das Gewerbe geriet während der Inflationszeit in eine Krise, von der es sich nicht mehr erholte.

Trotzdem existieren heute im Bernauer Raum noch rund 200 holzverarbeitende Betriebe, in denen Holzspielzeug und Haushaltsgegenstände angefertigt werden, aber breiten Raum nehmen auch Möbel im rustikalen Stil und Holzstühle nach Motiven von Hans Thoma, dem großen Sohn des Tales, ein.

Ein Schneflermuseum wurde im ehemaligen „Resenhof" eingerichtet, das mit vielen Ausstellungsstücken an die Zeit erinnert, da die Schneflerei noch in Heimarbeit betrieben wurde.

Der Bürstenmacher

En jeder, der will sufer si,
der brucht mi Fabrikat.
De Kaiser wie de Bettelma,
e jeder muß si Bürschdle ha,
des bringt en erscht in Schtaad.

„Interbrossa", hinter der Abkürzung verbirgt sich Freiburgs größte Messe für die Pinsel- und Bürstenindustrie, 1988 nahmen 11 000 Fachleute aus 70 Ländern daran teil.

Heutzutage gibt es 5000 verschiedene Bürstenarten auf dem Weltmarkt, und der jährliche Umsatz erfährt Steigerungen von zweistelligen Prozentzahlen. Ein florierender Industriezweig, der sich im Schwarzwald aus dem in Handarbeit produzierenden Bürstengewerbe des Wiesentales entwickelt hat.

Es begann gegen Ende des 18. Jahrhunderts, als im einst blühenden Todtnau der Erzbergbau schon lange darniederlag und die Baumwollindustrie dahinsiechte. Da entdeckte der Müllerssohn Leodegar Thoma eine Marktlücke: die im Breisgau lagernden österreichischen Truppen hatten einen großen Bedarf an Bürsten.

Thoma begann mit der Herstellung von Bürsten, und begründete damit den rasch wachsenden

Handwerkszweig in Todtnau, wobei es sowohl zwischen den Familienmitgliedern als auch den einzelnen Familien zu Spezialisierung und Arbeitsteilung kam, indem Vorbereiten des Bürstenholzes, Binden und Einziehen der Borsten und weitere Arbeitsgänge immer von denselben Personen oder Gruppen ausgeführt wurden. Einige Familien entwickelten kleine Unternehmen mit Gewerbezweigen wie Hölzlemacherei, Borstensammeln, Binderei und Vertrieb.

1840 beschäftigten sich die meisten Einwohner zu Hause mit dem Herstellen von Bürsten. 17 Jahre später nahm der Gewerbezweig einen weiteren starken Aufschwung, und nach nochmals 6 Jahren waren in und um Todtnau 600 Personen mit Hölzlemachen, 1000 mit dem Einziehen der Borsten und 320 mit Hausieren, dem Absetzen der Waren beschäftigt.

Der Aufschwung des neuen Gewerbes förderte auch das Vordringen der Fabriken. Zwar blieben noch lange Zeit viele Bürstenmacher selbständig und lieferten ihre Erzeugnisse an die Betriebe ab, doch viele verdingten sich als Fabrikarbeiter.

Das Ende der Handarbeit kam, als 1899 der Mechaniker Anton Zahoransky erkannte, daß Bürsten dann am robustesten sind, wenn sie mit einer kleinen Drahtschlinge in den Löchern des Bürstenkopfes gehalten werden. Von der Erkenntnis bis zur Umsetzung der Idee durch Maschinen war für den Erfinder kein weiter Weg. So wurde der handwerkliche Zweig der Bürstenherstellung von der modernen Industrieproduktion abgelöst, deren Fachleute heutzutage die „Interbrossa" beschicken und besuchen.

Heinrich Hansjakob: Haslach und Hofstetten

Ob Schwarzwaldbewohner, -besucher oder Leser entsprechender Regionalliteratur – niemand kommt an Heinrich Hansjakob vorbei, irgendwann stößt jeder einmal auf seine Schriften, die – vor rund hundert Jahren erschienen – heutzutage zum großen Teil neu aufgelegt werden.

Die Person Heinrich Hansjakobs in einem kurzen Kapitel zu umreißen, ist ein aussichtsloses Unterfangen, deshalb soll hier der Stadtpfarrer von Freiburg, der beliebte Prediger, der unbequeme Landtagsabgeordnete im badischen Kulturkampf, der Gründer des ersten badischen Winzervereins unberücksichtigt bleiben und nur vom Schriftsteller die Rede sein.

Heinrich Hansjakob (1911)

Ohne Hansjakobs Erzählungen, Schilderungen und Erinnerungen wäre das heutige Wissen über den Schwarzwald, seine Bewohner und deren Bräuche erheblich geringer. Nehmen die Landschafts- und Brauchtumsschilderungen auch breiten Raum ein, letzten Endes stehen immer die Menschen und ihre Schicksale im Mittelpunkt, wobei der Schriftsteller häufig reale Lebensläufe aufzeichnet.

Ungefähr in der Mitte zwischen Ursprung und Mündung der Kinzig liegt das Städtchen Haslach. Hier wurde Heinrich Hansjakob am 17. August 1837 als Sohn eines Bäckers geboren. Seinen Lebensweg hat der „proletarische Bäckersbube", wie er sich selbst nannte, in vielen Büchern ausführlich festgehalten.

In dem von ihm so geliebten „Hasle" verbrachte der katholische Geistliche auch seinen Lebensabend; Geburts- und Sterbehaus liegen nicht weit auseinander. Er lebte in dem von ihm gebauten „Freihof", heute Museum mit vielen Gegenständen aus seinem persönlichen Besitz, unter anderem auch der aus der Hausierkiste seines Großvaters hergestellte Bücherschrank und die aus der Backmulde seines Urgroßvaters geschnitzte Madonna.

Nachdem Heinrich Hansjakob am 23. Juni 1916 im Freihof die Augen für immer geschlossen hatte, fand das Begräbnis so statt, wie er es sich gewünscht hatte: „... ich will tot durch die Straßen geführt werden, durch die einst mein Kinderhimmel gezogen ist. Und dann sollen sie mich prunklos einbetten auf dem stillen Hügel ...". Der Hügel, die Hardt, liegt oberhalb von Hofstetten, wo Hansjakob als Pfarrer von St. Martin in Freiburg jährlich zur Erholung weilte.

Er logierte stets in den „Drei Schneeballen", der alten fürstenbergischen Herberge, die schon 1493 erwähnt wird. Im Obergeschoß des Gasthofes bewohnte er eine große Stube und ein kleines Schlafzimmer. Von hier aus konnte sein Blick über die grünen Matten nach Haslach und auf die tannendunklen Waldberge schweifen. Er bedankte sich für die aufmerksame Bewirtung des Schneeballenwirtes und seiner Schwester, indem er drei seiner Bücher nach der gastlichen Unterkunft benannte. Auch dem kleinen Hofstetten hat er in sechs Büchern ein literarisches Denkmal gesetzt. Die „Poesie" dieses Fleckens Erde preist Hansjakob enthusiastisch: „... die Blumen vor den Hütten, die gezierten Bildstöckle am Wege, die schöne alte Tracht der Frauen, die Sympathie mit der Tierwelt ...".

Aber neben den schwärmenden äußert er um die Jahrhundertwende auch anklagende Worte: „Die Bauern jammern, weil das Giftwasser ihr Wiesengras schädigt, die Städteleute, die im Sommer baden wollen, finden in der Kinzig Giftjauche, die Fische sterben ...", schon damals nicht nur paradiesische Zustände!

Eine Wanderstrecke besonderer Art ist der „Hansjakobweg", eine Rundstrecke zu den Schauplätzen der realen und fiktiven Geschichten des Schriftstellers. Bei dieser Wanderung werden nicht nur die „Helden" aus den Schriften lebendig, über fünfzig Hinweistafeln vermitteln durch Text, Zeichnungen und Fotos auch viel Bemerkenswertes vom Land und seinen Leuten.

Für den gesamten Weg sind drei Tage mit zwei Übernachtungen erforderlich. Zur Vorbereitung auf das Erlebnis halten die Verkehrsämter im Kinzigtal einen speziellen Wanderführer bereit (s. Wanderrouten S. 194).

Sympathie-Doktoren

Im Museum „Vogtsbauernhof", in dem sonst fast alles über den Schwarzwald zu finden ist, gibt es keine Zeugnisse über sie, obwohl sie einmal das Leben dieser Landschaft stark beeinflußt haben; gemeint sind die Sympathie-Heiler.

Einige von ihnen müssen größeren Zulauf als die approbierten Ärzte gehabt haben, von weit her kamen die Leute zu einem solchen Heiler, und die Mundpropaganda scheint eine große Werbewirkung gehabt zu haben.

Sympathie-Doktoren waren keine Ärzte, und mancher, der Heilung suchte und um diesen Sachverhalt nicht wußte, wird sich sehr gewundert haben, wenn er auf seine Frage nach dem „Professor" zu hören bekam: „Des isch der Husknecht, der isch Sympathie-Doktor."

Auch Schäfer, Priester und Klosterfrauen heilten auf die „Sympathie-Weise", indem sie durch ihr Mitgefühl (Sympathie) und Gebet Blutungen stillten und Fieber zum Abklingen brachten.

Der Sympathie-Doktor durfte für seine Hilfe nichts fordern, sondern mußte „um Gottes Lohn" den Kranken beistehen. Von Ausnahmen, bei denen Heiler zu Ansehen und materiellem Wohlstand kamen, wird allerdings auch berichtet.

Zwischen den Sympathie-Doktoren, die durch Gebet und Beschwörung heilten, und den „Ärzten", die auf Märkten Medizin und Salben für Mensch und Tier feilhielten und „Rat für alle Bresten" erteilten, scheinen die Grenzen fließend gewesen zu sein.

Über das Wirken der Sympathie-Doktoren im Kinzigtal hat Heinrich Hansjakob in vielen Schriften berichtet. Er überliefert auch, daß jeder Sympathie-Doktor einen „Bergspiegel" besitzen mußte, in dem der Heiler alle Krankheiten sehen konnte – Beweis dafür, daß bei der „Sympathie" Magie und Aberglaube eine nicht unerhebliche Rolle gespielt haben.

In einer mondhellen Nacht mußte der zukünftige „Doktor" zur Mitternacht einen Spiegel auf der Kreuzung zweier Straßen vergraben. Dann mußte er solange warten, bis drei Leichen über die Kreuzung – und damit auch über den Spiegel – getragen oder gefahren worden waren, was unter Umständen oft Jahre dauern konnte. Hatte der Spiegel jedoch die „letzte Weihe" empfangen, konnte mit dem Doktern begonnen werden.

Heutige Zeitgenossen mögen den Kopf schütteln, sollten jedoch bedenken, daß in unserer modernen Zeit mehr als ein Heiler im Schwarzwald lebt, der mit Pendel und neuzeitlichem Spiegel Heilung verspricht – allerdings nicht um Gotteslohn.

Geheimnisumwobene Wasserscheide: zwischen Kinzig und Elz

Die Verbindung zwischen Kinzig- und Elztal führte bis weit nach der Mitte des vorigen Jahrhunderts von Hofstetten aus über die Biereck. Bevor die Fuhrleute die „Alte Steige" hinauffuhren, eine steile Waldstraße, nahmen sie im Wirtshaus „Zu den drei Schneeballen" in Hofstetten „Vorspann". Auf der Höhe, der Biereck angekommen, machten sie Rast im „Rößle".

Wie schon so viele Male vorher, so fuhr auch am frühen Morgen des 11. Mai 1811 der pferdebespannte Wagen des Joseph Schmider, Hirschenwirt und Fruchthändler aus Hausach, die Steige hinauf, um seine Ware zum Markt nach Freiburg zu bringen. An jenem Maientag kam der Fruchthändler jedoch nicht mehr bis Freiburg. Die einen erzählten, die Pferde hätten den Wagen mit dem Leichnam, der aus offener Brust blutete, bis vor den „Ochsen" in Elzach gezogen, wo Schmider gewöhnlich eine kurze Rast einzulegen pflegte, andere wollten wissen, daß zwei Bekannte dem Toten auf dem fahrenden Wagen begegnet seien.

Die Blutspur endete auf der Steige, so daß der Tatort rasch gefunden wurde, vom Mörder jedoch fehlte jede Spur, er wurde auch später nicht ausfindig gemacht. In Hausach jedoch kursierten Gerüchte, um so mehr, als die Hirschenwirtin zwei Jahre später ihren Knecht heiratete. Sollte der jenen Italiener zum Mord angestiftet haben, der bis zum Tag der Tat in Hausach gearbeitet hatte und dann plötzlich für immer verschwunden blieb? Die Hausacher meinten später, ein Gottesurteil habe bestätigt, daß es sich so zugetragen habe, weil die sechs Kinder des Schmider alle rechtschaffene Menschen wurden, während die aus der zweiten Ehe hervorgegangenen von Krankheit heimgesucht wurden oder durch Trunksucht verdarben.

Dem Wirt aus Hausach wurde an der Stelle, an der ihn eine Kugel tödlich traf, ein Bildstock gesetzt. Nicht weit davon entfernt erhebt sich ein

Trachten aus dem Kinzigtal

617 Meter hoher Sandsteinkegel, auf dem die im 11. Jahrhundert erbaute „Heidburg" der Zähringer lag, die ab 1552 zu verfallen begann. 1623 war von der Burg kaum noch etwas vorhanden, doch sie wurde wieder aufgebaut, um 1704 abermals zerstört zu werden. Die Ruine wurde als Steinbruch genutzt, aus dem die Bauern der näheren Umgebung ihr Baumaterial holten.

Auch Heinrich Hansjakob ließ die Steine für sein Grab, das er auf der Hardt, oberhalb von Hofstetten anlegte, zum Teil aus dem „Steinschlößle" kommen.

Übrigens setzte der Schriftsteller der Heidburg in seiner historischen Erzählung „Der Leutnant von Hasle" ein literarisches Denkmal. Die spannend geschriebene Geschichte aus dem Dreißigjährigen Krieg ist jedoch ein reines Phantasieprodukt und entbehrt jeder historischen Wahrheit, denn zum Zeitpunkt der Romanhandlung war die Burg schon völlig verfallen.

Heute erinnern nur noch eine Zisterne auf dem ehemaligen Burggelände und ein phantasievolles Gemälde am Schloßberghof an den Bau.

Der Schloßberghof ist ein 1980/81 erbautes bäuerliches Anwesen, es steht an der Stelle des 1683 errichteten „Schloßhofes". Hier oben, nahe der Wasserscheide zwischen Kinzig und Elz, entspringt eine kräftige Quelle, mit deren Wasser der Schloßhofbauer seine Wiesen bewässert und sogar eine Mühle betrieben haben soll. Sein Nachbar auf der Elztalseite grub ihm eines Tages das Wasser ab, das seitdem statt wie einst der Kinzig, nun der Elz zufließt. Der Schloßhofbauer soll sich über die Tat seines Nachbarn so sehr gegrämt haben, daß er sich an der Quelle erhängte.

In dem bei der „Brollimatt" entspringenden „Sandbrunnen", der heute das Schloßhof-Anwesen mit Wasser versorgt, sollen früher die Burgfräulein der Heidburg zur Geisterstunde ihr güldenes Haar gewaschen haben.

Die heutige Verbindung zwischen Prechtal und Mühlenbach, die B 294, führt über den Heidacker und die 520 Meter hoch gelegene Paßhöhe „Heidburg", nicht weit vom ehemaligen Burgberg entfernt. Von dort oben schaut man auf die Pfaus, bei der in einem Hohlweg in der zweiten Hälfte des 18. Jahrhunderts ein Balthasar Weber von Zweibrücken, ehemaliger königlich sardinischer Korporal von einem Gauner und seiner Konkubine erschlagen wurde. Eine der schaurigen Geschichten mehr, die sich rund um die Wasserscheide ereignet haben.

Lustiger ging es auf der Biereck zu, wo zu Pfingsten die Hirtenbuben ein Fest abhielten, bei dem sie die Glocken für die von ihnen gehüteten Tiere tauschten oder kauften. Die Ausflügler, die besonders an Sonntagen und zur Urlaubszeit aus den Tälern auf die Biereck kommen, wissen nur selten um die alten Geschichten, die von dieser Gegend umlaufen und sie ahnen wohl kaum, daß sie eine ehemalige Römerstraße befahren.

Die Schuttig in Elzach

Elzach, 1555 das „Stettlin deren von Reischach", ist heute ein Luftkurort zwischen den Bergen des oberen Elztales.

1275 besaß „Alza" schon eine Pfarrkirche, 1290 wurden dem Marktflecken die Stadtrechte verliehen. Damit kam der Ort zu Mauern, Türmen, zwei Stadttoren und sogar zwei Schlößchen für den Ortsadel.

Dies alles bestand nicht lange, schwere Brandkatastrophen suchten die kleine Stadt immer wieder heim und zweimal brannte sie fast völlig nieder. Dem letzten Brand, 1631, im Dreißigjährigen Krieg, fielen auch die beiden Schlösser zum Opfer – nur die St.-Nikolaus-Kirche kam unversehrt in unsere Zeit.

Heute stellt sich die Stadt mit rund 2000 Einwohnern als beliebtes Reiseziel dar, das durch malerische Ortsteile wie Oberprechtal, Prechtal, Yach und Katzenmoos nicht nur Menschen und Raum hinzugewonnen hat; romantische alte Schwarzwaldhäuser und vor allem die Berge und Wälder ringsum locken die Urlauber an, Freiburg ist nur rund dreißig Autokilometer entfernt – da verwundert es nicht, daß die bäuerliche Bevölkerung früherer Zeiten, die zu Krämer- und Viehmärkten nach Elzach stromte, sich dem Fremdenverkehr zuwandte. Bewirten von Gästen hat in Elzach Tradition, 1910 kam auf je einhundert Einwohner eine Gastwirtschaft, insgesamt waren es dreizehn.

Elzach ist aber auch eine Hochburg der alemannischen Fasnacht, auf den Straßen und Plätzen gehören die Narrenbrunnen ebenso zum Alltagsleben wie die Abbildungen des heiligen Nikolaus, des Stadtpatrons. Er hat schon manche Fasnacht mitgemacht und viel Elzwasser vom Rohrhardsberg herunterfließen sehen.

Der Rohrhardsberg ist Skigebiet, in Elzach selbst gibt es jedoch nur wenige Wintersportler, die verteilen sich auf die Ortsteile und Dörfer. Hauptsaison sind hier Sommer und Herbst – mit einer Ausnahme: im Februar/März, zur Fasnachtszeit, strömen Zehntausende nach Elzach, denn die dort gefeierte Fasnet hat das alte Narrennest bekannter gemacht als die landschaftlichen Schönheiten seiner Umgebung. Schon lange bevor der hl. Nikolaus als leibhaftiger Bischof in Myra lebte, wurde in Elzach Fasnacht gefeiert.

Was das närrische Fest, dem eigentlich das Adjektiv „närrisch“ gar nicht zusteht, so reizvoll macht, ist seine Ursprünglichkeit. Bevor die Stadt badisch wurde, gehörte sie viele hundert Jahre zu Vorderösterreich und so konnte, wie in anderen katholischen Regionen, das Fasnachtsbrauchtum überleben. Dann, 1920, wäre das närrische Treiben doch fast am Ende gewesen, es sollte verboten werden. Doch das ließen die Elzacher nicht zu, und die „Revolutionsfasnet“ ging in die Geschichte ein.

Der originäre Elzacher Narr ist der Schuttig. Das Wort soll von der alten Bezeichnung des Aschermittwoch als Schauer- oder Schurtag stammen, aus dem die Mundart „Schurtig“ machte.

Sieben Hauptgruppen der phantasievollen Schuttig-Larven bestehen neben einer Reihe von Einzelgestalten. Von einigen Sondertypen abgesehen, sind die meisten Schuttig in ein feuerrotes Zottelgewand gehüllt, tragen einen dreispitzigen Strohhut, der mit drei Woll- (in einzelnen Fällen auch Stroh- oder Papier-)Bollen und unzähligen Schneckenhäusern besetzt ist. Der Urvater des Schuttig, die kultische Figur des Wilden Mannes, der als Fruchtbarkeitssymbol durch die Sagen des alemannischen Raumes geistert, wurde seit dem Mittelalter zottelig und behaart, mit einem Gewand aus Moos, Flechten und ebenfalls Schnekkenhäusern dargestellt. Trotz der Fasnets-Renovation, die der einstigen Schrecklarve „zivilisiertere“ Züge brachte, meint man, die Verwandtschaft zum Wilden Mann wiederzufinden.

Für Fremde scheinen alle Schuttig gleich auszusehen, dabei gibt es keine Maske zweimal. Bis zu Beginn unseres Jahrhunderts schnitzten die meisten Narren in Elzach ihre Larven selbst, heute tun sie es kaum noch.

Manche Elzacher besitzen mehrere Masken, die sie an einem Tag abwechselnd tragen. So soll schon manches Mädchen die ganze Nacht mit einem einzigen Mann getanzt haben, ohne es zu merken, weil ihr Partner zwischendurch mehrmals die Larve wechselte.

Mit zur Ausstattung des Schuttig gehören der „Hageschwanz“ und die daran befestigte „Saublodere“. Der Hageschwanz, Geschlechtsteil eines Bullen, wird von Metzger und Sattler eigens für die Fasnet präpariert. Die Saublodere ist eine Schweinsblase, doch verschiedentlich werden auch die langlebigeren „Rindser“, gelegentlich auch Kaninchenblasen, verwendet. Die Saublodere schlägt der Schuttig mit einem bummernden Geräusch auf den Boden, doch er benutzt sie auch, um damit auf Mädchen und Frauen zu schlagen, Anlaß, dahinter ein Fruchtbarkeitsritual zu vermuten.

Die Elzacher Fasnacht ist ein kurzes, aber konzentriertes Ereignis. Zwar dürfen Kinder schon zwei Wochen vor Fasnachtssonntag „Schuttig machen“ und am „Schmotzige Dunnschtig“ findet für sie ein Kinderumzug statt, doch die eigentliche Elzacher Fasnet beginnt erst am Sonntag, mit dem zwölften Glockenschlag am Mittag. Dann aber strömen die Schuttig mit Gebrüll, Gebrumm und dem Bummern ihrer Saublodere aus den Häusern und sammeln sich hinter der Kutsche, von der aus der Zunftmeister die Fasnet eröffnet:

„Wir bringen euch die frohe Kunde:
Frei ist der Narr zu dieser Stunde!
Drum nützet jetzt die kurze Zeit,
damit es keinen von euch reut.
Ein fröhliches, kräftiges Trallaho,
denn jetzt ist wirklich Fasnet do.“

Und daß wirklich Fasnacht ist, zeigt sich nach dem Umzug in Elzachs Straßen: Mit ihrem Narrengerät ausgerüstet, ziehen die Schuttig, einzeln oder in Gruppen, umher. Wehe den Frauen und Mädchen! Auf ihre Köpfe sausen die Saublodere. Wehe auch den Autofahrern, die beim Durchqueren der Stadt immer und immer wieder von auf den Straßen herumhüpfenden Schuttig angehalten werden.

Der große Umzug ist Sonntagnachmittag um 3 Uhr und wird vom Teufelsschuttig angeführt. Sein Gewand ist völlig schwarz, und er hält statt des Hageschwanzes einen Dreizack, mit dem er auf die Zuschauer losgeht oder den er durch die Luft wirbelt. Im Zug folgen Narrenrat, Fahnenträger, Taganrufer und das Nachtwächterehepaar. Dahinter die Stadtmusik. Was danach folgt, unterscheidet die Elzacher Fasnet von allen anderen: ein Meer von ungefähr einem halben Tausend rotgewandeter Schuttig wogt heran. Die Wilden Män-

Elzacher Schuttig. Holzschnitt von Erwin Krumm

ner springen exakt nach der Melodie und schlagen ihre Saublodere auf den Boden. Die roten Wellen walzen sich die Stadt hinab. Dazwischen vereinzelt die bunten Farbtupfer der „Rägemolli" (Feuersalamander), Schuttig, auf deren graufarbenem Sackleinenanzug bunte Tupfen und Kreise sowie Sonne und Mond aufgemalt sind. Es ist faszinierend zu beobachten, wie die Schuttig beim Einsatz der Musik gleichzeitig hochspringen, im Takt die Saublodere hochheben, auf den Boden schlagen.

Ein Erlebnis, das der Fremde nie vergißt und das ihm vielleicht sogar eine Gänsehaut über den Rücken jagen kann, beginnt am Sonntagabend um 8 Uhr: Begleitet vom Narrenmarsch ziehen die Schuttig, jeder mit einer Fackel ausgerüstet, vom Ladhof hinunter in die Stadt, in der alle Lichter gelöscht worden sind. Von fern sind nur zwei Reihen flackernder Lichtpunkte auszumachen, doch dann sind sie da, grausliche, durch die Fackeln noch unheimlicher erscheinende Larven. Dazu der Lärm der dumpf auf den Boden sausenden Saublodere – da versteht selbst der Abgebrühteste den Begriff „schaurig-schön". So drollig die Schuttig bei ihren Sprüngen am Tag wirken mögen, so furchterregend können sie am Abend erscheinen.

Auf dem Bärenplatz werden die Fackeln zu einem großen Feuerhaufen zusammengeworfen, den der Teufelsschuttig wild umtanzt. Ganz Elzach hallt wider vom wilden, stampfenden, dumpfen Lärm, kein Wunder, daß mancher an uralte Riten denkt!

Am Fasnachtsmontag geht es schon um 5 Uhr morgens weiter. Unter den Klängen des Elzacher Narrenmarsches ziehen die Schuttig mit einer Laterne vom Ladhof aus in die Stadt. Es ist noch dunkel, und eben erst hat das Glöcklein in Ladhof den frühen Tag eingeläutet. Es ist die Stunde von Taganrufer und Nachtwächter.

„Steht auf im Namen, hätt is g'wißt,
wer unter uns Narre der Hauptmann ist.
Sechs Uhr ist schon längst vorbei,
und wir Narre sind alle frei.
Die Sonne steht scho hoch über d'Wolke,
un d'fule Mägd hän no nit gmolke."

Man merkt, daß der alte Text den Anschluß an die heutige Zeit verpaßt hat. Dafür geht es anschließend hochaktuell weiter, wenn Moritaten aus dem vergangenen Elzacher Jahreslauf vorgetragen werden, wobei niemand verschont wird, wenn er Anlaß zum Spott gegeben hat.

In der Fasnacht von Elzach spürt man die weit zurückreichenden Wurzeln, sie ist ein Bindeglied zwischen unserer und einer lange zurückliegenden Zeit.

Museums-Fasnet

Wer die Vielfalt der Larven und Fasnachtskostüme nicht an Ort und Stelle bewundern kann, mag konzentrierte schwäbisch-alemannische Fasnet im Museum auf sich wirken lassen.

Es gibt im Ländle einige Museen dieser Art, in denen Teufel und Hexe aus Offenburg, Hopfennarr und Hopfensau aus Tettnang oder der fürchterliche Hotz aus dem Hotzenwald friedlich nebeneinander stehen.

Da ist zum Beispiel Bad Dürrheim (über die Bodensee-Autobahn zu erreichen). Hier ist das Fasnet-Museum in einem ehemaligen Salzlager untergebracht. 350 Masken und Kostüme sind ausgestellt, darunter der Dürrheimer Salzhansel und der Salzgeist, Hansel und Greth aus Donaueschingen, Stachili und Morbili aus Villingen und der Brüeli (Brüller, Weiner) und der Da-Bach-na-Fahrer aus Schramberg.

Über dieselbe Autobahn kommt man zum Schloß Langenstein: Abfahrt „Engen", B 31, Richtung Bodensee (Narrenstadt Stockach). Hinter den alten Schloßmauern findet der Besucher eine reichhaltige Darstellung der schwäbisch-alemannischen Fasnet, vor allem aus dem Hegau. 160 lebensgroße Figuren, 30 Larven und ein Fasnet-Archiv sind die Schätze des Museums. Das Allensbacher Hansele steht neben dem Trubehüter aus Bohlingen, der Waldgeist aus Stetten neben dem Bodensprenger aus Duchtlingen. Aber auch der Fasnetsrufer aus Freiburg, die Rickenbacher Henne, der Bermatinger Bär und der Moorschrat aus Dettingen sind wie Strohglonki aus Leibertingen und Hexenliese aus Ravensburg vertreten.

In Kenzingen, nördlich von Freiburg, findet die „Oberrheinische Narrenschau" statt, die 220 Häs von 80 Fasnacht-Zünften zusammenfaßt. Wie auf Schloß Langenstein sind auch hier die Ausstellungsstücke in historischen Mauern untergebracht, einem ehemaligen Herrschaftshaus aus dem 15. Jahrhundert.

Die Narren scheinen alte Gemäuer für ihre Ausstellungen zu lieben; auch in Gengenbach (Ortenau) ist das so. Die Fasnachtsfiguren werden hier in den sieben Stockwerken des mittelalterlichen „Niggelturms" ausgestellt.

Abschließend sei ein Narren-Museum besonderer Art erwähnt, das durch seine Eigenart besticht. Waren in den zuvor beschriebenen Museen die Fasnets-Masken und -Häs in Originalgröße zu bewundern, so zeigt das in Bonndorf die Fasnet „en miniature". Über 230 Narrengestalten in Puppengröße sind zu sehen. Selbstverständlich sind Masken und Häs auch in den entsprechenden Größen angefertigt worden. Zwischen 30 cm und 50 cm sind die Puppen groß. Daß die Einrichtung einer solchen Schau auf ungeahnte Schwierigkeiten stoßen kann, zeigt die Tatsache, daß die für den „Schneckenhüsle-Narro" aus Zell a.H. notwendigen winzigen Schneckenhäuschen nach langem Suchen schließlich auf Capri gefunden wurden. Auch die Narren-Puppen sind in historischen Mauern ausgestellt, dem ehemaligen Schloß von Bonndorf. Es ist in ca. 45 Minuten von Freiburg aus durchs Höllental über Lenzkirch zu erreichen.

Schiibefüür

Am ersten Sonntagabend nach Aschermittwoch leuchten von den Bergen Feuer in die Schwarzwaldtäler und zum Rhein hinab, es ist die Zeit des Scheiben-Schlagens.

Jugendliche haben Holz zusammengetragen. Im Hotzenwald bitten die Sammler mit dem überlieferten Spruch:

„Holzstüür, Holzstüür
zuem Fasnetfüür,
e Welle, e Welle,
e Burde Schtrauh,
en alti Frau,
an alte Filzhuet,
da isch alles z'sämme guet."

um Holz für das Fasnachtsfeuer. Dann wird ein mächtiger Holzstoß aufgeschichtet, meistens an Plätzen, die schon seit alters her dazu benutzt werden, wie die Namen „Scheibeneck", „Scheibenfelsen" und „Scheibenmatte" verraten. Oft wird versucht, den Holzstoß einer Nachbargemeinde vorzeitig anzuzünden, deshalb werden Wachen aufgestellt. Sobald dann die Sonne hinter den Bergen verschwunden ist, werden die Holzhaufen angezündet. Wenn die Flammen richtig prasseln, legen die „Schiibebube" Birken- oder Buchenscheiben, die an der Spitze langer Haselnußstecken befestigt sind, in das Feuer. Glühen die Scheiben, so werden sie herausgenommen und in der Luft geschwenkt. Dazu ruft der Scheibenschläger:

„Schiibi, Schiibo,
wem soll die Schiibe goh?"

Wie bei den Fasnets-Bräuchen kann es auch beim Scheibenschlagen von Gemeinde zu Gemeinde unterschiedliche Abläufe und Sprüche geben; in Buchenbach und in anderen Orten des Dreisamtales heißt es:

„Schiibe, Schiibe über de Rhi,
wem soll die Schiibe si?“

Meistens wird die erste Scheibe dem Bürgermeister oder dem Gemeinderat gewidmet:

„Di Schiibe soll dem Bürgermeister goh,
Schiibi, Schiibo!“

Zwei Scheibensprüche aus dem Hotzenwald lauten:

„Schiibi, Schiibo,
Wem soll die Schiibe goh?
Die Schiibe goht em Hotzewald
mit alle sine Lüte,
ob riich, ob arm,
ob jung, ob alt,
de liebe Gott mag si behüte!“

„D'Schiibe fliegt de Rai ab,
d'Chüechlipfanne hät e Bai ab,
de Ankehafe hät de Bode dus,
un jetz isch die alt Fasnet us!“

Über dem Schlagbock wird die Scheibe abgeschlagen und fliegt als glühender Punkt in die Tiefe. Ein weiter Flug gilt als gutes Zeichen, für den anderen Fall hat der Schiibebub vorgesorgt, indem er seinem Spruch hinzufügte:

„Und fliegt se nit,
so gilt se nit!“

Nach den Scheiben für die Honoratioren der Gemeinde folgen die für Verwandte, Freunde und Vereine. Anschließend treffen sich die Jugendlichen an manchen Orten zum Tanz. Noch lange glühen die Reste der Holzstöße, wieder ist im Brauchtumsjahr ein Fest vorüber, an dem mit Feuer die Dunkelheit des langen Winters vertrieben werden sollte. Um dieses Ziel noch wirkungsvoller zu erreichen, werden in manchen Gemeinden Strohhexen über den „Scheiterhaufen“ an eine lange Stange gehängt und – stellvertretend für den grauslichen Winter – verbrannt.

Heischebräuche

Genau betrachtet sind sie alle Heischebräuche, die Feste der Kinder und der Schuljugend, das war früher so und trifft auch heute noch zu. Der Gang zum Götte, um „den Santi-Klaus“ oder um Ostereier zu holen, verfolgt weniger die Absicht, den Paten zu besuchen, als vielmehr, sich beschenken zu lassen.

Das neubelebte Sternsingen, bei dem die Kinder als die Könige vom Morgenland verkleidet sind (im Zuge der Gleichberechtigung steigt die Zahl der Königinnen von Jahr zu Jahr), ist besonders in katholischen Gegenden verbreitet, so daß nicht von einem ausschließlich auf den Schwarzwald begrenzten Brauch gesprochen werden kann. Auch beim Sternsingen bitten die Kinder um Gaben, doch nicht mehr – wie früher – für sich selbst, sondern für karitative Zwecke.

Gelegentlich haben sich die Gaben gewandelt, Äpfel sind den Apfelsinen, Eier den Geldmünzen gewichen.

Ein Heischebrauch der Schuljugend zu Pfingsten, früher fast in jedem Dorfe bekannt, wird heute im südlichen und nordöstlichen Schwarzwald noch bzw. wieder begangen, der Pfingstbär oder Pfingstbutz. Der Ablauf ist recht unterschiedlich, selbst in den nahe beieinanderliegenden Ortsteilen von Nagold, Pfrondorf und Emmingen.

Gemeinsam ist jedoch allen der frühe Beginn, die Jugendlichen treffen sich vor Tagesanbruch zwischen vier und fünf Uhr morgens an geheimgehaltenen Orten, denn niemand darf wissen, wer Pfingstbutzkönig ist.

Der von den Jungen Auserwählte wird mit schon am Abend vorher eingesammeltem Pfingstbutzlaub vom Hals bis zu den Füßen eingekleidet und in Pfrondorf mit Flieder, in Emmingen mit Papierrosen geschmückt. Der Pfrondorfer Pfingstbutzkönig erhält neben seiner Maske aus Baumrinde einen schwarzen Schlapphut, der in Emmingen eine Tannenkrone mit Papierrosen und zwei knöchellangen Strohzöpfen.

Gegen halb acht beginnen die Umzüge. In Pfrondorf werden zudringliche Kinder mit Holzsäbeln, in Emmingen mit Peitschenknallen zurückgehalten. Vor fast jedem Haus hält der Zug und die Kinder erbitten von den Erwachsenen Gaben, in Emmingen Geld, in Pfrondorf wird gerufen: „Eier onn Geld raus!“ Die Beute wird nach dem Umzug aufgeteilt.

Ein altüberlieferter Brauch, der einst im gesamten Schwarzwald heimisch war und im südlichen Teil vereinzelt wieder neu belebt wurde, ist das Säcklestrecken, das an kein bestimmtes Datum, sondern an den Schlachttag gebunden ist.

Sobald die Dämmerung eingesetzt hat, schleicht sich eine Gruppe von Schulbuben (vielleicht treten auch hierbei bald die Mädchen mit an) zum Haus, in dem geschlachtet worden ist. An einem langen Stecken ist ein großer Sack angebunden, in dem der „Säcklebrief“ liegt. Mit dem Stock wird ans Fenster geklopft, und – während die Schar eilig verschwindet – bleiben Stecken mit Sack und Brief zurück. Aus sicherer Entfernung beobachtet die Gruppe das weitere Geschehen, für sie kommt es darauf an, unbemerkt den später – hoffentlich – gefüllten Sack zurück zu bekommen.

Indessen studieren die Hausbewohner in der Stube den Inhalt des Säcklebriefes, der in einem Gemisch aus Hochdeutsch und Dialekt abgefaßt worden ist, etwa so:

„Liebe Sauschwänzleleut,
wieder habt ihr geschlachtet heut.
Wir möchten gerne Gäste sein
und etwas von dem fetten Schwein.
Wir hörten, es war ne schwere Sau,
dreieinhalb Zentner ganz genau.
Der Metzger hat sich satt dra gfresse,
drum tuet auch uns net ganz vergesse,
De Bur, de isch e stattlich Ma,
de uns guet was gebe ka,
onn auch die Bürin isch sehr gut
onn uns was ins Säckle tut.
E Brotwurscht, die wär garnet schlecht,
nein, die käm uns grade recht!“

In der Art geht es weiter. Von der Qualität des Gedichtes hängt es ab, wie gut oder wie schlecht der Sack gefüllt wird. In den meisten Fällen legt die Hausfrau ein Stück Knochenfleisch, Blut- und Leberwurst und, wenn der Inhalt des Säcklebriefes sehr gut angekommen ist, auch die gewünschte Bratwurst. Allerdings werden auch eingepackte Schweineborsten, abgenagte Knochen und Steine mit hineingetan. Stock und Säckle werden ans Haus gelehnt und manchmal auch angebunden.

Nun nähern sich die Säcklestrecker. Sobald ihre Hand zur Stange greift – nicht früher – versuchen die Hausbewohner, ihrer habhaft zu werden. Manchmal entkommen die Jungen, doch gelegentlich werden sie auch gefaßt. Dann müssen sie mit ins Haus, man schwärzt ihnen das Gesicht und bindet ihre Hände auf dem Rücken zusammen. Nun wird ihnen eine große Schlachtschüssel vorgesetzt, die sie, stark behindert, unter Spott und Hohn der Hausgemeinschaft völlig leeressen müssen. Zum versöhnlichen Abschluß gibt es schließlich für alle ein Chriesiwässerle.

Ein Kinderfest, das sich auf eine Stadt beschränkt, ist der Storchentag. Anlaß für dieses Fest soll die Errettung der Stadt von einer Ungezieferplage durch Störche gewesen sein. Bereits 1643 wird der Brauch erwähnt, wobei nicht feststeht, ob es schon immer nur ein Fest für Kinder war.

Störche waren einst am Oberrhein – und selbst in Freiburg – in großer Zahl anzutreffen; sie galten als Frühlingsboten, denn wenn sie nach dem Winter aus Afrika zurückkehrten, machte sich neues Leben in der Natur bemerkbar. Der Storchentag ist ein Frühlingsfest, das an Petri-Stuhl-Feier, dem 22. Februar, dick angestrichen bei den Haslacher Kindern im Kalender steht. Für Hansjakob war es eines der bedeutendsten Ereignisse im „Kinderhimmel“, und fast genauso, wie er es beschrieben hat, läuft es auch heute noch ab: „Um zwölf Uhr mittags versammelte sich die gesamte Schuljugend ..., jedes mit einem kleinen Sack umgetan, in der Mühlenkapelle und betete einen Rosenkranz. War der beendigt, so zog der helle Haufen der Stadt zu; in seiner Mitte ging der ‚Storchenkarle‘, Karl Kinast, ein armer Teufel, mit einem leibhaftigen, ausgestopften Storchen auf einem großen Hut.“

Die Mühlenkapelle ist wegen der Straßenverlegung an anderer Stelle neu entstanden, und der Pfarrer heute erläßt den Kindern den Rosenkranz und begnügt sich mit einem Vaterunser und „Engel des Herrn“, anschließend besprengt er alle mit Weihwasser.

Den Storchenkarle gibt es natürlich schon lange nicht mehr, heute bekleidet ein Alois Krafczyk das Amt des „Storchenvaters“, und er trägt auch keinen ausgestopften, sondern zwei ausgeschnittene Storchendarstellungen am Hut. Zwei auf ein Brett gebundene Brote – nach Hansjakob neben zwölf Kreuzern der Lohn für Karl Kinast – hat der Storchenvater auf dem Rücken, er hält einen langen Stecken, mit dem er auf das zum Werfen freigegebene Haus zeigt und zu ungestüm vordrängelnde Buben oder Mädchen zurückhält. Den vom Dichter überlieferten Spruch: „Heraus, heraus! Äpfel und Bire zum Lade raus!" rufen die Kleinen heute nicht mehr, es werden auch kaum mehr Äpfel und Birnen, sondern Apfelsinen und Salzbrezeln aus den Fenstern geworfen. Die Bitte um Gaben wird durch lautstarkes Geheul und Gebrüll der jungen Meute ersetzt. Hände recken sich empor, um möglichst viele der schmackhaften Wurfgeschosse zu ergattern. Manchmal wird aus den Fenstern der oberen Stockwerke auch dem Storchenvater eine Brezel an den Stecken gegeben.

„Und nun war die ganze Jugendschar nur noch ein Knäuel, so stürzte alles zu Boden, um möglichst viel zu erhaschen. Im Nu ist alles aufgerafft, so sehr sich auch die Geschosse von oben wiederholen; jedes bringt seine Beute in dem Sacke in Sicherheit, und weiter geht's zum nächsten Haus und so fort bis zum Stadtende." – Kein Unterschied zu heute!

Freundliche Gaben auch ohne Heischebrauch gibt es am Sonntag Lätare, dem 4. Fastensonntag in Sulzburg, denn das Reglement ist festgeschrieben: jedes Kind bekommt einen Spitzwecken.

Den Weckensonntag verdanken die Kinder der Markgräfin Katharina Barbara von Baden-Durlach (1650-1733).

Fast hundert Jahre lang war Sulzburg markgräfliche Residenzstadt, von deren Schloß heute nur noch ein Flügel erhalten ist. Katharina Barbara richtete eine Apotheke ein, in der „mittellosen und nothdürftigen Landesinnbewohnern die Medicamenta ohnentgeltlich" verabreicht werden sollten, für die Kinder legte sie mit 450 Gulden den Grund für den Weckensonntag.

Es ist anzunehmen, daß zunächst nur mittellose Schüler in den Genuß der kostenlosen Wecken kommen sollten. Da die Stiftungsurkunde beim Brand des Klosters am 30. August 1769 vernichtet wurde, ist über das Vorgehen beim Verteilen nichts bekannt. 1755 heißt es: „Wecken und Brezeln werden jährlich zweymal hinter der lateinischen und teutschen Schule ausgetheilt".

Um 1900 war es üblich, das Bild der Anna Bombast von Hohenheim in der alten evangelischen Stadtkirche mit Blumen zu bekränzen und die 1574 dort als Witwe des Markgrafen Ernst Beigesetzte als „Wecklefrau" zu feiern. Damals erhielten die Kinder „bis zur Schule einen Weck, Schüler zwei, Konfirmanden vier, Glockenläuter und Blasebalgtreter sechs, Mesmer acht Wecken".

Nach der Inflation wurde die Stiftung aufgelöst und der Brauch verschwand, doch beschloß der Gemeinderat 1949, wieder Wecken auszugeben und die Kosten von der Gemeinde übernehmen zu lassen.

Gengenbach und das Harmersbacher Tal

Das „Brunnenmännle von Gengenbach", der steinerne Ritter auf dem Marktbrunnen, steht inmitten einer mittelalterlichen Kulisse: Blumengeschmückte Fachwerkhäuser, Obertor und Schwedenturm vereinigen sich zu einem friedlich stimmenden Bild, nichts mehr erinnert an 1689, als französische Truppen die Stadt zerstörten. Von 1233 bis 1803 war die vermutliche Zähringergründung Reichsstadt.

Johann Jakob Christoph von Grimmelshausen, läßt auf dem nahen Moosberg, der Moß, seinen Simplicissimus als Einsiedler die Landschaft schildern: „Gegen den Sonnenaufgang hatte ich eine schöne Aussicht in das Oppenauer Tal, nach Süden in das Kitzinger Tal und die Grafschaft Geroltzeck, wo das hohe Schloß mit gleichem Namen zwischen den Bergen hervorsieht..."

Schon 850 hatten die Benediktiner in Gengenbach ihr Kloster gegründet, ihnen verdankt wahrscheinlich auch Zell am Harmersbach seine Ent-

Gengenbach mit der ehemaligen Klosterkirche

stehung, jener Ort, der zur ehemals kleinsten Reichsstadt emporsteigen sollte.

Ungewöhnliches trug sich 1564 in der Gegend zu, als die Bauern aus Zell im Harmersbacher Tal forderten, ihr Tal sollte nicht der Stadt unterworfen sein. Tatsächlich konnten sie ihr Verlangen – allerdings erst viel später und mit großen Schwierigkeiten – durchsetzen: 1718 wurde „des Heiligen Reichs freies Tal Harmersbach" bestätigt, nachdem sich 1655 die Bauern schon kurzerhand als „reichsfrei" erklärt hatten. Die Anerkennung bedeutete, daß im Harmersbacher Tal eine Bauernrepublik mit vollständiger Reichsfreiheit bestand, in der die Bauern ihr eigenes Hochgericht besaßen, bei dem ihr Vogt im Namen des Kaisers Recht sprach.

Drei Schweinen und der Pfiffigkeit eines Bauern soll ein König sein Leben und der Schweinebesitzer den Aufstieg zum ersten Reichsvogt des Harmersbacher Tales verdanken, glaubt man der folgenden Geschichte:

Irgendwann im 14. Jahrhundert – weder Jahrzehnt, noch Jahr sind bekannt – kam König Wenzel IV. in das Tal des Harmersbaches. Er hatte den Löcherbergweg gewählt, ungefähr die Gegend, in der heute die Straße von Peterstal nach Oberharmersbach führt. Von Weg oder gar von Straße konnte damals kaum die Rede gewesen sein, es war eine unheimliche und unwirtliche Landschaft.

So blieb es auch nicht aus, daß den König eine räuberische Horde verfolgte. Wenzel floh zu einem nahe gelegenen Bauernhof, wo ihn der Besitzer im Stall zwischen den Schweinen versteckte. Die Wegelagerer durchsuchten den ganzen Hof und kamen auch zum Schweinestall. Als sie die Türe öffneten, fuhren ihnen drei unbändig grunzende Schweineköpfe entgegen. Hier konnte wohl kaum der Ort für den Flüchtling sein!

Der entging seinem wahrscheinlich verhängnisvollen Schicksal, der Bauer erhielt ein ehrenvolles Amt – und die drei Schweine? Sie leben noch heute im Namen des Gasthofes „Zu den drei wilden Schweinsköpfen" in Oberharmersbach weiter.

Hochzeit in Zell

Die Südwand der Zeller Kirche wirft Licht und Wärme voll zurück, so daß es dem Wanderer guttut, sich auf einer der Bänke in der Sonne zu rä-keln. Aus der Kirche tönt die Orgel: „So nimm denn meine Hände ...", dann wird die Türe des Südportals geöffnet, Menschen strömen heraus, Feuerwehrmänner stellen sich auf zum Spalier. Endlich – darauf haben die vielen Neugierigen gewartet: das Brautpaar. Strahlend blickt es auf die vielen Menschen im Sonnenlicht. Die Stadtkapelle schmettert schmissige Melodien.

Vor zweihundertundfünf Jahren wurde auf der anderen Seite der Kirche eine junge Frau begraben, die erst zwei Monate vor ihrem Tod ebenfalls als Braut aus diesem Gotteshaus getreten war, doch damals war Winter und es schneite.

Bei jener Hochzeit am 17. Januar 1785 war die Braut gedrückter Stimmung, denn die Tochter des Präfekten Anton Muser hatte gegen ihren Willen den Witwer Ulrich Faißt von Lindach heiraten müssen. Die Tränen werden vom Hochzeitstag bis zum frühen Tod kaum versiegt sein.

Hier ist der Friedhof noch ein echter „Kirchhof". Es sind nur wenige Schritte vom Turm bis zu dem Kreuz mit der Inschrift: „Hier ruht in Gott Maria Magdalena Faißt, geb. Muser, Hermersbäuerin in Lindach, geb. 1. April 1765 auf Hof Mühlstein, verheiratet 17. Januar 1785, gest. 18. März 1785". Um das Kreuz herum blühen die ersten Frühlingsblumen, wie vor über zweihundert Jahren, als die alte Magd Marianne von Mühlstein „Monerle" und „rote Mattengele" herunterbrachte und einpflanzte. Seitdem ist das Grab nie schmucklos geblieben, denn die tragische Geschichte von der unglücklichen Lene, die ihren Hans liebte, aber einen anderen heiraten mußte, ist in der Überlieferung lebendig geblieben, nicht zuletzt, weil Heinrich Hansjakob diese menschliche Tragödie aus dem Harmersbacher Tal im „Vogt auf Mühlstein" wachgehalten hat.

Mit seiner Erzählung hat Heinrich Hansjakob eine Werbekampagne eingeleitet, die heute noch ihre Wirkung zeigt: zahlreich sind die Wagen mit norddeutschen Kennzeichen, die sich auf dem Parkplatz des Mühlstein einfinden.

Die Betreiber des Hofes nutzen die Bekanntheit ihres Anwesens und bewirten die Gäste, denen so die Möglichkeit gegeben wird, einmal in das Innere des Hofes zu gelangen. Bei Bibeleskäs und Most wird manch einer seiner Phantasie freien Lauf lassen und sich das Leben der Magdalena Muser vorzustellen versuchen. Hier ist das Kind ins Leben getreten, dessen spätere Jungmädchenträume so grausam zerstört wurden. Hier hat das Maidle wahrscheinlich schon früh mitanpacken müssen, um den hart arbeitenden und fordernden Vater zu unterstützen.

In der dämmerigen, holzausgekleideten Stube sind der Hans und die Lene in der Nähe des Kachelofens wenigstens im Bild räumlich beieinander – doch auch nicht allzu dicht, zwischen ihnen hat der Pfarrer von St. Martin seinen Platz. Der scheint auf die Gäste und die vielen Fotos von den Aufführungen des „Vogt auf Mühlstein" zu schauen, so, als sei ihm unbehaglich, nun dauernd miterleben zu müssen, wie das unglückliche Schicksal eines Menschen vermarktet wird, ein Geschehen, zu dem er – wenn auch ungewollt – sein erhebliches Scherflein beigetragen hat.

Spuren schwarzer Magie

Der Käufer eines ehemaligen Kloster-Lehnhofes aus dem 16. Jahrhundert staunte nicht schlecht, als er in Balkenlöchern, Mauerspalten und Ritzen beschriebene Briefchen fand. Die sorgfältig gefalteten Zettelchen aus handgeschöpftem Papier trugen in bräunlicher Tinte geschriebene Zauberformeln und Beschwörungen für gute und gegen böse Geister. In größeren Löchern der hölzernen Verstrebungen fanden sich Leinensäckchen, die mit einem Pulver gefüllt waren, das einen penetranten Geruch verströmte. Außerdem kamen dreimal geknickte Gänsefedern und Alraunwurzeln zum Vorschein. Die Botschaften steckten hauptsächlich in Löchern, die in die Balken gebohrt und nach Aufnahme der Papierchen sorgsam mit Holzbolzen verschlossen worden waren. In erster Linie waren die Funde an den für Geister wichtigsten Eingängen, also über Tür- und Fensteröffnungen versteckt worden.

Wer heute über solchen Aberglauben lächelt, sollte bedenken, daß es damals schon im Sommer ein schwieriges Unterfangen war, die Höfe in den abgelegenen Schwarzwaldtälern zu erreichen. Im Winter waren die Zufahrtswege durch riesige Schneewälle oft völlig versperrt und unpassierbar, so daß die Hofbewohner über Wochen oder Monate von der Außenwelt abgeschnitten waren. Sie waren zwar alle schon seit langer Zeit Christen, doch konnte es ihrer Meinung nach nicht schaden, den Schutz des Christengottes in Anspruch zu nehmen, aber gleichzeitig auch die überlieferten Abwehrmaßnahmen der Vorfahren gegen böse Geister zu benutzen. Für die in der Einsamkeit Eingeschlossenen war dies eine doppelte Rückversicherung.

Wie in allen abgelegenen Gegenden, so blühte auch im Kinzigtal der Glaube an Magisches und „Übernatürliches". Hansjakob erzählt von der alten „Harkbüre" auf einem Hof der Gemeinde Oberharmersbach. Zur Büre gingen die Bauern jedes Jahr nach dem Dreikönigstag, um sich bei der Seherin den Verlauf des neuen Jahres vorhersagen zu lassen. Die Harkbüre hatte zwischen Weihnachten und Dreikönig von ihrer Bergeshöhe aus den Lauf der Sterne zu mitternächtlicher Stunde beobachtet und konnte aus diesen Betrachtungen heraus verkünden, ob es Krieg oder Frieden geben werde. Sie hatte die napoleonischen Kriege vorausgesagt, deshalb glaubten alle an das, was die Büre prophezeite.

Ein anderer Astrologe im Harmersbacher Tal, der Bauer Andreas Rothmann, Roth-Andres genannt, war ein Wetterspezialist. Er muß sehr viel Glück gehabt haben oder tatsächlich mit seherischen Fähigkeiten ausgestattet gewesen sein, denn er sagte den ersten Schnee des kommenden Winters auf den Tag genau schon im Sommer voraus. Übrigens, der Andres hat nie Geld für seine Voraussagen genommen.

Kirchen, Kandel, Kastelburg

Wer sich, vom oberen Elztal kommend, auf der Umgehungsstraße Kollnau nähert, sieht zur Rechten ein malerisches Städtchen liegen. Auf der Höhe die Ruine der Kastelburg, im Tale der aufragende Kirchturm – Waldkirch ist Ausgangspunkt für einen eindrucksvollen Ausflug in eine der Bilderbuchlandschaften des Schwarzwaldes.

Selbst Bewohnern der nächsten Umgebung Waldkirchs ist unbekannt, daß auf 90 von 100 heute in Europa vorhandenen Drehorgeln und Orchestrions der Name des Städtchens im Elztal steht.

Es war der Maurer und Spieluhrenmacher Ignaz Blasius Bruder, der 1834 auf die Idee kam, in Waldkirch Orgeln zu bauen. Damit legte er den Grundstein für den Ruf der Stadt als Ort des Orgel- und Orchestrionbaues. Zeitweise existierten hier neun Orgelbaubetriebe, die – neben der im Elztal ebenfalls beheimateten Edelsteinschleiferei – zur wirtschaftlichen Blüte des Städtchens am Fuße des Kandels beitrugen. Zum hundertfünfzigjährigen Jubiläum der ersten Orgel von Ignaz Bruder kamen Hunderte von Drehorgelliebhabern mit ihren Instrumenten aus ganz Europa in Waldkirch zusammen, ein Treffen, das so gut ankam, daß es 1990 zum dritten Male stattfand und mehr als 70 Leierkastenmänner und -frauen anlockte.

Nicht nur mechanische Musikinstrumente aus Waldkirch sind weltbekannt, bei Fachleuten in den Vereinigten Staaten, Japan oder in anderen Ländern erfreuen sich die Fahrgeschäfte für Rummelplätze und Freizeitparks, die im Elztal erdacht und konstruiert werden, höchster Anerkennung.

Nach einem Bummel über den malerischen Marktplatz steht der Besucher vor St. Margarethen, der ehemaligen Kirche eines bereits 918 vom Alamannenherzog Burkhard I. gegründeten Benediktinerinnen-Klosters. Als 1430 die letzte Äbtissin starb, übernahmen die Augustiner Chorherren – weltliche Geistliche – Kloster und Kirche. Der heutige Kirchenbau wurde 1732 bis 1734 von Peter Thumb ausgeführt: von der ehemaligen Klosteranlage sind noch einige Gebäude erhalten geblieben.

Auch St. Märgen war einst ein Augustiner-Chorherrenstift; die Fahrt zu diesem alten Wallfahrtsort soll von der Kandelstadt Waldkirch aus über den höchsten Berg des mittleren Schwarzwaldes führen.

Über eine serpentinenreiche Auffahrt geht es auf den 1243 Meter hohen Gneisberg, den Tanzplatz der Schwarzwälder Hexen; sie vergnügen sich jedoch nur einmal im Jahr hier oben, so daß man ungestört die herrlichen Ausblicke in die Rheinebene und auf die Vogesen genießen kann. Je nach Jahreszeit ist der Kandelbesucher allerdings meist nicht ungestört, besonders bei Nebel können mit ihm viele vom Elztal oder Glottertal den sonnigen Gipfel angesteuert haben, so daß man auch während der dreistündigen Wanderung auf dem „Josef-Seger-Rundweg“ Gesellschaft hat.

Kloster St. Märgen. Ansicht 18. Jahrhundert

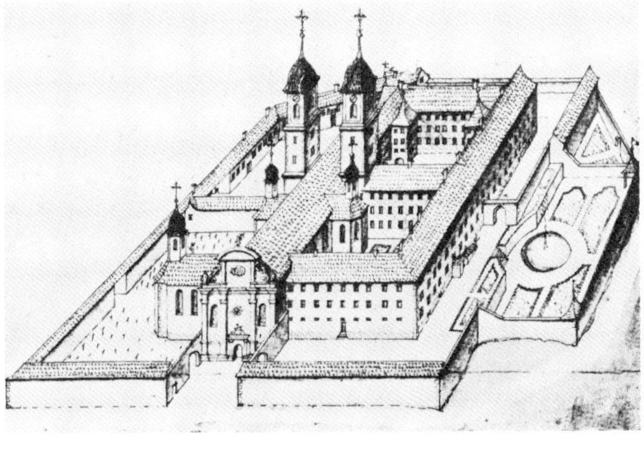

Vom Kandel führt der Weg nach St. Peter. Das ehemalige Benediktinerkloster wurde 1093 als Hauskloster und Grablege der Zähringer erbaut. Die Brüder Grimm schildern seine Entstehung dramatisch: Ein Zähringer Herzog war vom Köhler zum edlen Herrn aufgestiegen und wurde stolz und grausam. Eines Tages verlangte er, man möge ihm einen Knaben braten, damit er wisse, wie Menschenfleisch schmeckt. Als der Koch den Befehl ausgeführt hatte, befielen den Herzog Schrecken und Furcht, er bereute seine Sünden und seine schwere Freveltat und ließ zur Sühne St. Peter bauen. So einfach war es damals, sich seiner Schuld zu entledigen – wenn man Herzog war.

Die geschichtlichen Tatsachen weisen St. Peter als eine der Klostergründungen des Hirsauer Abtes Wilhelm aus, an welcher der Zähringer-Herzog Berthold II. allerdings ebenfalls beteiligt war.

Brände und Kriege setzten St. Peter immer wieder aufs neue zu, so daß es nach der Zerstörung des mittelalterlichen Klosters und vor der Entstehung der heutigen Anlage mehrere Neubauten gab. Wie viele Kirchen und Klöster des Schwarzwaldes aus dem 18. Jahrhundert, so trägt St. Peters heutiges Aussehen die Handschrift von Peter Thumb, der zwischen 1724 und 1727 nicht nur die barocke Pracht der Kirche mit ihrem eindrucksvollen hohen Giebel, sondern auch die berühmte Bibliothek schuf, die als der schönste Rokoko-Raum des Breisgaus bezeichnet wird. Auch andere bekannte Künstler, wie die Bildhauer und Schnitzer Faller und Feichtmayr, die Maler Hermann, Spiegler und Wentzinger sind in St. Peter mit Arbeiten vertreten.

Die sieben Kilometer lange Strecke von St. Peter nach St. Märgen ist reich an prächtigen Ausblicken, vor einem grandiosen Bergpanorama wechseln Täler, Wegkreuze und alte Schwarzwaldhöfe. Dann, nach einer Straßenkehre, tauchen die Zwillingstürme der alten Wallfahrtskirche von

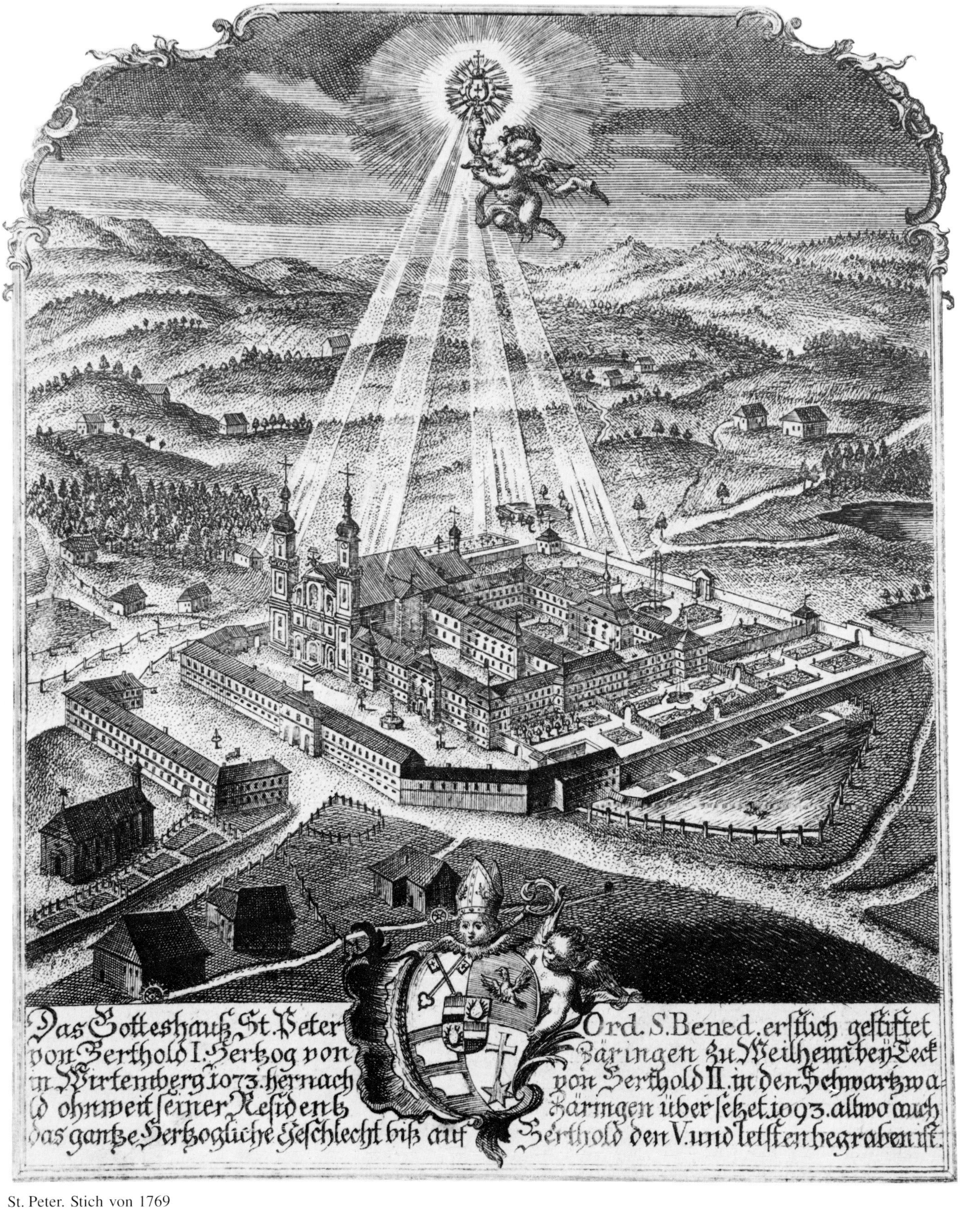

St. Peter. Stich von 1769

Peter Thumb (um 1740)

St. Märgen auf. Nur einiges von der ehemaligen Ausstattung des kurz vor 1200 gegründeten Augustinerklosters konnte nach zahlreichen Bränden gerettet werden. Auch die Auseinandersetzungen im Kloster selbst, Streit um das Vogtrecht und die Bepfründung sowie Spannungen zwischen den beiden auf engem Raum konkurrierenden Klöstern belasteten St. Märgen erheblich. Schließlich wurde 1460 gar das Gründungsgut an die Stadt Freiburg verkauft.

Wie zahlreiche andere Klöster wurde auch St. Märgen im Zuge der Säkularisation aufgelöst, und schließlich brannte 1907 die Kirche völlig aus, als sie von einem Blitz getroffen wurde.

Deshalb ist der heutige Bau relativ jung, er birgt einige der alten, vor den Flammen geretteten Ausstattungsstücke, auch das Gnadenbild der Madonna von 1100, seit Jahrhunderten ein Pilgerziel.

Rückfahrt durch das Tal der Glotter. 950 wird eine von St. Blasien im Glottertal gegründete Kirche erwähnt, zwei Jahre später ist von ersten Höfen zu lesen.

Die Gemeinde am Südhang des Kandel bestand vor der Gemeindereform aus den eigenständigen Orten Föhrental, Oberglottertal, Ohrenbach und Unterglottertal. 1052 legten die Zähringer Herzöge Silbergruben im Tal an, sie mußten jedoch um die Wende vom 13. zum 14. Jahrhundert wegen einer Folge von Naturkatastrophen aufgegeben werden.

Weltruhm erlangte das Glotterbad, das „Bad der Hohen Herren", es bildete die Basis für den Fremdenverkehr und für die vielen gastronomischen Betriebe. Die Entscheidung für ein bestimmtes der zahlreichen Gasthäuser rechts und links der 2,8 Kilometer langen gastlichen Straße zwischen „Kreuz" und „Sonne" fällt schwer. Hinter der „Sonne" liegen die Hänge, auf denen die Reben für den berühmten „Glottertäler" steil hinauf bis zu 500 Meter heranwachsen. Die Winzer konzentrieren sich vor allem auf die Sorte „Weißherbst", die 80 Prozent ihrer Reben ausmacht; hohes Ansehen genießt die Lage „Roter Bur".

Stiller ist es um jenes Gebäude im Glottertal geworden, das als „Schwarzwaldklinik" noch immer über die Bildschirme in aller Welt flimmert, vor wenigen Jahren lockte es noch Zehntausende in das Tal unterhalb des Kandelmassivs.

Bei der Abzweigung nach Föhrental liegen die Hänge „Roter Bur" hinter dem Besucher, der sich nun, um die Ruinen des Stammsitzes der Markgrafen von Baden zu sehen, dem naheliegenden Sexau zuwendet. Hier liegt, steil über dem Tal, die Ruine der Hochburg, einst stärkste Burg des Breisgaues, die im 17. Jahrhundert zerstört wurde.

Ein Markgrafenschloß, heute Heimatmuseum, besitzt Emmendingen, der einstige Landvogteisitz. In der „Neuen Landvogtei" wohnten der Obervogt Johann Georg Schlosser und seine Frau Cornelia, Goethes Schwester, die auf dem alten Friedhof beerdigt wurde.

Nördlich von Emmendingen liegen zwei weitere Burgruinen: Landeck und Lichteneck. Wie im nördlichen Schwarzwald, so konzentrierten sich auch hier Burgen und Klöster.

Im romantischen Tennenbachtal lag einst inmitten der Waldeinsamkeit die großartige Anlage des Zisterzienserklosters Tennenbach, auch „Himmelspforten" genannt. 1160 von den Zähringern gegründet, entwickelte sich das Kloster Tennenbach zu einem der reichsten Grundbesitzer des Landes und zur bevorzugten Grablege der Markgrafen von Hachberg, einer Seitenlinie der Zähringer, von der nahen Burg.

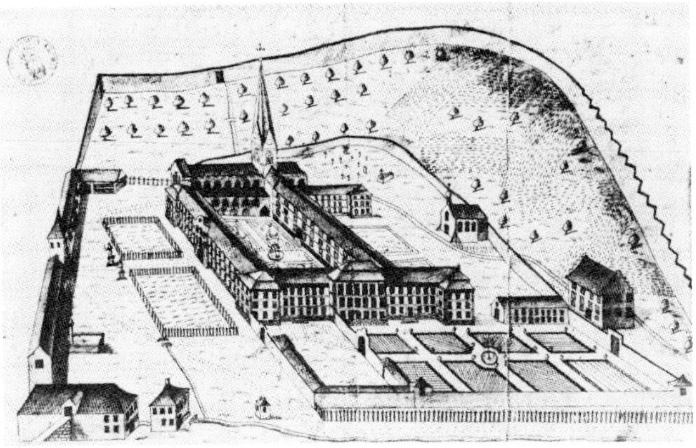

Kloster Tennenbach im 18. Jahrhundert

Zum erstenmal wurde das Kloster 1444 durch die Armagnaken zerstört, 1525 setzten aufständische Bauern die Verwüstung fort, und nach einem Brand im Jahre 1807 wurde das Kloster aufgelöst und abgerissen. Erhalten blieb von allem nur eine Kapelle aus rotem Sandstein; dieser schöne Bau aus der zweiten Hälfte des 13. Jahrhunderts, auf einer großen, einsamen Waldlichtung gelegen, erinnert heute an die große Zeit von Tennenbach.

Ebenfalls völlig verschwunden ist die einstige Benediktinerabtei Schuttern, nur die Kirche blieb bis in unsere Zeit erhalten. Im Mittelalter war Schuttern eine der bedeutendsten Reichsabteien. Schuttern soll das älteste Kloster Badens gewesen sein, es wird bereits in Aufzeichnungen des 9. Jahrhunderts erwähnt. Nach der Säkularisation wurden die Klostergebäude – bis auf das Pfarrhaus – abgerissen.

Ein Hauch der großen Weltgeschichte streifte das Kloster, als auf ihrem Brautzug Marie Antoinette nach dem Aufenthalt in Freiburg im Kloster Schuttern die letzte Nacht auf deutschem Boden verbrachte. Ihre Mutter, die Kaiserin Maria-Theresia, hatte die klösterliche Herberge verfügt und für den riesigen Begleittroß ein Haus erbauen und Räume des Klosters ausstatten lassen. Den Wein für die Diners mußte allerdings Abt Carl Vogel stellen – überhaupt hat ihm der Aufenthalt der Kronprinzessin, die sich „in höchst erwünschtem Wohlsein" befand, nachträglich noch viel Ärger bereitet, denn ihm blieb die undankbare Aufgabe, den vorderösterreichischen Landstädten die Rechnungen zu präsentieren. Nur 5000 Gulden erhielt der Abt, und ihm wurde mitgeteilt, er solle sich an den eigens für diese kurze Visite reichhaltig angeschafften Möbeln und anderen Einrichtungen schadlos halten.

Weiter nach Ettenheimmünster. Von dem berühmten, in karolingischer Zeit gegründeten und von Peter Thumb wiedererbauten Kloster, das 1803 aufgehoben wurde, ist nur noch die Wallfahrtskirche St. Landelin erhalten.

Die Rückkehr nach Waldkirch bietet sich an, um auch dort der Burgruine einen Besuch abzustatten. Die Kastelburg, eine der einst vier Burgen Waldkirchs, wurde um 1250/1260 durch die Herren von Schnabelburg-Eschenbach-Schwarzenbach erbaut und nach einem Brand 1510 wieder aufgebaut, 1634 wurde sie endgültig zerstört.

Vom Burgberg aus schaut man zu den Hängen des Kandel, auf dem sich in der Walpurgisnacht die Hexen vergnügen.

Auch Hexen haben ihren Hausberg; was den norddeutschen Hexen der Blocksberg, ist denen vom Schwarzwald der Kandel. Dahin fliegen sie in der Nacht vom 30. April zum 1. Mai – und wer sich einen Kranz aus Schlangenhaut umhängt, der kann sie auf ihrem Flug auf Besenstielen, Geißen oder Säuen beobachten.

Burgruine Kastelberg

Auf dem Berg tanzen sie splitternackt mit ihrem teuflischen Meister, nachdem sie sich an Braten, Fisch und Wein gelabt haben – nur Salz und Brot hassen sie, weil beides ihre überirdischen Kräfte schwinden läßt. Alles, was die Hexen auf ihrem Hin- und Rückflug durcheinandergewirbelt haben, müssen die Menschen am Morgen des 1. Mai wieder aufräumen; da fehlen die Gartentüren, und Bänke stehen auf Bushaltestellen, ja es mußten schon Kleinwagen von Garagendächern heruntergeholt werden.

Heute ist die Walpurgisnacht nur noch Anlaß zum Schabernack junger Burschen, und den Hexen sind die Fasnachtstage zugeteilt worden.

Vom 16. bis in das 18. Jahrhundert hinein wütete in unserem Land – und leider nicht nur hier – der Hexenwahn mit seinen fürchterlichen Folterungen und Verbrennungen. Da werden manche Menschen nachdenklich, wenn sie zur Fasnacht Strohhexen in Flammen aufgehen sehen, war doch die Hochburg der heutigen Fasnachtshexen, Offenburg, auch damals ein Hauptort der Hexenverbrennungen.

In Freiburg wurde allein zwischen 1579 und 1611 – auf die Jahre umgerechnet – jährlich eine Frau als Hexe verurteilt und verbrannt. Im Umland sah es nicht viel besser aus. Auf jeden Hexenkopf war eine Fangprämie ausgesetzt worden. Der finanzielle Anreiz steigerte die Anzeigen und dementsprechend die Verurteilungen in einem solchen Maße, daß die Freiburger einen Scharfrichter aus dem Elsaß anstellen mußten.

In Baden (Stadt Baden-Baden) erreichten die Hexenverfolgungen während der Jahre 1627 bis 1631 – mitten im Dreißigjährigen Krieg – ihren Höhepunkt. Wegen Hexentanz, Verführung durch den Teufel, Teufelshochzeit, Wettermachen, Herstellen von Hexensalben und vieler anderer Anklagepunkte wurden in dreieinhalb Jahren 150 Frauen und Männer verhört, gefoltert und – bis auf wenige Ausnahmen – verbrannt.

Von Himmelreich ins Höllental

Reich ist das Dreisamtal an geschichtlichen, kulturellen und landschaftlichen Kostbarkeiten, die kulinarischen brauchen nicht besonders erwähnt zu werden, sie sind in diesem Land die Regel.

Jeder Himmel hat als Gegenpol seine Hölle, auch die schönste Gegend ihre Schattenseiten; hier ist es die Bundesstraße 31. Schon auf der Freiburger Schwarzwaldstraße beginnt sich der Verkehr zu verdichten und im Stadtteil Ebnet gibt es nie endende Staus. Seit Jahren „zieren" Parolen die Häuserfronten und weisen auf die Nöte der Anlieger hin.

Ebnet ist für die Einheimischen – und jedes Jahr für Tausende Touristen – der Begriff für ein Verkehrschaos geworden, dessen Ende noch lange nicht abzusehen ist.

Ebnet steht aber auch für das ansehnlichste Barockschloß des Breisgaus. 1749 bis 1751 wurde es für den Freiherrn von Sickingen gebaut, neben Johann Jakob Fechter taucht einmal mehr der Name Wenzingers als Architekt auf; für den Schloßpark schuf der vielseitige Künstler aus Ehrenstetten die Skulpturengruppe der „Vier Jahreszeiten".

Nicht einmal zehn Kilometer fährt man auf der B 31 von Ebnet nach Zarten, wo die Straße nach Kirchzarten abzweigt. Beide Orte sollen, so wird sprachwissenschaftlich nachgewiesen, mit ihren Namen auf die keltische Fliehburg Tarodunum hinweisen.

Kirchzarten war einst Mittelpunkt der Verwaltung des Klosters St. Gallen, das hier über ausgedehnte Besitzungen verfügte. Die St.-Gallus-Kirche war Pfarrzentrale für zwölf weitere Kirchen, ihr spätgotischer Chor besitzt noch seine ursprüngliche Form von 1508/1510. Den barocken Altar flankieren zwei Rokoko-Altäre aus der Werkstatt des Freiburger Bildhauers Franz Anton Xaver Hauser.

Die sehr gut erhaltene Grabplatte des 1343 verstorbenen Konrad von Falkenstein zeigt die Rüstung eines Ritters jener Zeit. Um Konrad (Kuno) von Falkenstein rankt sich eine sagenhafte Geschichte über seine siebenjährige Fahrt ins Heilige Land und seine abenteuerliche Rückkehr.

Während Konrad einerseits als Idealbild des mittelalterlichen Ritters gilt, trifft man ihn andererseits als „schurkischen Kuno" auf den heutigen Laienspielbühnen an. Schurken waren allerdings die späteren Falkensteiner, die als Wegelagerer und Raubritter von ihrer Burg über dem Höllental aus reisende Kaufleute und Pilger ausraubten, bis die Freiburger das Räubernest zerstörten.

Vom Giersberg bei Kirchzarten tut sich ein wundervoller Ausblick ins Dreisamtal auf, den Otto von Eisengrein 1880 so beschrieb: „Wohin das

Auge schaut, frische Wiesengründe, auf denen sich Herden tummeln, zerstreute und von malerischen Baumgruppen halbverdeckte Bauernhöfe, an denen ein schäumender Waldbach vorüberrauscht, hellgelbe Kornfelder; gegen Norden und Osten die weite Hügelkette des Schwarzwaldes ..." – im großen und ganzen trifft die Beschreibung auch heute noch zu.

Die Wallfahrtskapelle auf dem Giersberg ist nur eine der vielen Kapellen im Dreisamtal. Auch die Zahl der einst hier vorhandenen Burgen wird meistens zu niedrig geschätzt; Eduard Schuster hat 16 Schloß- und Burgplätze ausgemacht, so daß vom Dreisamtal ohne weiteres als einem „Burgen- und Kapellenland" gesprochen werden kann. Die sich um „Dreisamburgen" rankenden Geschichten – oft mit historischem Kern – könnten Bücher füllen; allein der Zwist um Burg Wiesneck könnte hierzu einige Kapitel beisteuern. Auf Wiesneck hielt Johann Snewlin den Abt von St. Märgen gefangen, während unten im Tal Abt Konrad von den Mannen des Snewlin erschlagen wurde. Vier Linden kennzeichnen heute nebst einem Kreuz den Tatort talaufwärts hinter Ebnet, an dem bis zum vorigen Jahrhundert eine St.-Anna-Kapelle gestanden hat.

Auch nach Oberried pilgerten schon früh Wallfahrer. Die Klostergebäude der ehemaligen Wilhelmiten-Niederlassung dienen heute als Pfarr- und Rathaus.

Sowohl der Hochaltar als auch zwei überlebensgroße Statuen der Wallfahrtskirche sind Frühwerke Christian Wentzingers.

Ziel der Pilger ist der „Schwarze Christus", auch „Der bärtige Heiland von Oberried" genannt. Das aus dem 15. Jahrhundert stammende Kreuz ist von zahlreichen Legenden umwoben, die von seiner Anschwemmung durch die Dreisam bis zu dem Wunder reichen, daß die echten Haare aus dem Holz heraus nachwachsen sollen.

Zurück auf die B 31 und nach Himmelreich! Niemand wird sich über den Namen wundern, wenn er anschließend ins Höllental fährt, obwohl die einstigen Schrecken des Tales heute schwer nachzuvollziehen sind; Höllenqualen kann der Reisende allerdings in den Verkehrsstaus der Ferienzeit erleiden.

1770 nahm auch dieses Schwarzwaldtal einen Tag lang an der großen Weltgeschichte teil: Marie Antoinette, auf dem Weg zur Hochzeit mit dem späteren König Ludwig XVI., durchquerte das Höllental mit 257 Begleitern und 450 Pferden. Ob die Erzherzogin den badischen Küchenkünsten mißtraute, ist nicht bekannt – überliefert wird jedoch, daß sie allein 73 Leute an Küchenpersonal mit im Troß führte, das in Freiburg um 23 Frauen „fürs Grobe" aufgestockt wurde. Die Freiburger gaben sich alle Mühe, der Tochter Maria-Theresias den zweieinhalb Tage langen Aufenthalt angenehm zu gestalten, doch sie erhielten statt Lob eine Rüge der Kaiserin wegen der „unwirtschaftlichen Gebarung".

Das heutige Höllental vermittelt den damaligen Zustand nur ungenau, wiederholte Straßenverbreiterungen machten Felsabsprengungen erforderlich, so daß aus schmalen Bergdurchlässen oft weite Aussichten wurden. Gegenüber heute war die Schlucht damals erheblich enger, und so hat auch die Mär vom Hirschen, der auf der Flucht vor den ihn verfolgenden Jägern und Hunden das Tal übersprungen haben soll, einiges für sich.

Das älteste Zeugnis hiesiger kirchlicher Baukunst findet sich bei Höllsteig, die St.-Oswald-Kapelle. Bevor Konrad von Falkenstein dem Ruf Bernhard von Clairvaux' zur Fahrt ins Heilige Land folgte, soll er dem Patron der Kreuzfahrer das Kirchlein erbaut haben. Das müßte 1147 gewesen sein, doch wie so oft, wenn Sage und Wirklichkeit ineinander übergehen, ist auch hier der Jahreszahl nicht ganz zu trauen. Verbürgt ist allerdings, daß im Jahr 1148 die Konsekration der Kirche durch Bischof Hermann von Konstanz erfolgte.

Die alten Skulpturen der Kapelle, vor Jahren gestohlen und dann wiedergefunden, wurden inzwischen durch Kopien ersetzt; auch die Seitenflügel des Altars sind aus der einsamen Kapelle entfernt und an einem sicheren Ort untergebracht worden.

Schon einmal, 1796, wurde St. Oswald Opfer von Räubern. Damals, vom 11. bis zum 15. Oktober, führte General Moreau 40 000 französische Soldaten durch das Höllental nach Frankreich zurück, wobei Plünderung, Brandschatzung und Raub den Marsch begleiteten.

Das war 17 Jahre nach dem Besuch Goethes im Höllental. Eine Inschrift am Gasthaus „Sternen" verkündet: „Hier war Goethe zu Gast, am 29. September 1779". Den Dichter scheint der Besuch nicht sehr beeindruckt zu haben, jedenfalls ging der „Sternen" – im Gegensatz „Zum Goldenen

Der Hirschsprung. Stich von Max Roman

Löwen" in Emmendingen, Wohnort der Schwester Goethes – nicht in das Werk des Meisters ein.

Am alten Verkehrsweg durch das Höllental reihen sich zahlreiche gastliche Stätten, von denen viele auf ein beachtliches Alter zurückblicken. Das Wirtshaus „Zum Himmelreich" hat eine vierhundertjährige Vergangenheit. Der sowohl für feinste Gerichte als auch für eine deftige Erbsensuppe bekannte „Adler" in Hinterzarten ist über 300 Jahre alt.

Überzeugend auch die Gastronomie im nahen Breitnau. Im „Löwen" hängt im Gastraum die Konzessionsurkunde vom 20. September 1770, in der dem „ehrsamen und bescheidenen Antoni Benitzen" die Schildgerechtigkeit verliehen wird, so daß er „hinkünftig nicht nur die Leut tränken, sondern auch speisen und beherbergen" dürfe.

So findet denn die Fahrt durch Himmel und Hölle am besten ihren Abschluß in einem der traditionsreichen Gasthöfe.

Die Höllentalbahn

Sollte noch kein Buch über Schwarzwälder Eisenbahnen vorliegen – es müßte geschrieben werden, denn es gibt so vieles über die glanzvollen Leistungen und die skurrilen Einrichtungen der einst dampfspeienden und prustenden Züge zu erzählen.

Allein die oft liebevollen Bezeichnungen wie „Sauschwänzlebahn" („Kanonenbahn" klingt schon martialischer), oder „'s Chanderli" reizen, sich näher mit den einzelnen Strecken durch oft malerische Landschaften zu befassen.

An dieser Stelle sollen nur zwei Strecken näher betrachtet werden, die jedoch als charakteristisch für den Schwarzwald gelten können, die Höllentalbahn und die Schwarzwaldbahn. Beide zeugen von technischen Meisterleistungen und beide sind mit dem Namen eines kühnen Planers verbunden.

Kaiserwetter herrschte nun wirklich nicht an jenem 21. Mai 1887, vielmehr fegte heftiges Schneetreiben durch das Höllental. Der Kaiser kam auch nicht, aber immerhin der Großherzog Friedrich I. und mit ihm viele Honoratioren. Auf dem Programm stand die Eröffnung der Höllentalbahn, die zwei Tage später ihren Fahrbetrieb aufnahm.

Endlich war für die Menschen zwischen Freiburg und Donaueschingen der Anschluß an die moderne Verkehrsentwicklung hergestellt. Es war ein schwieriger Weg für die betroffenen Gemeinden, bis es soweit war. Ganz zu Anfang hatte es kurz und bündig geheißen, der Bau einer Bahn sei im Hinblick auf die Steigungen und erforderlichen Tunnels unausführbar. Selbstverständlich gab es, gerade auf dem Teilstück des Höllentales, vielfältige Probleme. Albert Kuntzemüller schrieb darüber: „Die meisten Schwierigkeiten bietet die Abteilung von der Wagensteige nach Hinterzarten. Auf einer Länge von vier Stunden muß die Bahn ... durch eine Kette von Tunneln, über tiefe Schluchten und an schroffen Berghängen ... auf hohe Dämme, Viadukte und Stützmauern gelegt werden." Obwohl sich Robert Gerwig, der schon das Wunderwerk der Schwarzwaldbahn konzipiert hatte, für das neue Projekt einsetzte, zeigten sich die Behörden allen die Bahn bejahenden Stimmen gegenüber unzugänglich und ließen wissen, das Projekt sei zwar technisch möglich, doch nicht zu finanzieren.

Doch die Gemeinden blieben beharrlich und setzten mit ihrer Ausdauer durch, daß zwischen 1884 und 1887 die Höllentalbahn gebaut werden konnte.

Die prophezeiten Schwierigkeiten stellten sich beim Bau vielleicht als größer heraus, als zunächst angenommen worden war. Zwischen Hirschsprung und Hinterzarten mußte wegen der starken Steigung von 1:18 ein 7,9 Kilometer langer Zahnradabschnitt eingefügt werden. Auf diesem Teilstück wird bei einer Geschwindigkeit von 60 Stundenkilometern jeder Punkt des Zuges um ungefähr einen Meter pro Sekunde angehoben.

Später konnte der Beispann einer Zahnradlokomotive aufgegeben werden. 133 Tonnen schwere Gebirgslokomotiven konnten – mit besonders starken Bremsen ausgerüstet – die Steilrampe alleine bewältigten.

Den Eingang zur Ravennaschlucht überspannte eine imposante Brückenkonstruktion. Die heutige „Ravennabrücke" mit 224 Metern Länge und 40 Metern Höhe ist bereits die dritte Ausführung. Die erste war eine gekrümmte Eisenfachwerkbrücke, die 1928 durch eine steingemauerte ersetzt wurde. Sie wurde in den letzten Kriegstagen 1945 gesprengt, und viele Jahre lang blieb die Strecke zwischen Höllsteig und Hinterzarten unterbrochen, bis die jetzige Brücke fertiggestellt war.

Die Schwarzwaldbahn

Zwölf Jahre vor Baubeginn der Höllentalbahn war unter der Leitung von Robert Gerwig und nach dessen Plänen der schwerste Abschnitt der Schwarzwaldbahn begonnen worden. Schon um diese Zeit galt der Bau als „Wunderwerk der Technik".

Es waren tatsächlich schon fast an Wunder grenzende Leistungen zu vollbringen, um den Schienenstrang durch die Berge des Gutachtales zu verlegen. Die allergrößten Schwierigkeiten ergaben sich in der Gegend von Triberg; hier mußten Viadukte, Windungen, Kehrtunnel und Serpentinenschleifen angelegt werden.

Die Strecke zwischen Hausach und Villingen ist nur 26 Kilometer lang, doch führt sie durch 36 Tunnel. Der mit 1,7 Kilometern längste von ihnen, der Sommerautunnel bei St. Georgen, überquert die Rhein-Donau-Wasserscheide.

Beliebtes Fotomotiv war einmal der „Dreibahnenblick" bei Schonachbach. An dieser Stelle werden die erheblichen Höhenunterschiede durch mehrere Kehrschleifen überwunden, so daß die Strecke von einem bestimmten Punkt aus dreimal übereinander zu sehen ist. Im Zeitalter des Autos und des zusammengestrichenen Fahrplanes besteht allerdings nicht mehr die Möglichkeit, drei Züge gleichzeitig auf diesem Abschnitt entdecken und fotografieren zu können. Dafür kann man jedoch im Triberger Heimatmuseum selbst Miniaturzüge über die Schienen der im Modell nachgebauten Schwarzwaldbahn jagen.

Das Gutachtal mit der Schwarzwaldbahn. Holzschnitt 1873

An folgendes späteres Problem konnte Robert Gerwig nicht denken, als er die vielen Tunnel baute: die Signalordnung der Deutschen Bundesbahn verlangt, daß vor Einfahrten eines Zuges in einen Tunnel Pfeifsignale abgegeben werden. Da ein Schlafwagen wegen der Schlingerbewegungen nicht am Ende und wegen der Störung durch vorbeigehende Fahrgäste nicht in der Mitte eines Zuges plaziert werden kann, fährt er direkt hinter der Lok. So werden auf dem Streckenabschnitt „Hausach–Villingen" die Schlafwilligen sechsunddreißigmal durch schrilles Pfeifen aufgeschreckt.

Fichten, Fachwerk, Fahrzeugschlangen

Klagte man in früheren Zeiten über die Unzugänglichkeit des Schwarzwaldes, so ist das bei den heutigen Bewohnern des „malerischsten Mittelgebirges Deutschlands" umgekehrt. Mehrere Autobahnen verkürzen die Fahrtzeit der Touristen, und ein gut ausgebautes Netz von Land- und Bundesstraßen ermöglicht nicht nur eine Autofahrt in die entlegensten Täler, sondern auch auf die höchsten Berggipfel.

Mögen die Straßen an sich auch noch so gut sein, häufig ließ es sich nicht vermeiden, sie durch hübsche Kleinstädte und Dörfer zu führen. Die Einwohner solcher Orte müssen schon lange auf das verzichten, dessentwegen die Urlauber in das Gebirge der Fichten und Tannen fahren: Ruhe und frische Luft.

Gernsbach durchqueren täglich ungefähr 15 000 Fahrzeuge, in Hausach sind es durchschnittlich 20 000 am Tag, und viele andere Orte haben das gleiche Problem. Für das jahrelang geplagte Waldkirch besteht seit Dezember 1985 eine Lösung. Da im Tal kein Platz für die neue, die Stadt umfahrende B 294 vorhanden war, wurde der Höhenrücken des Hugenwaldes durchstoßen und die Straße durch einen Tunnel geleitet. 1 135 Meter ist die unterirdische Röhre lang, die nun eine rasche Verbindung zwischen Freiburg und den Orten des Elz- und Kinzigtales herstellt. Auch Schiltach hält die Autoabgase von zwei Bundesstraßen mittels zweier Tunnelröhren seinem Fachwerk fern, und im nahen Schramberg wurde ebenfalls ein Berg durchstoßen, um eine Straße hindurchzuleiten. Freudenstadt gar plant, den Durchgangsverkehr unter die Stadt zu verlegen.

Verwundert es, daß andere Städte solchen Beispielen folgen und sich die Befreiung vom Straßenverkehr viel Geld kosten lassen? Der 160 Meter lange Zuckerhuttunnel zwischen Triberg und Hornberg verschlang 6,3 Millionen Mark. Der Rauthenbergtunnel bei Wolfach wird 32 Millionen und 80 Millionen eine 2,3 Kilometer lange Umfahrung mit 1,5 Kilometer Tunnel für Gernsbach kosten. Schließlich wird eine 1 100 Meter lange Röhre, die Hausach entlasten soll, mit 85 Millionen Mark veranschlagt. Das Tunnelbauen, früher fast ausschließlich von der Eisenbahn betrieben, ist neuerdings auch für den Fahrzeugverkehr der Straße in Mode gekommen.

Der Bau von Umgehungen für Schwarzwaldstädtchen hat nicht nur den Zweck, die Ortschaften zu entlasten und den Verkehr flüssiger ablaufen zu lassen, in manchen Fällen wird auch eine größere Sicherheit angestrebt. So wird zum Beispiel die Beseitigung des Engpasses auf der B 33 zwischen Hornberg und Triberg Schonachbach vom Durchgangsverkehr aussparen; dort war im Juli 1987 ein Tanklastzug mit 30 000 Litern Treibstoff in Flammen aufgegangen, der Ort entging damals nur knapp einer Katastrophe.

Als der Hugenwaldtunnel eröffnet wurde, nahm er für sich in Anspruch, die längste unterirdische Röhre in der Bundesrepublik zu sein, die im Gegenverkehr befahren werden kann. Ob die Straße unter dem Hugenwald heute noch diesen Rekord hält? Wer kann das beim gegenwärtigen Tunnelbau-Boom nach verfolgen?

Der Schluchsee

Um 6 Uhr am 29. August 1983 wurde im Kraftwerk Kühmoos bei Bad Säckingen ein Knopf gedrückt, und der Schluchsee begann auszulaufen.

Blick über den Schluchsee

Das 7,5 Kilometer lange Gewässer wurde – bis auf einen Restsee, der kleiner als der Ursee war – „zurückgefahren“, wie es im Fachjargon heißt.

Als der See seinen tiefsten Stand hatte, erreichte die Menge der Neugierigen ihren höchsten; einige Zehntausende ließen sich am 25. September „zur großen Wanderung mit Volksfest“ an den See locken, der keiner mehr war. Menschen der näheren und weiteren Umgebung wanderten über den Seegrund; dreißig, vierzig Meter höher hatten vor wenigen Wochen noch die Boote der Ausflügler und Wassersportler die Wellen durchkreuzt.

Zwar hatte es vor jenem Sonntag schon Tausende Neugierige gegeben, doch eine solche Menscheninvasion wie an diesem Wandertag war bisher noch nicht zu beobachten gewesen. Eine regionale Zeitung und örtliche Vereine gaben sich Mühe, dem „Volk“ ein Fest zu bieten: Schießbuden, Frittenbuden, auf dem Seegrund aufgestellte Tische und Bankreihen – Bier- und Würstchenseligkeit! Verkehrspolizisten und im langen Stau stehende Autofahrer schwitzten um die Wette, während die Menschenmassen in zwei entgegengesetzt aneinander vorbeiführenden Prozessionen über den aufgetauchten und erhalten gebliebenen Muchländer Weg das ehemalige Tal durchzogen.

Vor 54 Jahren waren Weg, Grundmauern von Gebäuden und Baumstümpfe in den Wassern versunken. Wie der „Ur-Schluchsee“ ausgesehen hat, ist in einem alten Schwarzwaldführer von 1897 nachzulesen: „Der Schluchsee ist etwa 3 Kilometer lang, zum Höchsten nur 0,4 Kilometer breit, ist von Berghängen, welche steil von seinem Ufer aufsteigen, eingezwängt und an seiner rechten Seite schwer zugänglich.“

Als der See aufgestaut wurde, versanken in den Fluten: 13 Häuser, das alte Schulhaus von Aha sowie das Hotel „Seebrugg" und die alte Zehntscheuer, die einst im Besitz des Klosters St. Blasien gewesen war. Die alte Seekopfkapelle von 1795 und andere Gebäude waren abgetragen worden und entstanden an anderer Stelle neu. Was nicht so beständig wie Stein war und mit dem Stau für immer ausstarb, war der Bestand der seltenen Baumart der Spirke (Krüppelforle). Ein weiterer Verlust war die Überschwemmung des größten Hochmoorgebiets im Hochschwarzwald „Feldmoos" und „Brandtannenmoos".

Vieles, was damals versunken war, kam mit der Absenkung wieder ans Tageslicht. Grundmauern, Brückenreste und Baumstümpfe hatten das halbe Jahrhundert auf dem Seegrund überstanden. Hinzu kam, was sich in den späteren Jahren angesammelt hatte: ein grün-blaues Segelboot mit gebrochenem Mast, weitere Kähne, verrostete Fahrräder, drei Motorräder und Dutzende von Skiern. Auch das Flakgeschütz, das im Zweiten Weltkrieg auf der Staumauer stand. Makaber der Fund einer in den Torfschichten konservierten Leiche, die zwei, vielleicht aber auch zwanzig Jahre im See gelegen haben mochte.

Die Wanderer auf dem Seegrund versuchten, soviel wie möglich wiederzuentdecken. Kenner der damals überfluteten Gegend konnten den um sie Versammelten exakte Angaben machen: hier zum Beispiel verlief die alte Poststraße von Aha nach Schluchsee – zur Erinnerung an „damals" wurde sie mit einer 120 Jahre alten Postkutsche der „Großherzoglichen Badischen Post" befahren; auf dem Kutschbock mit Posthorn: der ehemalige Postkutscher, er war inzwischen 86 Jahre alt.

Die „gute alte Zeit" war mit dem Verschwinden des Wassers jedoch keinesfalls zurückgekehrt, die Landschaft hatte nichts von einer Idylle. Felsbrocken und Baumstümpfe prägten das Bild. Überraschend, daß die Bächlein ihre früheren Läufe wiedergefunden hatten, gehorsam wie einst schlängelte sich eines unter der ehemaligen Brükke hindurch. Für den Fischbestand des Schluchsees endete das „Jahrhundertereignis" mit einer Katastrophe. Zwei Millionen Fische wurden vor dem Ablassen im See geschätzt. Besorgt fragte eine Zeitung: „Wohin mit über einer Million Fischen?" Dreiviertel des Bestandes sollten abgefischt werden. Hotels und Gasthäuser begannen schon, ihre Speisekarten umzuschreiben: Barsch statt Rehrücken, Zanderfilet statt Hasenkeule – doch die mit Computerechografie georteten zwei Millionen gingen bei den großangelegten Fischzügen nur zögernd in die Netze. Zudem bestanden 99 Prozent der Fänge aus vom Hechtbandwurm befallenen Schluchseefelchen, die statt in den Pfannen der Restaurants in Futterfabriken landeten, im wahrsten Sinne des Wortes war das Abfischen „für die Katz" gewesen.

Den Netzen entgingen die meisten Fische zwar, jedoch nicht ihrem Schicksal. Am 27. September schrieb die BADISCHE ZEITUNG: „Schluchsee wurde zu einer Todesfalle für die Fische". Als habe sich das ehemalige Moor für seinen Tod rächen wollen, hatte es Sumpfgas freigesetzt, das den für die Tiere notwendigen Sauerstoff vernichtete. Da nützten die eingesetzten schwimmenden Belüftungsaggregate nichts mehr – im Gegenteil, sie wirbelten moorige Schwebstoffe auf, welche die Kiemen der Fische verstopften, Tausende verendeten.

Der Grund für das Aufstauen dieses natürlichen Sees und sein Trockenlegen ist die Energiegewinnung. Das 1928 gegründete Schluchseewerk baute die Wasserkräfte des Schluchseegebietes und der benachbarten Täler aus und nutzte dafür die Fallhöhe zwischen Schluchsee und Rhein, die 620 Meter beträgt.

Um solche technischen Kunststücke vollbringen zu können, waren der Bau eines Staudammes und das Stauen des Ursees erforderlich gewesen. Um den Damm ging es beim Rückfahren des Sees; die Staumauer, die See und Schwarzatal voneinander trennt, hatte in den mehr als 50 Jahren ihres Bestehens Schäden davongetragen, die behoben werden mußten.

Mit dem ersten Schmelzwasser im Jahre 1984 wurde der See erneut aufgestaut, und im Frühsommer hatte der Schluchsee schon wieder sein bekanntes Aussehen. Die Welt der Fische war einige Monate später auch wieder in Ordnung.

Die Brigach und die Breg

In der Schule lernen die Kinder:

> „Brigach und Breg
> bringen die Donau zuweg".

Donaueschingen mit der Stadtpfarrkirche St. Johann

Daß sich die 2888 Kilometer lange Donau aus vielen Flüssen speist, zweifelt niemand an, doch wo ist ihr wirklicher Ursprung? Darüber schwelt seit langem ein Streit zwischen Donaueschingen und Furtwangen. Jede der beiden Städte nimmt für sich in Anspruch, die Quelle der Donau zu besitzen.

Neues Donauwasser auf die Mühlen erhielten die – für Unbeteiligte unbegreiflichen – Querelen, als das Innenministerium in Stuttgart verfügte, daß auf der Übersichtskarte Baden-Württembergs und der Ferienreisekarte des Landes der Vermerk „Donauquelle“ bei Furtwangen zu entfernen sei. Wer ist im Recht?

Dem Besucher im Park des Fürstenbergischen Schlosses wird die standesgemäße fürstliche Fassung der „Schieni Thanau quel (1665)“ als die wirkliche Donauquelle gezeigt. Einer dort angebrachten Hinweistafel zufolge sollen das schon die Römer gewußt und einige Kaiser diese Sehenswürdigkeit besucht haben. Und die andere Seite?

Die Furtwangener besitzen ein einmaliges Uhrenmuseum, eine Attraktion ersten Ranges, und sie könnten überlegen lächelnd ihren nur 30 Straßenkilometern entfernt wohnenden Rivalen die Donauquelle zugestehen. Doch das tun sie nicht, denn: Schließlich bringen zwei Flüsse die Donau zustande, und die nahe der Martinskapelle aus dem Felsen sprudelnde Breg ist bis zur Vereinigung mit der Brigach nun einmal 5,9 Kilometer länger als diese und damit die am weitesten entfernt liegende Quelle.

Außerdem hat das gleiche Innenministerium, das den Hinweis in den Kartenwerken untersagte,

1970 schon das bei Furtwangen hervorquellende Wasser amtlich als „Hauptquellfluß der Donau“ bezeichnet. Und überhaupt: auch der von Kaiser Joseph I. beauftragte General Graf Marsiglio hat die Breg als den Ursprung der Donau festgelegt. Und wenn das immer noch nicht überzeugt, holen die Furtwangener das Universallexikon von Baden aus dem Jahre 1844 hervor, in dem es heißt: „Die Donau entspringt an der Martinskapelle und heißt am Anfang Brege.“

Daß die Furtwangener nicht zimperlich in dieser Angelegenheit sind, zeigt die Tatsache, daß sie ihre Rivalen als „Eschinger“ bezeichnen und die Vorsilbe „Donau“ unterschlagen.

Streitereien werden gewöhnlich vor Gericht entschieden. So fanden sich auch 1984 beide Parteien vor dem Stockacher Narrengericht ein. Dort fiel die weise Entscheidung, der Streit sei viel zu schön, als daß er durch ein Urteil für alle Zeiten beendet werde.

Schließlich setzte der „Verein für Geschichte und Naturgeschichte der Bahn“ der Auseinandersetzung die Krone auf, indem er kurz und bündig feststellte: „Es gibt im geographisch-nomenklatorischen Sinne überhaupt keine Donauquelle.“

Oder sollten jene Siebenmalgescheiten recht haben, die behaupten, der ganze Quellen-Quatsch sei überflüssig, weil die Donau ohnehin nur wenige Kilometer lang sei? Tatsächlich versickert das aus Brigach und Breg entstandene Flüßchen zwischen Immendingen und Möhringen im Kalkgestein. Zwar kommt das gleiche Wasser 60 Stunden später in der 12 Kilometer entfernten Aachquelle wieder zum Vorschein, doch darf es dann noch „Donau“ heißen?

Allerdings müssen die Furtwangener eines anerkennen: im fürstlichen Schloßpark ist die Quelle mit einer standesgemäßen Fassung ausgestattet worden, wie sie einem so majestätischen Flusse geziemt.

Für den Kunstinteressierten ist der Name Donaueschingen mit den jährlichen Musiktagen und der umfangreichen fürstlichen Bibliothek verknüpft. Der kostbare Bücherbestand enthält zahlreiche weltberühmte Werke, unter anderem auch die für den Schwarzwald so bedeutende Zimmerische Chronik. In dieser Bibliothek arbeiteten sowohl Victor von Scheffel als auch Heinrich Hansjakob; der Dichter des „Trompeters von Säckingen“ fand in den Büchern des Fürstenhauses viele Anregungen für seine späteren Werke, und der Haslacher sammelte hier an der „Quelle“ das erste Material für seine historischen Schriften.

Villingen

Das Haus Fürstenberg stand einmal in enger Beziehung zur nahen Stadt Villingen, denn Heinrich von Fürstenberg erhielt für seine Verdienste von König Rudolf von Habsburg die erblichen Reichslehen Villingen und Haslach, die seine Erben jedoch schon 1326 wieder an Habsburg verloren.

Villingen ist auch heute noch ein Musterbeispiel für eine einheitliche, geschlossene Anlage mit Stadtmauer und Toren. Das breite Straßenkreuz mit den einst vier Stadttoren, von denen Ober-, Bicken- und Riettor noch erhalten sind, vermitteln eine gute Vorstellung von den Städten, wie sie die Zähringer Herzöge Berthold III. und sein Bruder und Nachfolger Konrad gründeten.

Die „Zähringerstädte“, dazu zählen außer Villingen auch Freiburg, Offenburg, Fribourg, Bern und Solothurn, wurden nach einem strengen Plan angelegt. Die schon seit 999 mit Markt-, Münz- und Zollrecht ausgestattete Siedlung Villingen verdankt ihre eigentliche Stadtgründung im Jahre 1120 Herzog Konrad; ungefähr 100 Jahre später – 1218 – wurde Villingen Reichsstadt.

Zahlreich sind hier die historischen Gebäude, beeindruckend ihr Alter. Das Obertor stammt aus dem 13. Jahrhundert, der Kaiserturm von 1372; das Rathaus entstand 1534, ein Jahr später als das Bickentor. Beim großen Stadtbrand, 1271, wurde das Liebfrauenmünster zerstört, sein Neubau wurde sofort begonnen, doch erst im 16. Jahrhundert vollendet.

Von der Ausstattung sind die Steinkanzel, an der Anton Joseph Schupp von 1500 bis 1510 arbeitete, und das „Nägelinkreuz“ aus der zweiten Hälfte des 14. Jahrhunderts besonders hervorzuheben. Beachtlich ist auch die Zahl alter Klöster, das Franziskanerkloster wurde bereits 1268 gegründet.

Wie Zell am Harmersbach, Emmendingen, Hornberg und Schramberg, so besaß auch Villingen schon früh eine Keramikmanufaktur. Die industrielle Bedeutung der Stadt ist seit dem Zusammenschluß mit Schwenningen außerordentlich gestiegen.

Nicht unerwähnt darf die Villinger Fasnacht bleiben, denn Stachi und Morbili sowie der einzigartige Wuescht sind nur in der Stadt an der Brigach daheim.

Schwarzwalduhren: von Triberg bis Furtwangen

In Afrika läßt er seinen durch Luftströme aus Blasebälgen erzeugten Ruf genauso wie in Neuseeland und den USA ertönen, der inzwischen bekannteste Vogel aus dem Schwarzwald, der Kuckuck. Der ehemalige chinesische Ministerpräsident Hua Guofeng nahm eine Kuckucksuhr als Staatsgeschenk mit ins Reich der Mitte, und unzählige amerikanische Touristen haben aus den mit „Coockoock“ oder „Clocks“ werbenden Geschäften den typischen Schwarzwälder Exportartikel über den großen Teich geschafft.

Franz Anton Ketterer aus Schönwald bei Triberg hat diese erfolgreiche Entwicklung wohl kaum geahnt, als er um 1730 die ersten Uhren dieser Art konstruierte. Eins dieser frühen Exemplare Ketterers ist im Furtwanger Uhrenmuseum, ein anderes von 1780 im Triberger Heimatmuseum zu bewundern.

Daß ausgerechnet der seines asozialen Verhaltens wegen geschmähte Kuckuck erwählt wurde, den Schwarzwald in der Welt zu repräsentieren, verdankt er hauptsächlich seinem zwei Töne umfassenden Ruf. Auch Leopold Mozart und Joseph Haydn fanden die kleine Terz des Kuckucksrufes wert, in ihre Kinder-Symphonien aufgenommen zu werden.

Versuche, den Vogel durch andere Tiere zu ersetzen, haben sich nicht durchgesetzt, und auch die Kuckucksuhr mit Echo von 1884 von Karl Krausmann in Furtwangen hat keine Nachfolger gefunden.

Die kunstvollen aus Holz geschnitzten Gehäuse, von denen in manchen Gasthöfen noch wahre Prachtexemplare zu bewundern sind, wurden im Zuge der Massenherstellung oft durch Plastikhäuschen ersetzt, und ein nicht unerheblicher Teil dieser „Schwarzwald“-Uhren wird heute in Asien hergestellt.

Trotzdem werden von den jährlich in Deutschland produzierten 300 000 Stück noch immerhin rund 250 000 exportiert. Die meisten Käufer, besonders ausländische, entschließen sich spontan zum Erwerb. Die Konkurrenz der Anbieter ist groß, so daß die Kunden sehr umworben werden. Besonders in den Tälern, in denen die Uhrenindustrie schon einige Jahrhunderte heimisch ist, reihen sich die Läden mit überlebensgroßen Trachtenträgern und natürlich Hunderten von Kuckucksuhren. In einem Schwarzwaldtal bezeichnet sich ein Geschäft sogar als das „Haus der 1000 Uhren“.

Die größte Kuckucksuhr der Welt gibt es gleich dreimal: in Wiesbaden, in Triberg und in einem speziellen Häuschen in Schonach. Sechs Meter mißt die Uhr in der hessischen Landeshauptstadt, deren riesige Zeiger sich vor einem Schaufenster mit Kuckucksuhren drehen; in Triberg nimmt der Konkurrent eine ganze Hausfassade ein, und das von Josef Bold in zweijähriger Arbeit errichtete Prachtexemplar in Schonach kann sogar in seinem Inneren betreten und bewundert werden.

Uhrenfabrikation im Schwarzwald um 1825

Ungefähr um 1640 wurden auf den Bauernhöfen im Raume Furtwangen, Triberg, St. Georgen die ersten Uhren hergestellt. Die kärglichen Erträge der Landwirtschaft reichten in den meisten Fällen für die Bauernfamilien nicht aus, so daß sie nach zusätzlichen Erwerbsquellen ausschauten. Es wird angenommen, daß eine Holzuhr aus Böhmen den Brüdern Kreuz im Knobelswald als Vorlage diente; die beiden sollen als erste im Schwarzwald Uhren gebaut haben. Die Berge und Wälder ihrer Heimat verfügten reichlich über das benötigte Material: Holz und Steine; Holz, um Gehäuse und Räderwerk, Steine, um den Antrieb herzustellen. Herbst- und Winterabende, die in den Schwarzwaldtälern länger als anderswo ausfallen, boten genügend Zeit zum Tüfteln und präzisen Arbeiten.

Die ersten Schwarzwalduhren bestanden tatsächlich nur aus Holz. Mit welch primitiven Mitteln brauchbare Zeitmesser hergestellt wurden, beweist eine Uhr von 1640 in Triberg, die mit einem Brotmesser geschnitzt wurde, nur drei Holzräder besitzt und ihren Antrieb durch einen Feldstein erhält. Diese frühen Uhren hatten nur einen Zeiger für die Stunden, erst gegen 1750 kam der Minutenzeiger auf.

Uhrenhändler. Von C. Liebich

Ab dieser Zeit gab es auch häufig ein zweites Zifferblatt für die Viertelstunden. Der Gang des Werkes wurde duch die hölzerne „Waag“ reguliert. Die ersten Waaguhren mußten zweimal täglich aufgezogen werden, eine besonders auf einsamen Bauernhöfen wichtige Tätigkeit, die nicht vergessen werden durfte. Daß sich aus diesem Grunde der Wunsch nach dem Perpetuum mobile einstellte, verwundert nicht, seiner Verwirklichung kam man jedoch erst gegen Ende des 19. Jahrhunderts mit der ersten in Triberg gebauten „400-Tage-Uhr“ näher.

Wenn von bekannten Uhrmachern die Rede ist, muß Jakob (Jockele) Herbstrieth aus Hinterzarten genannt werden. Dieser erfolgreiche Uhren-„Bauer“ konstruierte besonders kleine Exemplare mit Porzellanschildern, die „Jockele-Uhren“.

1740 baute Christian Wehrle in Simonswald die erste Schwarzwälder Pendeluhr. Das „Kuhschwanzpendel“, treffende Bezeichnung aus der Welt der Bauern, ist oberhalb des Zifferblattes befestigt, es übernahm die Funktion der Waag.

Eine Sonderstellung nehmen die Uhren mit Spiel- und Musikwerken ein. Das alte Schwarzwälder Saiteninstrument „Hackbrett“, das mit Klöppeln „gehackt“ wurde, baute Lorenz Frey aus St. Märgen, der „Hackbretter-Lenz“, in seine „Hackbrettuhren“ ein.

Groß ist die Zahl der Spieluhren mit Glocken, Saiten und Flöten. Sogar das „königliche Instrument“, die Harfe, wurde in Uhren eingebaut. Zwei, sechs, acht verschiedene Melodien spielen diese musikalischen Zeitmesser, die häufig auch noch über bewegliche Figuren verfügen, die zur Musik tanzen. Diese Figuren- oder „Männis-“ Uhren hatten zwischen 1750 und 1850 ihre Glanzzeit. Sie konnten bei jedem Pendelschlag Bewegungen ausführen; es gab hämmernde, sägende oder andere Arbeiten ausführende Figuren. Dem Witz jener Zeit waren keine Grenzen gesetzt: neben augenrollenden Türken entstanden Serien von „Knödelesser-Uhren“, bei denen der Knödelesser im Takt des Pendels den Knödel in den Mund schiebt. Der nähende Schneider, dem seine Frau zur vollen Stunde den Schuh auf den Kopf schlägt, sei ebenfalls als Beispiel sprühender Phantasie eines Uhrmachers erwähnt. Pfeifenuhren mit mehreren Registern können vielleicht als Vorgänger der Kuckucksuhr gelten.

Eng verbunden mit der Geschichte der

Die Wutachschlucht

Schwarzwälder Uhren ist die Entwicklung der Uhrengewichte und Uhrenschilder. Die rohen Feldsteine der ersten Exemplare wurden bald durch Glas-, Blei- und Eisengewichte abgelöst, schließlich wurden sie gegossen. Heute werden fast ausschließlich die den Zapfen der heimischen Fichte nachgebildeten Formen angeboten. Verschiedene Spielarten alter Gewichte wie hängende Figuren, ja sogar eine Kanonenkugel, sind in den Uhrenmuseen in Furtwangen und Triberg zu bestaunen.

Noch vielseitiger als die Formen der Gewichte ist die Gestaltung der Zifferblätter. Sowohl Bauern als auch ausgebildete Künstler beschäftigten sich mit dem Bemalen der Uhrenschilder. Um 1740, als die Serienfertigung an die Stelle der Einzelherstellung trat, fanden Abzüge von Kupferstichen als Uhrenschilder Verwendung, sie wurden von Hand koloriert.

Ungefähr um 1775 tauchte das Lackschild auf, Mitte des 19. Jahrhunderts das Emailschild, ihnen folgten zu einem späteren Zeitpunkt Zifferblätter aus Karton.

Dafür, daß die Zeitmesser auch ihre Käufer fanden, sorgten die Uhrenträger, vom Uhrenländle aus wanderten sie in die Welt hinaus, die Uhren in einer sogenannten Krätze auf dem Rücken; sie sollen bis Rußland, England und sogar bis nach Amerika gelangt sein.

Die Kuckucksuhr ist die letzte kreative Schöpfung der alten Uhrmachergeneration gewesen. Aus den zunächst primitiven Anfängen Schwarzwälder Tüftler entwickelte sich eine blühende Industrie.

Die Wutachschlucht

Es kann angenommen werden, daß der Vogel, mit dessen Stimme die Schwarzwälder ihre Kuckucksuhren ausstatteten, in den ausgedehnten Mischwaldgebieten früherer Zeiten häufiger als heute zu hören gewesen ist. Mit der Zeit traten oft Monokulturen an die Stelle der mehrartigen Wälder, ihr Bestand schmolz zusammen. Erführen Tiere und Landschaft inzwischen keinen systematischen Schutz, wäre schon vieles nicht mehr vorhanden, was die heutigen Menschen erfreut.

Der Titisee

Doch selbst Bewunderer – treten sie in allzu großer Menge auf – zerstören gelegentlich durch ihren gewaltigen Andrang die Objekte ihrer Freude. Darf unter solchen Umständen noch auf seltene Kostbarkeiten in der Natur hingewiesen werden?

In der Annahme, daß es sich bei den Lesern dieses Buches um verantwortungsvolle Naturfreunde handelt, sei es gewagt, auf eines der grandiosesten und reich mit botanischen und zoologischen Raritäten ausgestattetes Gebiet aufmerksam zu machen, denn diese Darstellung des Gebirges im Südwesten Deutschlands wäre unvollständig, bliebe die Wutachschlucht unerwähnt.

Das ungefähr 150 Meter tiefe Tal ist an Wildheit und Romantik unübertroffen, und man fragt sich, ob das Bizarre oder das Schöne dominiert. Mäanderförmig schlängelt sich der Fluß mit den verschiedenen Bezeichnungen zwischen Felsen und Wäldern dahin. Sein Ursprung ist das Feldseekar, in dem sich die Rinnsale sammeln, die als Seebach in den Titisee fließen. Als Gutach verläßt das Flüßchen den See, nimmt weitere Bäche auf und eilt als Wutach zur Vereinigung mit der aus dem Schluchsee kommenden Schwarza weiter, beide münden gemeinsam bei Waldshut in den Rhein.

Die brausenden und gurgelnden Wasser der Wutach haben sich tief in die weiche Muschelkalkschicht eingeschnitten, so daß eine Schlucht urtümlicher Wildheit entstanden ist, die man von der Lotenbrücke (zwischen Gündelwangen und Bonndorf) aus durchwandern kann (s. Wanderrouten S. 195). Enge Partien steiler Felswände wechseln mit breiten Talauen, dann wieder setzen überhängende Felsformationen die Besucher in Erstaunen. Besonders in dem „Wutachflühen" benannten Abschnitt dominieren Steilwände und Gesteinstürme.

In der Waldlandschaft breitet sich eine reiche Vegetation aus, die vom Baumbestand bis hin zu alpinen Pflanzen reicht, aber auch wärmeliebende Gewächse südeuropäischer oder subtropischer Herkunft bereichern sie.

Die dunklen Nadelhölzer haben dem Schwarzwald seinen Namen gegeben. Im Norden der Region dehnen sich die größten zusammenhängenden Waldgebiete aus, nur vereinzelt unterbrochen von kalten Bergseen und Hochmooren. Die geheimnisvolle und undurchdringliche Dichte der Bäume war gerade in früheren Tagen, als weite Teile noch nicht erschlossen waren, der Nährboden für viele Sagen und Geschichten.

Nicht die Natur selbst schuf den Schwarzwald in seiner heutigen Form, sondern das Eingreifen des Menschen, der vor 1000 Jahren begann, das abweisende Waldgebirge zu besiedeln. Riesige Flächen wurden im Laufe der Zeit gerodet, um sie für Weide- und Landwirtschaft oder für Gewerbe wie Glashütten und Köhlereien nutzbar zu machen. Vorherrschend war und ist die Gründlandnutzung mit Weidegang, die der Landschaft ihr typisches Aussehen gibt: saftige Wiesen und Weiden in den feuchten Talgründen und auf ehemaligen Ackerterrassen kontrastieren mit dem Dunkel der Waldregion.

Das Schwarzwaldhaus geht auf das frühe Mittelalter zurück. Verwachsen mit der Natur und harmonisch in sie eingebettet, beherbergt es Mensch und Tier, vereint Wohnräume, Vorratsspeicher und Stallungen unter einem Dach. Je nach Verbreitungsgebiet unterscheidet man die „Heidenhäuser" im mittleren und südlichen Schwarzwald vom „Hotzenhaus" im Südosten, dem Schauinslandhaus, dem Zartener Haus, dem im mittleren und nördlichen Schwarzwald verbreiteten Kinzigtälerhaus und dem Gutachhaus.

Rechts: Paradiesisch liegt der Schwarzwaldhof inmitten der Löwenzahnwiese. Gleich hinter dem Haus beginnt der Wald. Das farbige Zusammenspiel der Natur prägt die Region im Frühjahr. Ein Sonnentag in dieser lichterfüllten Landschaft vertreibt alle trüben Stimmungen.

Wind und Wetter, harte Arbeit und die Mühsal vieler Jahre haben sich tief in die Gesichter der Schwarzwaldbewohner gegraben. In einer Landschaft, wo steile Hänge das Einsetzen großer Maschinen kaum zulassen, ist schwere körperliche Arbeit notwendig. Viele Bauern passen sich dem wachsenden Tourismus an und vermieten ihr Haus an Urlauber, die ihre Ferien auf einem Bauernhof verbringen wollen.

Zwischen Himmel und Erde verweilt der Blick in diffusem Licht. Schwer lasten die Nebelmassen auf den Wipfeln der Bäume und warten auf den Beginn des Tages und auf die Sonne, die der gespenstischen Szenerie ein Ende bereitet. Im Herbst und Winter liegt in den Tälern oft tagelang dichter Nebel, während sich von den sonnenbeschienenen Gipfeln ein herrlicher Blick bietet: ein Nebelmeer, aus dem die benachbarten Bergkuppen wie Inseln herausragen.

Während es bei Schnee und Eis auf den Gipfeln des Hochschwarzwaldes noch recht winterlich zugeht, ist andernorts schon der Frühling eingekehrt. In der klimabegünstigten Rheinebene breiten sich ausgedehnte Wein- und Obstanbaugebiete aus. Die milden Temperaturen locken die Schäfer von der rauhen Alb hierher.

Das alljährliche närrische Treiben ist im alemannischen Kulturraum von ganz anderer Art als der Karneval am Rhein oder der Münchner Fasching. Statt ausgelassener Fröhlichkeit bei großartigen Umzügen und Prunksitzungen beherrschen Ernst und Traditionsbewußtsein das Bild der fünften Jahreszeit. Ihren ersten Höhepunkt erreicht die alemannische Fasnet am „schmotzigen Dunschtig"; bis zum Dienstag, an dem unter Heulen und Gebrüll die Fasnacht verbrannt und vergraben wird, sind in allen Dörfern die Narren los. Jeder Schwarzwaldort hat eigene Traditionen, und so sind auch die Masken und Figuren von Dorf zu Dorf verschieden. Hexen, Tierlarven und Teufel gehören fast überall zu den gängigen Gestalten, mal freundlich blickend, mal grimmig und furchterregend.

Oben: Mummenschanz auf alemannisch wird in Elzach, einer Fasnachtshochburg im mittleren Schwarzwald, zu einem unvergeßlichen Erlebnis. Pünktlich um 15 Uhr am Fasnetssonntag beginnt der große Umzug. Angeführt vom Teufelsschuttig wogt ein Meer von mehreren Hundert rot- und graugewandeten Schuttig heran. Mit gewaltigen Sprüngen tobt die wildgewordene Menge durch die Straßen. Die für Elzach so typischen Figuren springen exakt nach der Melodie der Stadtmusik und schlagen ihre „Saublodere" auf den Boden oder die Köpfe der Zuschauer. Fünf Stunden später ziehen die Schuttig im großen Fackelzug vom Ladhof in die Stadt (linke Seite). Der dumpfe Lärm der Saublodere und die Masken der Fackelträger lassen in der Dunkelheit auch den Mutigsten erschaudern.

Links: In den Elzacher Schnitzwerkstätten wird unermüdlich gearbeitet. Die charakteristischen Korkenziehernasen lassen die verschiedensten Stimmungen auf den hölzernen Mienen erkennen.

Schlag 8 Uhr am Fasnetsmontag drängeln weit über 2000 farbenprächtige Narrenfiguren durch das Schwarze Tor von Rottweil und nehmen die alte Reichsstadt in ihren Besitz. Der Rottweiler Narrensprung ist einer der schönsten Umzüge der schwäbisch-alemannischen Fasnacht. Ein vor Jahren eingerichteter Narrenkleiderrat versucht die verschiedenen Typen wie z. B. Hansele oder Schantle in ihrer Urform zu erhalten. Wer nicht stilecht gekleidet ist, erhält weder die Plakette „Original Rottweiler Narrenkleid“ noch den „Narrenpaß“ und ist damit vom Narrensprung ausgeschlossen.

Wer die Vielfalt der Kostüme nicht vor Ort bewundern kann, mag als Trost die alemannische Fasnet im Museum genießen. Es gibt einige „Narrenschauen", wo der Teufel aus Offenburg, der schreckliche Hotz aus dem Hotzenwald oder der Elzacher Schuttig einträchtig nebeneinander stehen. Ein Museum ganz besonderer Art ist das in Bonndorf. Masken und Figuren werden dort nicht in Originalgröße, sondern en miniature ausgestellt. Mehr als 230 Gestalten wurden in Puppengröße, zwischen 30 cm und 50 cm, nachgebaut und sind nun in dem historischen Gemäuer des ehemaligen Schlosses zu besichtigen. Oben: Unsere „närrischen" Vorfahren verkleideten sich mit Tierfellen, Laub, Moos, Rinde, Stroh und Stoffresten (Fleckle, Bätzle). Die zunächst nur in Stroh gehüllten „Strohglonki" ergänzten mit der Zeit ihr Häs um Masken von Schreck- und Tiergestalten.

Mit einer Grundfläche von fast 400 000 Hektar ist der Schwarzwald Deutschlands größtes Waldgebiet. In Nord-Süd-Richtung erstreckt er sich zwischen Karlsruhe und Lörrach, im Westen bildet Lahr die Grenze, im Osten Villingen. Trotz seines idyllischen Anblicks wie hier bei Grafenhausen und im Ibachtal gibt es Grund zur Besorgnis. Das beliebte südwestdeutsche Mittelgebirge ist in hohem Maße vom Waldsterben bedroht. Und nicht nur das: die Pflanzung zu vieler Tannen bewirkt Störungen des ökologischen Gleichgewichts und sogar negative Folgen für das regionale Klima. Die Bäume sind krank und trotzdem breitet sich der Wald immer mehr aus. Die erweiterte Waldfläche geht auf die Aufforstung durch die Bergbauern zurück. Da sich für viele die Bebauung der Äcker aufgrund der Verwerfungen des EG-Agrarmarktes nicht mehr auszahlt, gehen sie dazu über, die Wiesen zu Schonungen aufzuforsten, zumal das Einsetzen junger Bäume mit Prämien belohnt wird. Gepflanzt wird auf brachliegenden Flächen in den unteren und mittleren Lagen der Täler. Der Wald wächst so zunehmend in Feld und Flur, wo früher Freiflächen vorherrschten.

Ist es nicht verständlich, daß solch urtümliche und ungezähmte Natur die Einbildungskraft der Menschen anregte? Es gibt unzählige Geschichten von den kleinen nixenhaften Wesen im Mummelsee oder von Waldgeistern, Erdmännlein und Schatzkobolden, die im Wald ihr Unwesen treiben.

Die Wunden, die der Natur weltweit geschlagen werden, sind auch im Schwarzwald schmerzliche Realität. Als hätte der saure Regen dem Baumbestand noch nicht genug zugesetzt, tobten im Frühjahr 1990 vier Orkane über unsere Breiten hinweg und richteten verheerende Schäden an. Unzählige Bäume wurden entwurzelt, so daß riesige Kahlflächen entstanden. Die zusammengetragenen Sturmholzstämme wurden mit Wasser besprüht, um sie vor Schädlingsbefall zu schützen.

Oben: An den östlichen Schwarzwaldausläufern liegt Donaueschingen. Die Geschichte der Stadt ist untrennbar mit dem Haus Fürstenberg verbunden. Inmitten des herrschaftlichen Schloßgartens – heute ein öffentlicher Park – wird dem Besucher ein imposanter Steinbrunnen, von einem schönen Metallfiligrangeländer umgeben, als Donauquelle offeriert. Eine Kuriosität, denn beide Schwarzwaldbäche, Brigach und Breg, werden als Quellflüsse bezeichnet; ist nun Donaueschingen oder Furtwangen die „echte" Donauquelle?
Links: Wenige Kilometer nördlich von Donaueschingen entspringt in einem Hochmoor der Neckar. Erst unscheinbares Rinnsal, gräbt er sich schon bald tief in die umliegenden Berge ein, wird durch das Wasser mehrerer Flüsse gespeist und entwickelt sich schließlich zu einer der wichtigsten Wasseradern Baden-Württembergs.

Ein ständiges Fließen – oft romantisch in seiner landschaftsprägenden Kraft und immer Lebenselixier für Mensch und Natur. Das Wasser spielt im Schwarzwald eine elementare Rolle. Es charakterisiert Jahreszeiten und beeinflußt Klima und Vegetation. Es füllt Bäche, Flüsse und Seen. Die meisten der touristischen Attraktionen im Schwarzwald sind vom Wasser geprägt: der sagenumwobende Mummelsee, die Bade- und Wassersportparadiese Schluchsee und Titisee, die mächtige Schlucht der Wutach, die Triberger Wasserfälle, wo die Gutach 162 Meter in die Tiefe stürzt. Und nicht zu vergessen die zahlreichen Kurorte. Was wären Baden-Baden, Badenweiler, Bad Bellingen, Bad Herrenalb, Bad Liebenzell oder Bad Wildbad ohne die Heilkraft des Wassers! Auch ist das Schwarzwaldwasser Bestandteil kulinarischer Köstlichkeiten: berühmte einheimische Biersorten etwa verdanken ihm seinen Geschmack.

Zwischen Hornberg und Hausach befindet sich in der Nähe von Gutach das Freilichtmuseum „Vogtsbauernhof", ein Anziehungspunkt für tausende von Besuchern. Der Hof des Vogtsbauern, also des Bürgermeisters, steht seit über 400 Jahren unverändert an dieser Stelle. Auch seine Originaleinrichtung blieb erhalten. Neben diesem typischen Gutachhaus sind verschiedene Haus- und Hoftypen aus dem südlichen Schwarzwald mitsamt ihren alten Einrichtungen originalgetreu wiederaufgebaut worden. Der Museumskomplex enthält ein Schauinslandhaus aus der Gegend um Freiburg, ein Hotzenhaus aus dem Hotzenwald, ein Hochschwarzwaldhaus und einen Heidenhof aus dem 16. und 17. Jahrhundert. Dazu gehören eine alte Sägemühle, ein Kohlenmeiler und eine Hammerschmiede. In einem der Häuser wurde ein Waldmuseum eingerichtet mit Darstellungen der Waldgeschichte, einer Übersicht der Holzarten, der Holzverwertung und des Transports. Schautafeln, alte Stiche und Originalwerkzeuge dokumentieren die Arbeitsweise der Holzfäller.

Neben Flößerei und Glasbläserei war das holzverarbeitende Handwerk im Schwarzwald weit verbreitet. So mancher Bauer hatte in einer Kammer eine Schnitzbank, auf der an langen Winterabenden hölzerne Gebrauchsgegenstände hergestellt wurden. In der Gegend um Bernau übte man diese Arbeit schon im 19. Jahrhundert gewerbsmäßig aus. Während die Küfer oder Faßbinder Eimer, Waschzuber, Butter- und Weinfässer anfertigten (rechts), arbeiteten die Schnefler an kleineren Holzwaren wie Löffeln, Schüsseln, Körben, Schachteln (rechte Seite unten), Spielzeug und Schindeln (rechte Seite oben). Ansteigende Holzpreise und die Konkurrenz durch Emailwaren ließen die Nachfrage nach hölzernen Haushaltsgeräten drastisch sinken und trieben das Handwerk zu Beginn des 20. Jahrhunderts in eine Krise, von der es sich nicht mehr erholte.

Weltweit verkünden Schwarzwalduhren, was die Zeit geschlagen hat. Dabei haben die geschnitzten Kuckucksuhren die traditionellen Bauernuhren mit bemaltem Uhrenschild an Popularität übertroffen. Die Uhrenindustrie ist ein Gewerbezweig mit Tradition, ihre Wiege steht im mittleren Schwarzwald. Franz Anton Ketterer aus Schönwald bei Triberg hat um 1730 die erste Kuckucksuhr konstruiert. Ein Besuch im Furtwanger Uhrenmuseum, wo Ketterers „Prototyp" zu sehen ist, und im Triberger Heimatmuseum zeigt sehr eindrucksvoll die Entwicklung der Schwarzwalduhr durch die Jahrhunderte – vom handgefertigten Einzelartikel zur industriellen Massenwaren. Ein Schicksal, das auch anderen Handwerken widerfuhr.

Was wäre die alemannische Fasnet ohne die Hunderte von Masken, Larven und Schemen! Ob Bär oder Butz, Hex oder Hansele, alle werden sie in liebevoller Handarbeit vom Maskenschnitzer angefertigt. Wahre Kunstwerke mit individuellen Charakterzügen entstehen unter den Händen des Elzacher Meisters wie etwa diese aus weichem Buchenholz geschnitzte Geiß.

Sobald die Zeit der Weinlese gekommen ist, verfärbt sich das Laub. Wer hier mit offenen Augen wandert, merkt schnell, daß der Schwarzwald seinen Namen in manchen Gegenden zu Unrecht trägt.
Wenn die Morgensonne durch die Zweige bricht, haftet auch den mächtigen Tannen und Fichten nichts Düsteres mehr an. Das Licht zaubert helle Flecken auf die braunen Stämme der Bäume, läßt die Beeren rot erglühen und die Farne und Moose in sattem Grün aufleuchten.

Lange ist es her, seit das Beten von Mönchen und Glockengeläut in dem stillen Tal zwischen Freiamt und Sexau zu hören waren. Von der einst mächtigen und reichen Abtei Tennenbach steht heute nur noch die Kapelle. Wie viele andere Klöster auch wurde Tennenbach im 16. Jahrhundert Opfer plündernder und brandschatzender Bauernscharen. Durch sinnlose Zerstörungen rächte sich das Landvolk an weltlichen und klerikalen Territorialherren, die die Bauern durch unmenschliche Steuern und Fronlasten ausgebeutet hatten. Als gut gerüstete Söldnertruppen schließlich den Bauernaufstand niederschlugen, war es für viele Burgen und Abteien zu spät.

Mutige Mönche legten bereits im 4. Jahrhundert die Saat, daß der christliche Glaube sich ausbreiten konnte. Dennoch vergingen viele Jahre, ehe sich die mächtigen Klöster bildeten, als geistliche Zentren und Vorposten weltlicher Macht. Eines davon ist St. Märgen, das in prachtvoller Panoramalage zwischen Turner und Kandel liegt. Der weithin sichtbare Doppelturm der Barockkirche wurde zum Wahrzeichen des gleichnamigen Ortes. Die 1725 geweihte Kirche brannte 1907, vom Blitz getroffen, fast vollständig ab. Viele Teile der wertvollen Ausstattung konnten zum Glück gerettet werden, darunter eine Lothringer Madonna von 1100. Noch im selben Jahr begann man, den einfachen Saalbau originalgetreu wiederzuerrichten.

Kultureller Mittelpunkt des Münstertales, das sich zwischen Rheinebene und Schwarzwald erstreckt, ist das Kloster St. Trudpert, das im 7. Jahrhundert von einem irischen Missionar gegründet wurde. Wie wir aus der „Vita St. Trudperti" erfahren, wurden ihm seine Mühen und sein Glaubenseifer schlecht gedankt. Dort, wo sich später die einflußreiche Benediktinerabtei erhob, hatten ihn seine Helfer erschlagen. Die heutige Barockkirche von 1772 mit ihrem Zwiebelturm geht auf den Vorarlberger Baumeister Peter Thumb zurück. Im Kircheninnern verdienen die Reliefgemälde, Fresken und barocken Stuckarbeiten besondere Beachtung.

Wie ein großer roter Ball versinkt die Abendsonne zwischen den Türmen von St. Peter. Von weit her kommen die Bauern jeden Sonntag zum Kirchgang in die berühmte Klosterkirche. Die ehemalige Benediktinerabtei wurde 1093 von den Zähringern gegründet und ist seit dieser Zeit Grablege für das schwäbisch-alemannische Grafengeschlecht. Dreimal mußte St. Peter nach gewaltigen Bränden wiederaufgebaut werden. Die 1724 bis 1727 von Peter Thumb geplante einschiffige Wandpfeilerkirche ist mit ihrer prächtigen Doppelturmfassade ein wahres Schmuckstück barocker Baukunst. Zahlreiche Kunstgegenstände schmükken Innenraum und Außenbau. Ein besonderes Augenmerk wird der Kunstfreund auf die an kostbaren alten Büchern überreiche Klosterbibliothek werfen.

Wer wie hier in Gütenbach in der Abgeschiedenheit des Waldes lebt, fernab von der nächsten menschlichen Behausung, braucht im wahrsten Sinne des Wortes ein Dach über dem Kopf. Je stärker das Haus eins wird mit der Erde, desto wirksamer ist es gegen die rauhe Witterung gefeit. Das tief heruntergezogene Dach ist vor allem in Höhen über 1000 Meter, wo der Winter lange nicht weichen will, ein idealer Schutz bei peitschendem Regen und hohem Schnee.

Abseits der stark befahrenen Durchgangsstraßen liegen im Schwarzwald große und kleine Höfe. Auf besonders schöne Häuser trifft der Reisende in der Gegend um Bernau und Schönau, im Gutachtal, im Elz- und Simonswäldertal. Gerade in großer Waldeinsamkeit war es wichtig, daß die Versorgung gesichert war. Selbständigkeit sicherte das Überleben. So war dann auch alles, was man für den täglichen Bedarf brauchte, auf engstem Raum vorhanden: Backhaus, Speicher, Mühle, Säge, Hanfreibe, Bienenhaus und manchmal sogar eine kleine Kapelle. Rechts: Eindachhof am Brend.

FDS
YC 24

Für die Menschen in der Landwirtschaft gibt es zur Säh- und Erntezeit keine Verschnaufpause. Im Gegensatz zu den fruchtbaren Vulkanböden des Kaiserstuhls ist die Schwarzwälder Erde arm an Nährstoffen und Mineralien. Anspruchslose Gewächse wie die Kartoffel gedeihen in den kargen Gegenden jedoch recht gut. Der Einsatz großer Landmaschinen ist nur in den Tälern möglich, an den Steilhängen muß der Boden mit Muskelkraft bestellt werden, hier wir in Handarbeit gesät, gejätet und geerntet.

Oberhalb der Höllentalschlucht erstreckt sich in 850 bis 1200 Metern Höhe auf einem weiten Plateau das Städtchen Hinterzarten. Als heilklimatischer Kurort und Wintersportplatz genießt es einen internationalen Ruf. Im Sommer ist Hinterzarten ideal als Ausgangspunkt für lange Wanderungen. Ein durch das Hochmoor führender Heimatlehrpfad vermittelt Kenntnisse über die Pflanzenwelt des Südschwarzwaldes. Der Ort bietet viele Möglichkeiten für Sportler und Naturfreunde, und auch der Kunstliebhaber kommt auf seine Kosten. Ein einstündiger Spaziergang nach Westen bringt den Besucher zum ältesten Bauwerk des Hochschwarzwaldes, der romanischen Sakristei der St.-Oswald-Kapelle.

Vor ungefähr 1000 Jahren drangen Mönche aus St. Blasien in die Wildnis jenes Tales vor. Ein Berno oder Bero soll hier eine Kirche gegründet und dem Landstrich seinen Namen gegeben haben. Ebenso sonderbar wie das Tal mit den sanften Kuppen der Moränenhügel ist die in ihm liegende Siedlung. Über eine Länge von zehn Kilometern erstreckt sich der Ort quer durch die ganze Talsohle. Anstelle des üblichen geschlossenen Dorfes liegen die Ortsteile, von denen jeder seinen eigenen Namen und seine Eigenart hat, wie kleine Weiler weit auseinandergezogen: Weierle, Bernau-Dorf, Riggenbach, Innerlehen, Kaisershaus, Altenrond, Unterlehen, Oberlehen, Außertal. Bernau war immer schon ein Zentrum der Dreher und Schnitzer. In die Geschichte oder besser in die Kunstgeschichte ging es ein durch seinen berühmtesten Sohn, den Maler Hans Thoma.

Kein Wunder, daß beim Anblick einer solch zauberhaften Landschaft, über der ein Hauch von Poesie liegt, so mancher Schöngeist ins Schwärmen geriet. Die Zahl der Dichter und Schriftsteller, die der Schwarzwald hervorgebracht hat, ist ansehnlich. Johann Peter Hebel (1760-1826) mit seinen „Alemannischen Gedichten" und Heinrich Hansjakob (1837-1916) sind zweifellos die bekanntesten Heimatdichter. Aus diesem Jahrhundert sei neben Hermann Hesse Marie Luise Kaschnitz genannt, die lange Jahre in Bollschweil im Hexental zu Hause war und ihre Wahlheimat in der „Beschreibung eines Dorfes" schilderte. Aber auch kitschige Schwarzwaldromantik in Versform hatte hier ihre Vertreter, denken wir einmal an den Pforzheimer Schmuckwarenfabrikanten Auerbach (1840-82), der sich in wahren Lobeshymnen über seine Heimat erging.

Messerscharf hebt sich die gezackte Kette der Berner Alpen vom roten Abendhimmel ab. Der Blick vom Belchengipfel aus 1414 Meter Höhe wandert über die Nebelbänke im Hochrheintal zu den Gebirgszügen des Hotzenwaldes. Nachdem Victor von Scheffel den Begriff „Hotzenwald" einführte, hat er sich für das einstige „Hauensteiner Land" durchgesetzt. Ihre Bewohner, die „Hotzen", haben lange Zeit um ihre Rechte kämpfen müssen.
Oben: Ein beliebtes Ausflugsziel nahe Badenweiler ist der 1165 Meter hohe Blauen.

Ganz ruhig und unbeweglich scheinen die Wasser des Windgfällweihers. Die dunklen Tannen werfen ihr Spiegelbild finster auf die Oberfläche des Sees, die Uferzone entzieht sich dem Blick, und die Elemente werden zu einer Einheit. Wirkt diese Szene in der Einsamkeit der anbrechenden Nacht völlig entrückt, so geht ihr am Tag ein Großteil ihres nostalgischen Charakters verloren. Wenn erholungsbedürftige Sommerfrischler die Ufer bevölkern, wenn es Surfer und Segler aufs Wasser treibt, ist es mit der Ruhe vorbei. Nur abseits der touristischen Brennpunkte läßt sich dann Natur ungestört genießen.

Im Vergleich zu den Triberger Wasserfällen, wo die Gutach über sieben Felsstufen dröhnend nach unten stürzt, ergießen sich hier in Menzenschwand die Wasser beinahe sanft und spielerisch in die Schlucht. Anders als im touristisch überlaufenen Triberg kann man in dieser wild-romantischen Gegend die Natureindrücke noch ungestört in sich aufnehmen.

Die unbestritten eindrucksvollste Schlucht des Schwarzwaldes war das Höllental. Sein heutiges Aussehen vermittelt den einstigen Zustand nur ungenau, denn zahlreiche Sprengungen wurden vorgenommen, um diese unheimliche Gegend für den Verkehr zu erschließen. Aus schmalen Bergdurchlässen wurden oft weite Aussichten. Aber auch wenn das Ganze nicht mehr so unheimlich anmutet wie in früheren Zeiten, ist der Blick in die Schlucht imposant. Fast senkrecht streben die Wände auf beiden Seiten des Tales empor. Auf einer steilen Felsnadel erhebt sich ein bronzener Hirsch und erinnert an die Mär von dem Wild, das den Jägern durch einen mutigen Sprung über die Schlucht entkam.

Bezaubernd ist der Blick aus der Höhe auf den Schluchsee. Das 7000 Meter lange und 1,5 Kilometer breite Gewässer liegt in einem tektonischen Graben, den während der Eiszeit ein Gletscher ausfüllte. Aus Gründen der Stromgewinnung wurde 1929 der damals noch kleine See aufgestaut. Seine Oberfläche hob sich um 29 Meter und sein Umfang verfünffachte sich. 13 Häuser und das alte Schulhaus von Aha versanken in den Fluten. Eine Reihe erhaltenswerter Gebäude trug man ab und baute sie an anderer Stelle neu auf. Durch diese Aufstauung wurde der Schluchsee, vor dem Titisee, zum größten Gewässer des Schwarzwaldes. Im Sommer ist der See ein Badeparadies. Auf dem Wasser kreuzen die Segelboote, Badegäste, die sich im Strandbad erfrischen, genießen die Sonne, und die am Ufer stehenden Angler freuen sich, wenn ein prächtiger Fisch angebissen hat. Erst wenn die Sommergäste abgereist sind, wird es wieder ruhig am Schluchsee.

Denkt man einige Jahrzehnte zurück, so bestand der Ort Titisee lediglich aus wenigen Höfen. Im Zuge des wachsenden Tourismus entwickelte sich der See zu einer viel- und gernbesuchten Attraktion. Inzwischen zu einem Höhenluftkurort avanciert, ist Titisee durch die Höllentalbahn für die vielen tausend Gäste schnell zu erreichen. In jeder Jahreszeit herrscht hier rege Betriebsamkeit. Sind es sommers Badegäste, Wassersportler, Wanderer und Tagesausflügler, so nutzen die Urlauber seine Lage am Fuß des Feldberges vom Spätherbst bis zum Frühjahr zum Wintersport. Trotz des großen Andrangs trifft man hie und da auf unberührte Uferstellen, wo man wohltuende Stille findet und das Flüstern der Natur hören kann.

Freiburg geht auf eine Gründung der Zähringer Herzöge zurück, eines mächtigen Geschlechts, das vom 10. bis 13. Jahrhundert eine bedeutende Rolle spielte. Einst Hauptstadt Vorderösterreichs, ist Freiburg heute mit seinen über 190 000 Einwohnern die größte Stadt im Schwarzwald. Der Reiz der Universitätsstadt liegt im Detail. Die charakteristischen „Bächle“ durchziehen als offene Wasserläufe, neben den Straßen, die Stadt. Im Sommer bringen sie etwas Abkühlung in die südländische Hitze. Schauplatz eines bunten Marktgewimmels ist besonders am Samstag vormittag der Münsterplatz, wenn die Bauern aus der Umgebung Obst, Gemüse, Eier, Brot, Käse, Blumen, Holz- und Keramikgegenstände feilbieten.

Das Wahrzeichen Freiburgs ist das gotische Münster, an dem von 1200 bis 1513 gebaut wurde. Seinen Turm bezeichnete der Kunsthistoriker Jacob Burckhardt, der im 19. Jahrhundert quer durch Europa reiste, als den „schönsten Turm der Christenheit". Mächtig und gewaltig, zugleich aber feingliedrig und zart strebt die durchbrochene Helmpyramide in den Himmel. Beim Anblick des langgestreckten Münsterbaus, der mit Turm und Türmchen, mit Strebewerk und Zierformen eine harmonisch gegliederte Einheit bildet, gerät man ins Schwärmen. Im Innern trennen hoch aufschießende Bündelpfeiler das Mittelschiff von den beiden Seitenschiffen. Durch die farbenprächtigen, figurenreichen Fenster des Langhauses dringt ein vielfarbiges Licht. Die Kirche überragt zwei Stadttore, die Teil einer 2 bis 3 Meter dicken Stadtmauer waren: Martinstor und Schwabentor. Um die Jahrhundertwende wurden beide, nach dem damaligen Zeitgeschmack, mit neogotischen Türmchen verziert. Während das Martinstor sie heute noch trägt, erscheint das Schwabentor wieder in seiner schlichten Form.

Rechts: In Freiburg läßt sich's gut leben. Übers ganze Jahr gibt es Festivals, Kunstausstellungen und Konzerte. Von April bis Oktober kann man bei Weinfesten in der Stadt und in den Dörfern der Umgebung so manchen edlen Tropfen kosten. Winzer aus den bekannten Anbaugebieten kommen hier zusammen und bieten ihre Produkte an.
Oben: Ein weiterer Höhepunkt im Festekalender ist der alljährliche Weihnachtsmarkt.

300 Millionen Jahre müssen wir zurückrechnen, um die Entwicklungsgeschichte des Schwarzwaldes aufzuzeigen. Damals wurde die Region, die zu den ältesten Erhebungen Deutschlands zählt, aufgefaltet. Als Teil der Variszischen Gebirge war der Schwarzwald ungefähr so hoch wie die Alpen heute. Viele Millionen Jahre verstrichen, und die gewaltigen Bergmassen wurden langsam abgetragen. Vor 60 Millionen Jahren, im Tertiär, geriet die Erde erneut in Bewegung. Das Gebiet wurde zum zweiten Mal gehoben und erhielt seine heutigen Umrisse. Zur gleichen Zeit sank die Zone im jetzigen Oberrheingraben um mehrere hundert Meter ein und füllte sich mit Wasser. Glühende Lava schoß aus der Erde und bildete die fruchtbaren Höhen des Kaiserstuhls. Mit dem Ausklingen des tertiären Vulkanismus' kam es infolge starker Klimaschwankungen zu einer gewaltigen Vereisung der nordischen Länder und der Alpen, welche sich immer weiter in Richtung Mitteleuropa ausbreitete. Im Hochgebirge entstanden neben einer starken Vergletscherung Schottern und Moränen. Erst nach dem Abschmelzen der Gletscher im Quartär konnten sich die heutigen Landschaftsformen herausbilden.

Wo Mönche das Land erschlossen und sich niederließen, entstanden bald auch Ritterburgen auf den Höhen. Majestätisch überragt Burg Ortenberg, die der Ortenau ihren Namen gab, die Weinberge. „Ortinberch“, wie sie im Mittelalter hieß, war die Residenz des Landvogtes. Besitzer dieser wichtigen Festung am Eingang ins Kinzigtal waren die Zähringer, die Staufer und die Bischöfe von Straßburg.
Nach ihrer Zerstörung 1678 lag die Burg lange Jahre als verlassene Ruine vor Offenburg. Eine Renaissance erlebte sie durch den Freiherrn von Berckholtz, der das Gelände 1833 kaufte und die Trümmer niederreißen ließ.
Nach Plänen des Karlsruher Baumeisters Eisenlohr entstand bis 1842 das heutige Schloß, das einer Theaterkulisse mit Burgmauern, Türmen und Zinnen gleichkommt.
Noch einige Male wechselte das Anwesen im Stil englischer Neogotik seinen Besitzer, bis es 1950 schließlich zur Jugendherberge umfunktioniert wurde.

Eine Zeit politischer Intrigen und Machtkämpfe der Fürstenhäuser erlebte der Schwarzwald im 13. Jahrhundert. Die badischen Markgrafen und die Grafen von Urach-Fürstenberg gewannen an Einfluß, die Staufer meldeten Ansprüche an, und auch der Klerus verteidigte sein Eigentum mit allen Mitteln. Leidtragende dieses Tauziehens um Macht, Geld und Besitz waren die autarken Bauern, die von der Steuerlast fast erdrückt wurden. Ihr Haß auf die Reichen entlud sich schließlich im Bauernkrieg, dem unter anderem auch die Hochburg bei Emmendingen zum Opfer fiel. Ehemals Stammsitz der badischen Markgrafen und zweitgrößte Festung im Land, ist sie heute nur noch Trümmerwerk. Dennoch lebt in den zerfallenen Mauern die Erinnerung an eine glanzvolle Vergangenheit.

Wie ein riesiger Garten erscheint der westliche Saum des Schwarzwaldes im Gegensatz zu seinem urwüchsigen Inneren. Kleinste und große Parzellen reihen sich in der fruchtbaren Ebene aneinander mit Rebstöcken, Obstbäumen, saftigen Wiesen und Ackerflächen. Milde Wettereinflüsse aus dem Mittelmeerraum vertreiben den Winter aus dieser harmonischen Garten- und Reblandschaft besonders früh.

Die Früchte der Natur gedeihen in der Vorbergzone zwischen Baden-Baden und Badenweiler nicht zuletzt deshalb so gut, weil der breite Schwarzwaldrücken vor den kalten Ostwinden schützt. In den Ebenen des Markgräflerlandes ist anders als in der Höhenlandwirtschaft eine maschinelle Bearbeitung der Felder möglich. Oben: Weithin sichtbar erhebt sich der kegelförmige Burgberg von Staufen.

Mit Recht spricht die Werbung vom sonnenverwöhnten badischen Wein. Der Kaiserstuhl gilt als wärmstes Rebgebiet in ganz Deutschland; besonderen Vorzug genießen dabei die Lagen auf dem nach Süden und Westen geneigten Vulkangestein. Auf den fruchtbaren Lößböden von Tuniberg und Kaiserstuhl wachsen die vollmundigen Spätburgunder Rotweine, kräftige Ruländer, der zarte Silvaner und natürlich der Müller-Thurgau, ein frischer Weißwein mit milder Säure.

Bewaldete Steilhänge, darüber offene Kuppen, nach allen Seiten verlaufende Täler. So präsentiert sich der „Höhepunkt des Schwarzwaldes“ dem Auge des Betrachters. Mit seinen 1493 Metern überragt der Feldberg alle anderen Schwarzwaldgipfel, ist – von den Alpen abgesehen – die höchste Erhebung Deutschlands. Ein Gebiet von besonderer landschaftlicher Schönheit: bei klarer Sicht kann man ein einmaliges Alpenpanorama genießen; der Blick reicht dann von der Zugspitze bis zum Mont Blanc. Viele tausend Besucher erwandern jährlich die Höhen des Feldberges und nutzen die besonderen klimatischen Verhältnisse für den Wintersport.

Seine Lage als alpine Insel garantiert dem Höhenzug auch in milden Wintern Schnee, wenn in mittleren Lagen längst Tauwetter eingesetzt hat. Aber nicht nur der Tourismus hat den Feldberg vereinnahmt. Auch die Post, die Meteorologen und das Militär nutzten seine Höhe, um Sende-, Meß- und Radarstationen einzurichten.

Märchenhaft wirkt die Schwarzwaldlandschaft im weißen Kleid des Winters. Doch die scheinbare Unberührtheit der Natur täuscht. Tausende von Alpinisten erstürmen Jahr für Jahr Loipen und Pisten.

Vom Holzer Kreuz blickt man in gerader Linie auf das Städtchen Schönau, dessen Häuser sich dicht an die bewaldeten Hänge herandrängen. Schönau ist ein kleiner Luftkurort im südlichen Schwarzwald, der weniger durch bekannte Sehenswürdigkeiten als durch seine reizvolle Lage im Wiesental besticht. Windgeschützt liegt er am Fuß des 1414 Meter hohen Belchen, der das Panorama nach oben harmonisch abrundet.

Oben: Was den Fremden zum Schwarzwald einfällt? Sicherlich die Kuckucksuhr, Kirschtorte und Schinken und natürlich der Bollenhut. Warum letzterer Symbol für ein ganzes Mittelgebirge werden konnte, ist nicht mehr nachvollziehbar. Dieser schöne Strohhut mit seinen großen roten und schwarzen Bollen gehört nämlich zu einer Tracht, die nur in drei Orten getragen wird: in Gutach, Kirnbach und Reichenbach. Die Tradition der Schwarzwälder Kopfbedeckung reicht bis ins 18. Jahrhundert zurück. Bevor der Bollenhut Teil der offiziellen Tracht im Gutachtal wurde, trugen die Mädchen und Frauen einen Kopfputz, der aus Tuch, Filz oder Pelz hergestellt wurde. Die ersten Strohhüte, zunächst nur mit Punkten in roter und schwarzer Farbe verziert, kamen durch italienische und Schweizer Einflüsse ins „Ländle“. Die großen Wollrosen wurden erst später als Schmuck angebracht. Die Hüte der verheirateten Frauen zieren schwarze, die der ledigen rote Bollen, so will es der Brauch.

Links unten und oben: Einen langen beschwerlichen Arbeitstag auf dem Feld beschließt am Abend ein Vesper: frischgebackenes Brot, hausgemachter Schinken und Speck, Bibiliskäs und Zwiebelkuchen gehören unbedingt dazu. Die herzhaften Schwarzwälder Spezialitäten werden auch dem verwöhntesten Feinschmecker munden.

Die Zeit scheint stillzustehen in der weißen Jahreszeit. Riesige Eis- und Schneemassen legen sich auf Natur und menschliche Behausung. In höheren Lagen gibt es fast acht Monate im Jahr, zwischen Oktober und Mai, mehr oder weniger starke Schneefälle. Unvorstellbare Massen werden da zusammengetragen, die bei der Schmelze im Frühjahr die zahlreichen, sanft dahinplätschernden Schwarzwaldbäche in reißende Ströme verwandeln. Je nach mitgeführter Wassermenge bleibt es nicht bei Überschwemmungen, Randbebauungen werden zerstört und sogar kleinere Bäume entwurzelt.

Friedlich liegt das südöstliche Ufer des Schluchsees in der Abendsonne. Besonders gut ist die Fernsicht im Frühjahr und Herbst. An klaren Tagen sieht man von hier aus die etwa 100 Kilometer entfernten Appenzeller Alpen mit dem Säntis (2501 m). Dazwischen liegt der Hotzenwald und 620 Meter tiefer der Hochrhein. Diesen Höhenunterschied nutzen drei Wasserkraftwerke in Häusern, Witznau und Waldshut, die mit dem Wasser des aufgestauten Schluchsees betrieben werden.

In 800 bis 1200 Metern liegt der Luftkurort Breitnau über dem Höllental. Seine Nähe zu Feldberg und Titisee macht ihn während des ganzen Jahres zu einem interessanten Ausgangspunkt für den Schwarzwaldurlauber. Die landschaftlichen Sehenswürdigkeiten Hirschsprung und Ravennaschlucht befinden sich in unmittelbarer Nachbarschaft. Neben Pisten und Loipen ist die reich ausgestattete Kirche eine weitere Attraktion der kleinen Gemeinde.

Natur pur. Im Schwarzwald kann man sich auf den kilometerlangen Wegen, die von vielen ehrenamtlichen Wegewarten angelegt und beschildert wurden, erwandern. Freiburgs Hausberg, der 1284 Meter hohe Schauinsland, ist bequem mit der in Horben startenden Seilbahn zu erreichen. Von den Kabinen, die über alte Tannen gleiten, bietet sich ein Blick zur Luisenhöhe und dem Schönberg, zu einigen Dörfern in der Rheinebene, zu Tuniberg und Kaiserstuhl und den Vogesen.
Oben angekommen, wird man bei klarem Wetter mit einem traumhaften Fernblick belohnt. Wenn jedoch die heftigen Winterstürme toben, wird's oben unbequem. Die Menschen, die auf dem Schauinsland leben, ziehen sich dann ins schützende Haus zurück, während draußen der Wind alles mit eisigen Krallen umschließt. Links: Hof am Kaltenbrunnen.

Wintereinsamkeit in dem vom Schnee zu einem Zauberberg verwandelten Schwarzwald. Wundersam und gespenstisch wirkt die bizarre Form der Buchen auf dem Schauinsland. Tief neigen sich die Äste unter der Last der weißen Pracht. Daß sich auf dem leergefegten Höhenzug unterhalb der Kammlinie überhaupt noch Bäume halten können, ist ein Beweis für die Widerstandsfähigkeit der Natur.

Drachenfliegen im Winter? Warum nicht! Dennoch neigen die meisten Urlauber eher zu den traditionellen Wintersportarten. Für den Langläufer ist der Schwarzwald jedenfalls das reinste Paradies. Rechts: Blick vom Belchen über das Kleine Wiesental bis zu den Alpen.

Auf den Hochflächen um Dornstetten zwischen Murg- und Glatttal wachsen die höchsten Tannen des Nordschwarzwaldes. Sie erreichen eine Höhe von beinahe 50 Metern. Auf diesen nährstoffarmen Buntsandsteinböden gedeihen nur die anspruchslosen Nadelhölzer. Im Südschwarzwald ergibt sich ein anderes Bild: die bessere Bodenqualität sorgt für größeren Artenreichtum. Eiche, Buche, Birke und Ahorn bringen besonders im Herbst bunte Farbtupfer in das Immergrün des Nadelwaldes.

Südlicher Schwarzwald

Auf der Grenze zwischen mittlerem und südlichem Schwarzwald liegt Freiburg, die Metropole des gesamten Gebietes.

Auch diese Grenze ist geologisch, nämlich durch den Bonndorfer Graben festgelegt, sie entspricht ungefähr der Linie „Freiburg-Bonndorf". Den südlichen Schwarzwald politisch unterteilen zu wollen, stieße auf die allergrößten Schwierigkeiten, denn wer brächte es schon fertig, den „badischen, vorderösterreichischen, hauensteinischen, bläsischen oder markgräflichen Schwarzwald" zu unterscheiden, in dem auch noch zahlreiche En- und Exklaven zu berücksichtigen wären.

Waren die nördliche und mittlere Region die der Wälder und Flüsse, so kann die südliche ohne Einschränkungen als das Reich der Bergfürsten bezeichnet werden, denn hier ragen die höchsten Schwarzwaldgipfel empor: Feldberg (1493 m) mit Seebuck (1448 m), Herzogenhorn (1415 m), Belchen (1414 m), Blauen (1165 m) und Schauinsland (1286 m). Aufgrund seiner Höhenlage ist der südliche Schwarzwald ein bevorzugtes Ziel für Bergwanderer und Wintersportler.

Die hier am häufigsten anzutreffenden Gesteinsarten sind Granit und Gneis, während die Gebirgsscholle Dinkelberg und die Randhügel zum Hoch- und Oberrhein hin aus Muschelkalk aufgebaut sind.

Gegen Westen hin werden – besonders in der Vorbergzone – wegen der günstigen klimatischen Bedingungen Obst- und Weinbau betrieben.

Während in der abwechslungsreichen, reizvollen Landschaft im Innern nur mittelgroße Orte anzutreffen sind, reihen sich an ihrer Hochrheinseite Städte, in denen sich schon früh das häusliche Gewerbe zur Industrie entwickelte, die heute beachtliche Areale einnimmt.

Lange Zeit teilten sich die protestantischen Markgrafen und das katholische Habsburg das Land, bis es schließlich an Baden fiel. Kriegerische Auseinandersetzungen, Bauernunruhen und vor allem die Aufstände der Salpeterer hatten hier heftigere und nachhaltigere Auswirkungen als im nördlichen oder mittleren Schwarzwald.

Der Fremde hat seine Schwierigkeiten, das im südlichen Schwarzwald gesprochene Hochalemannisch zu verstehen, und zur Fasnet in den Hochburgen der vier „Waldstädte" Waldshut, Laufenburg, Bad Säckingen sowie in Rheinfelden mit ihren ortsspezifischen Figuren wird er zumindest aufgrund der Sprache die Einheimischen kaum von den vielen eidgenössischen Besuchern unterscheiden können.

Freiburg's got what everyone wants

Es gab keine Schwierigkeiten, einen neuen Slogan für Freiburg ins Englische zu übersetzen, doch welchen Ärger hatten die Verantwortlichen mit der deutschen Fassung! Dabei war nur ein Komma an die falsche Stelle geraten und hatte für Ärger, Heiterkeit und Häme gesorgt.

Eigentlich war der Spruch „Freiburg hat, was alle suchen" recht ansprechend, doch boshafte Menschen erreichten mit der kleinen Änderung einen völlig neuen Sinn. Auch die Bundespost verbreitete auf Briefen und Karten die falsche Interpunktion: „Freiburg hat was, alle suchen".

Schon lange, bevor sich Freiburg um potentielle Besucher bemühte, hatte es viele berühmte und weniger bekannte Menschen in die Schwarzwald-Metropole gezogen. So waren unter anderen Bernhard von Clairvaux, Friedrich III., Maximilian I., Philipp der Schöne, Erasmus von Rotterdam in die Stadt an der Dreisam gekommen. Als Kuriosität sei hinzugefügt, daß schon 1415 Papst Johannes XXIII. hier genächtigt hatte, einer der Gegenpäpste zur Zeit des Abendländischen Schismas.

Nicht unerwähnt dürfen die Namensgeber der Bertold-Straße bleiben, denn bis hin zu Bertold V., dem letzten Zähringer, bauten die Herzöge die von ihnen gegründete Stadt aus. Die Sage

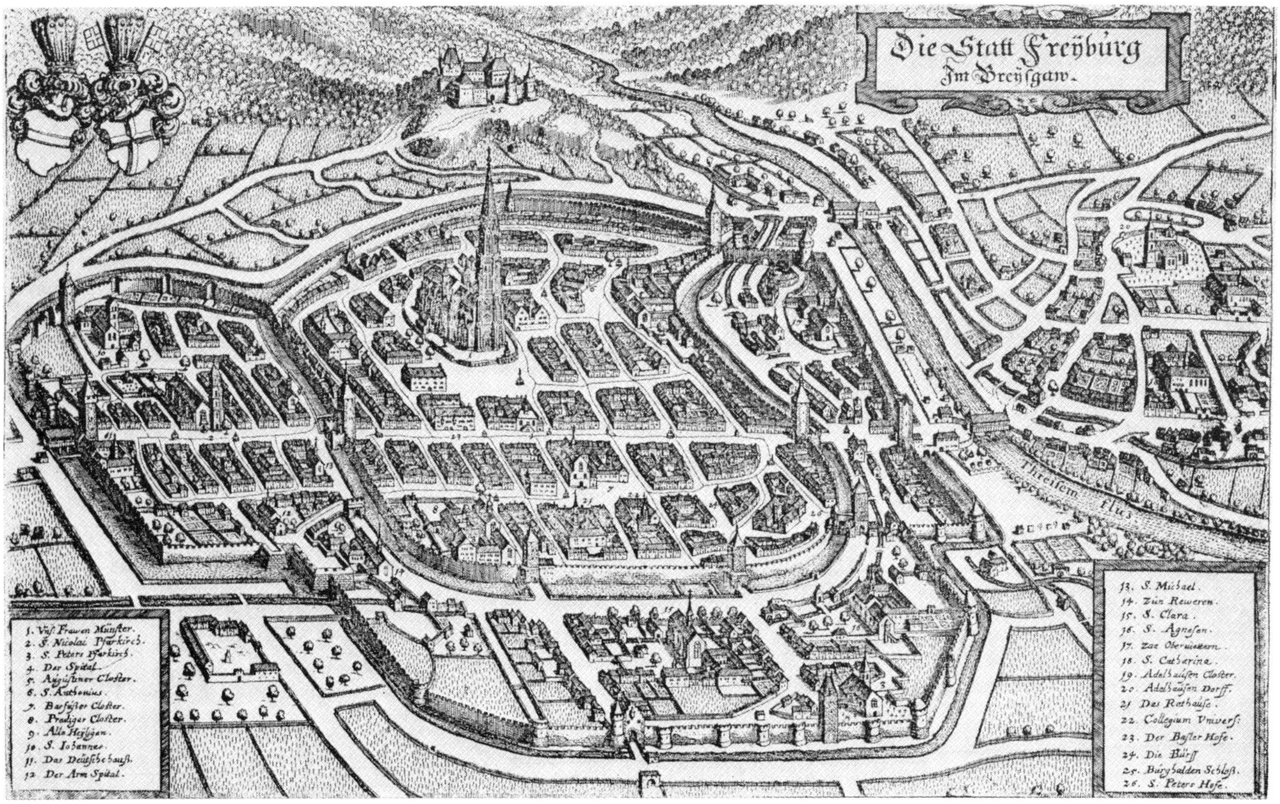

Freiburg im Breisgau gegen Ende des 17. Jahrhunderts. Kupferstich von M. Merian

behauptet allerdings, der Erbauer Freiburgs sei ein einfacher Arbeiter gewesen:

„In der Nähe des Zähringer Burgberges, auf dem schon Römer und Alamannen gesiedelt hatten, verrichtete ein Köhler sein Handwerk. Eines Tages fand er beim Wegräumen seines Meilers eine große Menge geschmolzenen Silbers. Von diesem Zeitpunkt an arbeitete der Mann nur noch an der selben Stelle und kam so mit der Zeit zu einem großen Schatz. Wegen seines Reichtums erhielt der ehemalige Köhler die Tochter des Kaisers zur Frau. Er errichtete auf dem heutigen Schloßberg seine Burg und gründete 1120 die Stadt Freiburg." Daß der reiche und mächtige Herzog schließlich abscheuliche Untaten verübte, war bereits bei der Schilderung des Klosters St. Peter, der Zähringer Grablege, zu lesen.

1368 unterstellte sich die Stadt der habsburgischen Herrschaft. 450 lange Jahre währte die österreichische Zeit, die der Stadt nicht nur die Universität (gegründet 1456), sondern auch zahlreiche Kriege und Belagerungen bescherte.

Fast genau hundert Jahre bevor die Universität gegründet wurde, machte ein anderer Bertold in Freiburg von sich reden. Wie beim Leben des Stadtgründers, so verhält es sich auch bei Bertold Schwarz, einem Franziskanermönch: Fakten sind spärlich, Sagen gibt es viele.

Der Bewohner des Klosters neben der heutigen St. Martinskirche wurde nach seiner Erfindung als der „schwarze Bertold" bekannt. Er soll – wie viele Alchimisten jener Zeit – versucht haben, Gold herzustellen. Bei seinen Experimenten hat er angeblich 1353 Holzkohle, Schwefel und Salpeter zusammengebracht, und die Mischung ist beim Anzünden eines Lichtes explodiert.

Hansjakob war bei seiner Arbeit in der Fürstlichen Bibliothek Donaueschingen auf die so geschilderte Erfindung des Schießpulvers gestoßen und veröffentlichte die Arbeit „Der schwarze Bertold". Daß er einmal als Pfarrer im ehemaligen Franziskanerkloster wohnen und täglich auf das Denkmal des erfindungsreichen Mönches blicken würde, hätte sich Hansjakob wohl kaum träumen lassen.

Die Freiburger machten sich keine Gedanken darüber, ob sich die Ereignisse tatsächlich so verhalten hatten, sie errichteten vor dem ehemaligen

Kloster dem franziskanischen Mönch ein Denkmal und schrieben darauf:
„Bertold Schwarz,
Franziskaner-Ordens Doktor.
Alchimist und Erfinder des Schießpulvers ..."

Übrigens beurteilte Hansjakob die Erfindung des Pulvers als positive Errungenschaft, da durch sie die Herrschaft der Mächtigen eingeschränkt worden sei.

Ende des 17. Jahrhunderts wurden die Geschicke der Stadt von Frankreich mitbestimmt. Eine von 1677 bis 1697 währende französische Blockade brachte Legionen aus dem Nachbarland nach Freiburg, doch weit größere Änderungen bewirkten die gewaltigen Umwälzungen in Topographie und Bausubstanz, als die Franzosen Freiburg zur Festung umbauten.

Nach dieser Episode kehrte Freiburg wieder zur habsburgischen Herrschaft zurück. Eroberern, Königen und Baumeistern aus Frankreich folgten Herrscher der Donau-Monarchie in den Breisgau. Ein habsburgischer Kaiser verhalf der bedeutendsten Straße zu ihrem Namen, die auch heute wieder Kaiser-Joseph-Straße heißt, nachdem sie für „tausend" Jahre den Namen eines anderen Österreichers trug, der nicht nur an die dreitausend Kriegsopfer und ungefähr 80 Prozent der Bausubstanz Freiburgs auslöschte, sondern über die ganze Welt Unheil brachte.

Viele alte ehemalige Freiburger Bürger und einige Fremde ruhen zwischen alten Bäumen und efeubewachsenen Mauern des Alten Friedhofes. Hier wurden zwischen 1683 und 1872 die Toten bestattet, nachdem der ehemalige Kirchhof am Münsterplatz geschlossen worden war. Viele Namen der Grabstätten erinnern an bekannte und berühmte Freiburger, sie sind ebenfalls auf zahlreichen Straßenschildern im Breisgau wiederzufinden. Da sind die von Rotteck, Wentzinger, Colombi, von Greifenegg, Sautier, Mirabeau und Bartholomä Herder – dem Gründer des Verlages.

Über manche der Kreuze und Denkmäler werden erfundene und wahre Geschichten erzählt. Unterschiedliche Deutungen gibt es für ein Kreuz an der Michaeliskapelle des Friedhofes, das bereits auf dem ersten Begräbnisort am Münster stand; an ihm ist ein von einem Nagel durchbohrter Totenschädel befestigt, der gelegentlich – als makabrer Jux? – entwendet wird. Tatsache ist der tödliche Unfall des hier liegenden Carl Knie aus dem bekannten Zirkus-Unternehmen, der im Dezember 1860 bei einer Vorführung auf dem Münsterplatz abstürzte. Auch das bekannteste Grab ist nicht geheimnisumwittert, wie fremde Besucher oft glauben, denn das über mehr als 120 Jahre alte, meist mit frischen Blumen geschmückte Grab birgt die Reste von Caroline Christine Walter, die mit sechzehn Jahren an der Schwindsucht starb.

Nicht vergänglich wie die Gebeine der einst in der Stadt Lebenden sollen die in Gewölben unter Freiburgs Hausberg ruhenden Überlieferungen sein. Im ehemaligen Silberbergstollen „Barbara" des Schauinsland ist, unter einigen hundert Metern Granit, nicht nur das bewegliche Erbe der Dreisamstadt, sondern auch das der gesamten Nation in ungefähr 330 Millionen Filmaufnahmen eingelagert worden.

Praktisch für die Ewigkeit sind hier geschichtliche Dokumente aus vielen Jahrhunderten eingeschlossen. Zum Beispiel wurden die Urteilsbücher des Reichskammergerichtes von 1573 bis 1806, die Akten der Reichskanzlei von 1919 bis 1945 und die Personalakten der Bismarck-Ära gestapelt. Aber auch Urkunden des Mittelalters, Regierungsakten des Heiligen Römischen Reiches Deutscher Nation und Handschriften mittelalterlicher Mönche sollen, genauso wie farbige Aufzeichnungen über dörfliches Leben, Reproduktionen der Goldenen Bulle und des Dokuments des

Franziskanerplatz mit Bertoldssäule

Westfälischen Friedens bei eventuellen Zerstörungen, die hoffentlich nie eintreten werden, hier überdauern.

Das Münster und der hl. Nikolaus

In einer Darstellung des Landes zwischen Kinzig, Rhein und Schlücht darf natürlich das Freiburger Münster nicht fehlen, doch wo beginnen? Das gotische Bauwerk, dessen Turm der Kunsthistoriker Jacob Burckhardt als „schönsten Turm der Christenheit" bezeichnete, füllt Bände. Beschränken wir uns hier also auf einen Heiligen, dem neben „Unserer Lieben Frauen Maria" im Münster ganz besondere Verehrung zukommt: St. Nikolaus.

Zwischen 1320 und 1330, Nikolaus war zum Volksheiligen geworden und wurde in ganz Europa verehrt, stiftete die Freiburger Kaufmannsfamilie Tulenhaupt dem Münster ein Fenster, das die bekanntesten Nikolauslegenden erzählt. In jener opferwilligen Zeit war es bei den Freiburgern üblich, regelmäßig für ihre Pfarrkirche zu spenden, ja, selbst Häuser zu verpfänden, um eine Stiftung machen zu können. Außerdem hatte sich eingebürgert, das beste Gewand eines Verstorbenen zugunsten des Münsters zu versteigern – ein Brauch, der nur für Freiburg überliefert ist.

Das vom Ehepaar Adelheid und Franz Tulenhaupt gestiftete Fenster befindet sich an der Südseite, über dem sogenannten Lammportal. Die beiden äußeren Bahnen des Fensters erzählen Wundertaten des Bischofs Nikolaus. Die bekannteste ist die von der Auferweckung dreier verstorbener Knaben, die wird allerdings Kindern meist verschwiegen, weil sie sehr grausam ist: Die Schüler Stephanus, Emilius und Petrus kehren gegen Abend in einer Herberge ein. Da die Wirtsleute Geld bei den Jungen vermuten, töten sie die drei, zerstückeln ihre Leichname und legen sie in ein Salzfaß. Kurz darauf kommt Nikolaus in Gestalt eines Wanderers zur Herberge und bittet um Unterkunft und Essen. Die Wirtsleute bedienen ihn aus dem Salzfaß. St. Nikolaus weiß natürlich um die Untat und überführt die Mörder, er spricht ein Gebet und die drei Knaben stehen lebendig auf.

Über dieser Darstellung ist eine weitere zu sehen: Zu Patra lebte ein adeliger Herr. Wegen seiner großen Armut konnte er seine drei Töchter weder ernähren noch verheiraten und beschloß, sie auf die Straße zu schicken, damit sie Geld verdienten. Die tugendhaften Mädchen baten Gott inständig, sie vor dieser Schande zu bewahren. Nikolaus hatte gerade ein Vermögen geerbt und erfuhr von der Not der Mädchen. Dreimal warf er nachts einen Beutel voll Gold durch das Fenster der drei. Mit diesem Schatz bewahrte er die Mädchen vor Schande und ermöglichte es ihrem Vater, sie zu verheiraten.

Andere Taten von Nikolaus sind auf der rechten Bahn des Fensters zu sehen: Ein Mann hat ein Bild des Heiligen zum Hüter seiner Schätze eingesetzt. Trotzdem rauben Diebe seine Reichtümer. Der Mann beschimpft und verprügelt das Bild. Das kann Nikolaus nicht auf sich sitzen lassen; er erscheint den Dieben, die erschrocken die Beute dem rechtmäßigen Besitzer zurückbringen.

Unterhalb dieser Darstellung ist der Heilige als Retter aus der Seenot zu erkennen: Auf dem Meer in Not geratene Kaufleute rufen Nikolaus an: „Hilf uns, pischof Nikola!", und der Heilige vertreibt den rüsselnasigen Sturmteufel aus dem Segel.

Es kann angenommen werden, daß der erste Münsterbau der Kaufmannsstadt Freiburg dem Schutzpatron der Kaufleute, St. Nikolaus, geweiht

Das Freiburger Münster

gewesen ist. Eine plastische Darstellung des thronenden Heiligen ist im Tympanon über dem Südportal, der „Segenstür" zu sehen. Sie gehört zum Querschiff der Kirche, das kurz nach 1200 errichtet worden ist.

Ihrem Kirchen- und Stadtpatron zu Ehren wurden auf dem Münsterplatz Nikolausmärkte abgehalten, eine stark gekürzte gotische Minuskelschrift auf der rechten Seite des Hauptportals gibt davon Kunde: „ein iarmerkt wirdet uf den nechsten mentag und zinstag nach sanct Niclaus kilwi und der ander uf den nechsten zinstag und mitwochen nach allerheiligen tag und bed iarmerkt ein tag vor und ein tag nach gerriet gefreit".

Nikolaus, Schutzpatron der Kaufleute, Schüler, Seefahrer, ja sogar der Diebe, war und ist einer der populärsten Heiligen Europas. Auch im Schwarzwald, am Hoch- und Oberrhein, ist er an vielen Stellen verehrt worden, wovon zahlreiche Darstellungen, Kirchen und Altäre Zeugnis ablegen. Die Benediktiner scheinen eine besonders innige Bindung an ihn gehabt zu haben, zahlreiche Klostergründungen im Schwarzwald sind mit Nikolaus' Namen verknüpft. Zwischen 1013 und 1036 bauten Mönche des Heiligen Benedikt an der Mündung des Steinbachs in die Alp ein hölzernes Nikolauskirchlein, an dessen Stelle sich heute das großartige Münster von St. Blasien erhebt. Weitere Gründungen der Benediktiner, in denen Nikolaus zu Ehren kam, waren: Hirsau, St. Georgen, St. Peter, Gengenbach und Alpirsbach. In der Alpirsbacher Klosterkirche wird in dem spätgotischen Hochaltar die Marienkrönung von St. Benedikt, dem Gründer des Ordens, und St. Nikolaus, dem Patron der Kirche, eingerahmt.

Auch in vielen anderen Orten zwischen Kinzig, Rhein und Schlücht – hier seien als Beispiele nur Calw, Elzach und Rottweil genannt – sind bedeutende Nikolausdarstellungen zu finden, doch die vielfältigsten und farbenprächtigsten sind im Tulenhaupt-Fenster des Freiburger Münsters versammelt.

Wie die „Hosanna" zur „Knöpfli-Glock" wurde

„O Königin der Herrlichkeit, komm mit Frieden. Wenn mein Geläut erschallt, komm deinem Volk zu Hilfe, gütige Maria", lautet eine Inschrift auf der ältesten Angelusglocke der Welt im Freiburger Münsterturm.

Am 15. Juli 1258 wurde die „Hosanna" in nächster Nähe des Turmes gegossen, der zu dieser Zeit noch nicht fertiggestellt war. Nachdem sie von den Auswirkungen der beiden Weltkriege verschont geblieben war, ist ihr Geläut noch regelmäßig an jedem Freitag um 11 Uhr zu hören. Das hat seinen besonderen Grund: 1665 bewirkte die Feldmarschallin Mercy durch eine Stiftung das freitägliche Läuten zum Gedenken an die Schlacht von 1643, in der die Bayern unter General Mercy zwischen Lorettoberg und Schönberg über die Franzosen siegten.

Für die Freiburger Hausfrauen hatte das – eigentlich dem Andenken der Soldaten gewidmete – Läuten einen praktischen Nebeneffekt: An den von der Kirche vorgeschriebenen fleischlosen Freitagen kamen mittags Teigwaren, „Knöpfli", auf den Tisch. Wenn um 11 Uhr die „Hosanna" ertönte, war es für die Frauen Zeit, mit dem Zubereiten des Knöpfliteiges zu beginnen und das Wasser auf den Herd zu setzen, dann kam die Speise pünktlich auf den Tisch, wenn der Hausherr zum Mittagessen erschien. Nicht nur das Glockenläuten erfuhr so eine neue Bedeutung, auch die altehrwürdige Glocke selbst kam zu dem neuen Namen „Knöpfli-Glock".

731 Jahre nachdem die „Hosanna" ihren Platz rund 50 Meter über dem Freiburger Marktgeschehen gefunden hatte, mußte das 3290 Kilo schwere „Kulturdenkmal" den Glockenstuhl vorübergehend verlassen, da sich die Lederschlaufe, mit welcher der Klöppel befestigt ist, gedehnt hatte, so daß sich der Schlagbereich verlagerte und Bronzeteile absplitterten.

Auf einem Spezialfahrzeug trat die „Knöpfli-Glock" die Reise nach Nördlingen an. Dort wurde am 24. Oktober 1988 ein eigens zu diesem Zweck erbauter Ofen angeheizt, in dem die Glocke auf 5000° C erhitzt und mit 15 Kilo Bronze geschweißt wurde.

Am 20. November 1989 kehrte die „Hosanna" nach Freiburg zurück und wurde durch die Öffnungen hochgehievt, die ihrerseits nur um 20 Millimeter weiter sind als der Mantel der Glocke. Seitdem hängt die Glocke wieder im Turm an ihrem alten Tannenholzjoch, das sie seit 1604 trägt und noch kein bißchen morsch ist. Am 27. November 1989, dem Gedenktag an die 45 Jahre zurückliegende Bombennacht, in der die Stadt in Trümmer sank, doch das Münster wie durch ein Wunder erhalten blieb, ließ die „Hosanna" aufs neue ihr unverwechselbares Läuten über Freiburg erklingen.

Tout perdu, Dortu

Am 31. Juli 1849, morgens um 4 Uhr, zerrissen Schüsse die Stille des Friedhofes Wiehre, im heutigen gleichnamigen Stadtteil Freiburgs. Sie beendeten das kurze, aber bewegte Leben des Maximilian Dortu, der erst zwei Tage zuvor 23 Jahre alt geworden war. Trotz der spektakulären Exekution des ersten Angeklagten eines preußischen Kriegsgerichtes ist Dortu eine Randfigur der Badischen Revolution geblieben, und sein Name ist nicht so bekannt wie der von Struve, Hecker und anderen. Liegt es an der radikalen Art, in der der Revolutionär aus Potsdam den Freiheitskampf betrieben hatte?

1848 stand Dortu wegen Majestätsbeleidigung vor Gericht, und noch bevor seine Revision gegen das Urteil in 2. Instanz entschieden worden war, rief er zum bewaffneten Aufstand auf. Im Mai 1849 schloß sich Dortu den Freiheitskämpfern der Badischen Revolution an und führte als Kommandant einige Schlachten, unter anderem die in Gernsbach und Freiburg. Freiburger Jesuiten – nach anderer Überlieferung Bauern – sollen ihn an die Preußen verraten haben, die das Urteil zur standrechtlichen Erschießung fällten. Ein Gnadengesuch der Eltern wurde abgelehnt. An sie schrieb der Sohn wenige Minuten vor der Exekution einen Abschiedsbrief, darin heißt es: „Ich sterbe voller Freude und Muth, weil ich für die Befreiung des Volkes gekämpft habe. Ich gehe meinem Ende muthig entgegen ..."

Mut – den hatte er gewiß nötig, als er eine Viertelstunde nach Verfassen des Briefes zur Exekutionsstätte gefahren wurde. Auf einem Begleitwagen stand der für ihn bestimmte Sarg, und sein treuer Hund begleitete ihn auf seinem letzten Weg. Indem er seine Brust entblößte, rief Dortu den Soldaten zu: „Brüder, zielt gut!"

Fröhliches junges Leben tobt heute an der Stätte des damaligen Geschehens, denn der alte Wiehre-Friedhof ist zum Kinderspielplatz umgestaltet worden. Nur einige alte Grabsteine an den Mauern erinnern noch an den früheren Kirchacker, und das Grab Dortus und seiner Eltern, die beschlossen hatten, den Rest ihres Lebens in Freiburg zu verbringen. Die Inschrift auf dem Grabmal lautet: „Mit ihm vereint seine Eltern, deren einzige Freude und Hoffnung er war."

Die Schrift wird teilweise vom Grün der Sträucher verdeckt, und auch den Eingang zum ehemaligen Friedhof an der Ecke Dreikönig-/Erwinstraße kann man leicht übersehen. Der Friedhof scheint vergesssen, der Name Dortu ebenfalls. Das Volk, für das er sein Leben aufs Spiel gesetzt und verloren hatte, weiß nichts mehr von Maximilian Dortu. Tout perdu, Dortu!

Das Hexental und der Schönberg

Wer Freiburg verläßt, der hat wahrscheinlich erfahren, daß dort das Pulver erfunden wurde, daß das alte Rathaus gleich neben dem neuen steht, wobei das alte das neue und das neue das alte ist, und hat das Münster und den Bauernmarkt besucht. Man wendet sich der Vorbergzone zu, jener Gegend, die mit kleinen Buchenwäldern, größtenteils aber mit Reben bedeckt ist.

Der Wein stellt schon seit langer Zeit die Verbindung zwischen dem Wald- und dem Rebland her. Wein lieferten die Winzer gegen Rebpfähle der Waldbauern, und auch die Klöster St. Blasien und St. Peter waren Besitzer von Weinbergen in dem zum Rhein hin gelegenen Landstrich mit dem milden Klima.

Die L 122 verbindet Freiburg mit Staufen, doch der Wanderer zieht vielleicht den „Bettlerpfad" vor; auf dem Weg blickt er zu seiner Linken auf die Ausläufer des Schauinsland, auf der Rechten grüßen Schönberg, Ölberg und andere Absprengsel des Gebirges.

Doch zunächst stößt der Wanderer auf Merzhausen; den Übergang von der Stadt zu dieser schöngelegenen Gemeinde hat er gar nicht wahrgenommen, denn außer einem Ortsschild weist nichts auf die Stadtgrenze hin.

In den Reblagen und Wiesen des Schönbergs versteckt sich das Jesuitenschloß; 1733 als „Tusculum Belmontianum" erbaut, diente es den an der alten Universität Freiburg lehrenden Jesuiten als Studien- und Erholungsstätte. Erst der Volksmund machte aus dem Gebäude ein Schloß, heute ist es ein Freiburger Ausflugsziel mit Restaurant, von dessen großer Sonnenterrasse sich ein schöner Blick auf die Stadt bietet.

Hinter Merzhausen öffnet sich das Hexental. Daß in dieser lieblichen Gegend keine Zauberweiber mehr ihr Unwesen treiben, ist sicher; die Bezeichnung geht ohnehin auf „Hag" für „Hecken" zurück, in der Mehrzahl „Hagen" oder „Hagsen". Zwischen den Orten Au und Wittnau müht sich die Straße über einen Ausläufer des Schönbergs. Der Blick geht in eine Bilderbuchlandschaft, die kaum vermuten läßt, daß sich hier einstmals ein Meeresarm ausgebreitet hatte, als nämlich der Oberrheingraben zwischen Schwarzwald und Vogesen eingebrochen war.

Sölden begrüßt den Ankommenden mit einem auffallend schönen Dachreiter – kein Wunder, stammt er doch von Meister Peter Thumb!

In früheren Zeiten ist Sölden kaum zur Ruhe gekommen; seine bewegte Chronik berichtet von häufig wechselnder Herrschaft, von Plünderungen und Brandschatzungen, von der Pest und von Verschleppung.

Das Bollschweiler Frauenkloster wurde um 1100 nach Sölden verlegt. Ehrgeizige Pläne haben die Söldener schon häufig verwirklicht, doch das Projekt „Sölden 2000", das bis zur Jahrtausendwende die jetzige Einwohnerzahl verdoppeln sollte, wurde aufgegeben. Es hätte das verschlafene Dorf, das noch 1907 nur 300 Seelen zählte, wahrscheinlich in eine Schlafstadt für in Freiburg Beschäftigte verwandelt.

6,5 Kilometer hinter Freiburgs südlicher Stadtgrenze führt hinter Sölden das Möhlintal nach St. Ulrich. Die Straße schlängelt sich zwischen Wiesen und Waldhängen hindurch zu der kleinen Ansammlung von Häusern, in deren Mittelpunkt sich auf erhöhter Lage das gegen Mitte des 18. Jahrhunderts errichtete Gotteshaus von Peter Thumb präsentiert. Die erste Kirche ist bereits 1087 konsekriert worden und hatte zu dem vom Benediktinermönch Ulrich gegründeten Kloster gehört, das später Propstei von St. Peter wurde.

Vor der Kirche kann ein einzigartiges romanisches Werk bestaunt werden; Experten diskutieren noch, ob das wuchtige Gefäß aus rotem Sandstein als die untere Schale eines Brunnens oder als Taufbecken gedient haben mag; ebenso gehen die Meinungen über den Herkunftsort auseinander, und es gibt unterschiedliche Vermutungen darüber, wie das ortsfremde Gestein überhaupt hierhergekommen sein mag – die Sage macht es sich einfacher: Natürlich habe niemand anders als der Teufel selbst den mächtigen Stein herangeschafft. Mögen die Fachleute streiten, mag die Sage ihre eigene Interpretation anbieten, unbestritten ist, daß die steinernen Figuren- und Pflanzenbänder einen tiefen Eindruck beim Betrachter hinterlassen.

Nach dem Abstecher „St. Ulrich" zurück auf die L 122! Vom Eingang des Möhlintales aus wirkte der Ölberg noch wie eine fast gleichmäßige Kuppel, nun, vor Ehrenstetten, zerfließen die harmonischen Formen.

Es lohnt sich, von Ehrenstetten oder Bollschweil aus den Berg auf einem nicht schwierigen Rundgang zu erwandern. Alles, was die Gegend Schönes zu bieten hat, erschließt sich dabei: der Wald mit der seltenen einheimischen Art des Elsbeerbaumes (Sorbus torminalis), der den klimatisch begünstigten kalkhaltigen Standort liebt, oder der Feldahorn (Acer campestre); beide eigentlich keine Waldbäume, sind sie auf dem Ölberg doch so zahlreich, daß sie ausgedehnte Lagen bilden. Dazwischen Rebflächen – und immer wieder die wundervollen Ausblicke in die Rheinebene oder nach Staufen hinüber und auf die am Berg gelegenen Dörfer.

Felsüberhänge und Höhlen, volkstümlich „Teufelsküche" genannt, erinnern an die ersten Bewohner der Gegend, Rentierjäger, die hier 35 000 bis 8 000 Jahre vor unserer Zeitrechnung gelebt haben und Geräte aus Feuerstein hinterließen.

Vom Ölberg-Rundweg noch rasch auf den Urbergweg, zu dem Schauinsland, Belchen und eine Reihe anderer Schwarzwaldberge herübergrüßen. Im Mai erfreuen verschiedene Arten blühender Orchideen den Wanderer. Die vielen Grenzsteine am Weg stimmen auf die Begegnung mit dem rätselhaften Hohebannstein ein, einem alten „Fünfmärker", an dessen Standplatz so viele Gemeinden Anteil haben wollten. Marie Luise Kaschnitz vermutete deshalb, daß hier ein wichtiger Ort gewesen sein müsse, eine Thingstätte, der Standplatz eines besonderen Kruzifixes oder eines Galgens. Vielleicht ist das Zusammentreffen der fünf Gemarkungen dort aber auch nur ein Zufall.

Der Stein von 1748 mit den fünf Wappen soll nach J. L. Wohleb und Walter Fahl schon einen Vorgänger gehabt haben, der bereits 1563 erwähnt wird. Der jetzige alte Stein muß durch zwei Eisenbänder vor dem Auseinanderfallen bewahrt werden.

Im Dreieck „Saalenberg, Schönberg, Ölberg" sind außer Grenzmarkierungen noch andere steinerne Zeugen vorhanden, die an Unglücksfälle, Morde und andere Verbrechen erinnern. Der Gedenkstein für Marie Luise Kaschnitz auf dem Friedhof von Bollschweil, dem Dorf ihrer Kindheit, ist nicht weit von hier entfernt. Der Stein trägt ihre Worte: „Wohl denen, die gelebt, bevor sie starben". Durch ihre „Beschreibung eines Dorfes" verschaffte die mit Büchner-Preis und Goethe-Medaille ausgezeichnete Schriftstellerin Bollschweil Eingang in die Literatur. Der Text ist Bestandsaufnahme und Vision zugleich: „Eines Tages werde ich den Versuch machen, das Dorf zu beschreiben ..., wie im Bett der Straße, die einmal der Burggraben des alten Wasserschlosses war, wieder Wasser fließt ..., einen See, der aufsteigt bis zu den Höhlen der nacheiszeitlichen Jäger, den Löchern, in denen die Bewohner des Tales sich vor den Schweden versteckten ..."

Die Schweden; sie bilden ein besonderes Kapitel in der Geschichte der Hexentaldörfer. Und die Franzosen. Und die Kaiserlichen. Kriegsvolk, immer wieder. Im Dreißigjährigen Krieg wurden manche Dörfer vollständig ausgelöscht.

Da ist schon angenehmer, von den bekannten Künstlern des Tales zu erzählen. Von Christian Wentzinger, dem größten Maler und Bildhauer des Breisgaues, dessen Geburtshaus in Ehrenstetten noch zu sehen ist. Oder von Jakob Dorner, Hofmaler der bayerischen Residenz und Galeriedirektor in München, der ebenfalls aus dem Ort stammt, der 1139 als „Öristetten" erwähnt wird. Von dort kamen auch Kosmas Ruh, bekannter „Bader und Wundarzneidiener" und Elisabeth Bintzenstock. Letztere wäre jedoch wahrscheinlich für immer vergessen, hätte sie nicht als sechsundzwanzigjährige Witwe nochmals geheiratet. Deshalb kennen wir nicht nur ihren Namen, sondern wissen auch, wie sie ausgesehen hat, denn ihr zweiter Mann überlieferte ihr Aussehen der Nachwelt – sein Name: Hans Holbein d. J.

Die meisten Sagen sind alte Überlieferungen mit einem Körnchen Wahrheit; auch die vom Schönberg, dem markanten und geschichtsträchtigen Berg an der südlichen Stadtgrenze von Freiburg. Den meisten ist die Geschichte vom Ritter Georg und seinem Kampf mit dem Drachen aus frühen Schultagen oder aus Sagenbüchern bekannt, doch die wenigsten wissen, daß sich das geschilderte Geschehen am Schönberg abgespielt haben soll.

Wie so oft in Sagen, geht es auch hier um eine wunderschöne, tugendhafte Jungfrau, einen unerschrockenen jungen Ritter und einen grauslichen Drachen. Das schreckliche Ungetüm hauste auf dem Schönberg. Meistens lag es, von Menschenblut gesättigt, träge in seiner Höhle. Wenn der Drache jedoch Hunger verspürte, dann brauste er über die Siedlung Ebringen und suchte sich seine Opfer. Da er jedoch ungemein träge war, ließ er sich meistens das Menschenfutter zutreiben. Die Bauern schienen sich mit ihrem Schicksal abgefunden zu haben und bestimmten durch das Los, wer sich zu opfern hatte.

Da auch die fürstliche Familie auf der Schneeburg, am Gipfel des Schönberges, an der Verlosung teilnehmen mußte, fiel eines Tages die Wahl auf die Tochter des Fürsten. Was das Schicksal der vielen toten Bauern nicht vermocht hatte, bewirkte die Schönheit der Fürstentochter: ein junger Ritter, der unterhalb des Schönberges wohnte, nahm sich vor, den Drachen zu töten. Er betete zum Christengott und hoffte, das heidnische Ungeheuer besiegen zu können. Ablauf und Ausgang des Kampfes sind bekannt: Der Drache wurde getötet, und der Ritter durfte die schöne Fürstentochter heiraten.

Bald wurde Georg, der tapfere junge Mann, heiliggesprochen, und sein Heimatdorf, der heutige Freiburger Vorort St. Georgen, benannte sich nach ihm; sein Wappen ist noch heute Freiburgs Stadtwappen.

Die Stätten der Sage sind auf dem Schönberg und in seiner Umgebung wiederzufinden: St. Georgen, das Weindorf Ebringen, die Schneeburg, heute Ruine – beim Drachen wird es schwieriger, aber auch ihn hat es gegeben – doch davon später!

Die Legende von St. Georg ist in verschiedenen Versionen über Morgen- und Abendland verbreitet; das Geschehen wurde auch an unterschiedlichen Orten angesiedelt.

Nach heutigen Erkenntnissen dürfte es sich bei Georg um eine historische Person handeln, deren Lebensweg in Kurzform folgendermaßen verlaufen sein soll: Zur Zeit des römischen Kaisers Diokletian in Kappadozien (Kleinasien) geboren, stieg er zum Offizier auf und bekehrte sich zum

Christentum. Es gelang ihm, (durch seinen Sieg über den Drachen?) eine ganze Stadt für die christliche Lehre zu gewinnen. In Palästina setzte er sich mutig für verfolgte Christen ein und wurde deshalb gefoltert und getötet.

Im 14. Jahrhundert brachten Mönche aus St. Gallen Ebringen und die Schneeburg in den Besitz ihres Klosters. Die Schneeburg wurde 1525 in den Bauernkriegen zerstört. Die Ruine der 1329 errichteten Burg liegt heute versteckt in dichtem Wald.

Keine Mauerreste gibt es von der Siedlung Berghausen, die zum ersten Mal 986 erwähnt, aber schon im 15. Jahrhundert zerstört wurde. Die einzige Erinnerung an den Ort ist die Berghauser Kapelle. Vorgängerkirchen sind aus 748 und 1627 bekannt, sie haben jedoch neben dem heutigen Bau von 1748 gestanden. Über dem Chorbogen der Kapelle ist das Wappen der Äbte von St. Gallen zu sehen; im Innern – und das ist inmitten von Weinbergen nicht außergewöhnlich – steht eine Figur des heiligen Otmar mit dem Weinfäßchen. Der von den Alemannen verehrte Weinheilige ist auch der Klostergründer von St. Gallen, so daß die Skulptur in doppelter Hinsicht von Bedeutung für den Schönberg ist.

Seit Juni 1986 besitzt nach ihrer Renovierung die Berghauser Kapelle wieder ihren alten lichten Barock-Charakter. Die meisten der vergnügt-beschwingten Putten im oberen Altarraum sind Nachbildungen, da die Kapelle auf dem Schönberg 1978 ausgeraubt wurde.

Neben Ebringen und der Schneeburg gehörten auch die Schönberger Höfe dem Kloster St. Gallen. Heute sitzen zur warmen Jahreszeit hier die Ausflügler unter Kastanien und Linden und genießen eine Spezialität, für die einige der Gäste von weit herkommen: selbstgemachter Frischkäse.

Von den leiblichen zu geistigen Genüssen: Am Fuße des Schönbergs soll eine bekannte Versnovelle entstanden sein: „Ein ritter so geleret was / daz er an den buochen las …“ In Au, am Schönberg soll der mittelalterliche Dichter Hartmann von Aue gelebt haben, seine Novelle „Der arme Heinrich“ soll auf eine historische Person seines Heimatortes zurückgehen.

Das Werk hat in der Wirklichkeit seine Parallelen: unter anderem ist urkundlich belegt, daß ein Heinrich von Au im Breisgau Haus, Hof und allen Besitz dem Kloster St. Peter geschenkt hat – für einen historischen Beweis reichen so spärliche Angaben jedoch nicht aus.

Die sanften Hänge mit Reben, Obstbäumen und Wiesen werden durch weidende Schafherden und Schäferkarren fast zu einer Idylle. Doch die Gegend war im 17. Jahrhundert Schauplatz blutiger Kämpfe: im Sommer 1643, als zwischen Schönberg und Lorettoberg die Schlachten der Bayern unter Feldmarschall von Mercy und der Franzosen unter Turenne und Enghien ausgetragen wurden. Noch heute sind Reste der alten Schanzen auf dem Schönberg zu entdecken, aber auch das „Schlachtenkreuz“ für die etwa 7000 Opfer. An die Feldherrn dagegen erinnern einige Freiburger Straßennamen.

Vieles hat sich auf und um den 400 Meter hohen Berg zugetragen, seit sich sein Grundstock im Präkambrium bildete. Der abgesprengte Schwarzwaldbrocken ist nicht nur geschichtsträchtig, er ist auch schön, obwohl sich sein Name nicht von diesem Eigenschaftswort herleiten soll. „Schinnberg“, „Schünberg“ oder „Schümberg“ sind seine alten Bezeichnungen. Für den ursprünglichen Namen sollen die Kelten verantwortlich sein, in deren Sprache das Wort „scin“ „Bergspitze“ bedeutete.

Vom Berg aus betrachtet, scheint Ebringen zur Zeit der Kirschblüte in einem Blütenmeer zu schwimmen; die wenigen Tage des prachtvollen Ereignisses sind für die meisten die schönste Zeit am Schönberg. Trotz aller Schönheit geht unsere Zeit nicht gerade liebevoll mit einem der beliebtesten Ausflugsziele um, in dem noch Knaben-Purpurkraut und Gottesanbeterin zu finden sind. Naturschützer haben Mühe genug, zur Zeit der Krötenwanderung Warnschilder aufzustellen und Zäune zu ziehen; zunehmender Verkehr wird nicht nur für die hier stark wandernden Kröten Gefahren bringen.

Es fällt schwer, sich vorzustellen, daß einst Klima, Flora und Fauna am Schönberg völlig anders beschaffen waren und hier Saurier lebten. Wer sich jedoch vergegenwärtigt, daß einst der Archaeopterix vom Schönberg aus durch die Luft flog, dem scheint die Sage vom Drachen über Ebringen gar nicht so weit hergeholt zu sein.

Staufen

Was hat er nicht schon alles im Laufe seines langen Lebens gesehen, der kleine stolze Mann auf der Säule des Marktbrunnens von Staufen, der sich mit der Linken auf seinen Schild stützt und mit der Rechten eine Fahne hält!

Nein, *ihn* hat er nicht gesehen, den „weitbeschreyten Zauberer und Schwartzkünstler“ Faust, der wandelte sieben Jahre vor der Entstehung von Brunnen und Brunnenmännle über das Staufener Pflaster.

Gleich gegenüber dem Standort des Brunnens wohnte er, im Zimmer Nummer 5 des „Leuen“. Dort sollte er für die Herren von Staufen Gold machen, nachdem deren Silbergruben von den Freiburgern zerstört worden waren und sie keine anderen Einkünfte mehr hatten. Ob der Alchemist zuviel vom „Staufener Schloßberg“ getrunken und deshalb eine falsche chemische Reaktion in Gang gesetzt hatte? Jedenfalls wurde der „Ertzzäuberer“ am Morgen nach einer heftigen nächtlichen Explosion tot in seinem Zimmer aufgefunden, mit dem Gesicht auf dem Rücken, weil ihm das Genick umgedreht worden war, natürlich vom Teufel!

Daß es sich so zugetragen hat, dafür stehen die Herren von Zimmern, in deren Chronik es heißt: „Anno 1539 ist im Leuen zu Staufen Doctor Faustus, so ein wunderbarlicher Nigromanta, gewesen, elendiglich gestorben, und es geht die Sage, der obersten Teufel einer, der Mephistopheles, den er in seinen Lebzeiten nur seinen Schwager genannt, habe ihm, nachdem der Pact von 24 Jahren abgelaufen, das Genick abgebrochen und seine arme Seele der ewigen Verdammnis überantwortet.“

Wer der Zimmerischen Chronik nicht traut, der kann sich im „stettlin im Breysgew“ selbst überzeugen. Dort im Rathaus, auf der obersten Treppenstufe hat Mephisto seinen Fußabdruck hinterlassen – wer wird schon so pedantisch sein und vorrechnen, daß erst Anfang des 17. Jahrhunderts die hölzerne Treppe durch eine steinerne ersetzt wurde, rund 100 Jahre nach Faustens Ende!

Historischer Marktplatz von Staufen

Faust, mit dessen Namen sich die Stadt heute schmückt, wird dort auch gelegentlich auf die Bühne gebeten, so 1865 im „Löwen“, 1930/31 auf dem Marktplatz, 1949 und 1950 vor dem Unteren Schloß, 1980, 81 und 82 und schließlich 1989 unter der Regie von Eberhardt Busch anläßlich der Baden-Württembergischen Literaturtage bei einem historischen Faustspektakel, das auf dem Burgberg begann und sich durch die Stadt bis zum Marktplatz zog.

Auch Johann Peter Hebel hat dem Staufener Marktplatz eine Gedichtstrophe gewidmet:

„Z’ Staufen uf em Märt
henn si, was me gehrt:
Tanz un Wii un Lustbarkeit,
was aim numme ’s Herz erfreut,
z’ Staufen uf em Märt.“

Apropos Dichter und Schriftsteller: wievielen hat das Brunnenmännlein auf der Säule schon Auge in Auge gegenübergestanden! Sie alle aufzuzählen, wäre zu zeitraubend, so seien nur diejenigen erwähnt, die in der Stadt wohnten und gelegentlich über den Marktplatz daherkamen: Erhart Kästner, Hoimar von Ditfurth und Peter Huchel. Aber auch Sixt von Staufen, der Bildhauer und Bildschnitzer aus der Dürerzeit, und Kurt Lehmann, der Bildhauer unserer Zeit, zählen zu den berühmten Bürgern der Stadt.

Mehrmals im Laufe seiner Geschichte war Staufen von der völligen Zerstörung bedroht. Nach den Schrecken der Pest und der Hungersnöte im 14. Jahrhundert, die die Stadt nahezu entvölkerten, folgten die Verwüstungen des Dreißigjährigen Krieges, und im Jahr 1632 flackerte der Feuerschein der brennenden Burg, die von den Schweden angezündet worden war, bis zum Marktplatz herunter. Es folgten die Erbfolgekriege. Da zogen die Franzosen durchs Städtle und an ihm vorbei, 13 Jahre lang. Als dann endlich die Truppen abrückten, steckten sie die Martinskirche und 50 Wohnhäuser in Brand und hieben in den

Burgruine Staufen um 1734

Weinbergen und Obstgärten alles kurz und klein, von den Reben über die Bäume bis hin zu Türen, Pfosten und Hagwerk.

Danach gab es noch immer keine Ruhe, Truppen des Türkenlouis, die Emigrantenarmee des Prinzen Condé – das Männlein mit Schild und Fahne hat sie alle gesehen. Dann bei dem Kampf, der historische Bedeutung erhielt, stand es mitten in der Menge, als gehöre es mit seiner Ausrüstung dazu.

Es war am 24. September 1849, als hier die Badische Revolution ihr Ende fand. Tragisch, daß so viele Unschuldige ihr Leben lassen mußten: Josef Glück, der versehentlich in seiner Gaststube, im „Löwen", erschossen wurde; Franz Anton Gasz, der irrtümlich füsiliert wurde, weil die Soldaten das Haus verwechselten; die fünf Musiker aus Weil, die direkt zu Füßen des Brunnenmännleins erschossen wurden, ebenfalls auf Grund eines Mißverständnisses. Daneben die anderen Opfer, die der Putsch des Gustav Struve hier in Staufen forderte. Glück hatte dagegen der Kronenwirt, der sich entschieden gegen seine Erschießung zur Wehr setzte. An der Fassade der „Krone" ist das Geschehen dargestellt, auch die Worte, die der Wirt gesagt haben soll, sind dort aufgezeichnet: „Ich duld es nicht, daß ich erschossen werde."

Unbill hat der kleine Mann mit der Fahne selbst auch ertragen müssen, 1784 haben ihn zwei Bürger zerbrochen. Ihm wurde jedoch Genugtuung geleistet, die beiden „Halbstarken", die ihre Kräfte an der Brunnenfigur messen wollten, wurden unter Androhung des Verlustes ihres Bürgerrechts dazu „verdonnert", den Schaden zu beheben. Das haben die beiden zwar getan, doch man setzte die Jahreszahl 1786 auf seinen Schild, die jetzt irrtümlicherweise als das Entstehungsjahr des Brunnens angesehen wird.

Vom zweiten Brunnen war noch nicht die Rede! Die Staufener leisteten ihn sich 1626. Auch ohne Emanzipationsbewegung waren sie auf den Ausgleich der Geschlechter bedacht und stellten eine Frau auf die Säule, die Gottesmutter. Die ursprüngliche Maria steht allerdings nicht mehr vor der „Krone", ihren Platz hat eine Kopie eingenommen! Die schönen österreichischen und Staufener Wappen stammen jedoch aus dem Baujahr.

Drei Kelche führt Staufen im Wappen und das hat mit dem Schloßberg zu tun. Die Erklärung dafür führt über das Wörterbuch: „stauf" bedeutet „Becher, Kelch", aber auch „spitzer, kegelförmiger Berg", gemeint ist der weithin sichtbare Schloßberg.

Von zwei Festen im Jahr ist das Brunnenmännlein zeitweise ausgeschlossen, der Fasnet und dem Regionalen Weinfest. Wenn es auf dem Marktplatz wie zu Faustens Zeiten zischt und kracht und die Flammen wie beim Brand des Schlosses bei der Fasnetsverbrennung emporschlagen, dann kommt der kleine Mann in einen sicheren Kasten und erlebt nur die akustische Seite des Spektakels.

Und die vielen großen Weinzelte baut man unter den Platanen am Neumagen auf. Der Schild- und Fahnenträger sieht nur die Besucher heiter an seinem Brunnen vorbei zum Schladererplatz strömen und angeheitert zurückkehren.

Zu den Höhepunkten des kulturellen Geschehens zählen die jährlichen Musiktage, die jedes Jahr stattfindende Verleihung des Peter-Huchel-Preises und viele Veranstaltungen, seit 1989 im wiederhergestellten Stubenhaus. Ob in den „Herren-Trinkstuben", schon 1436 erwähnt, Essen und Trinken so richtig genossen werden konnten, da doch das Vergnügen durch die Zunftstatuten reglementiert wurde? Niemand sollte sich bei den „gebotenen Festmahlen gelusten lassen, ohne erhöbliche Ursache auszubleiben, bei Straff von ein Pfund Rappen". Auch solle sich niemand „übertrinken" und „niemandem übel nachreden", zwei Vorschriften, die eigentlich heute noch gelten sollten.

Originale

Wie mag es zu erklären sein, daß so viele der Originale das gastronomische Gewerbe ausüben? Entwickeln sich die humorvollen Eigenschaften beim Umgang mit den Menschen, denen man Freude bereitet, indem man ihnen Speis und Trank reicht, oder zieht es die heiteren Charaktere zu diesem Berufszweig?

Wie dem auch sei, ohne die beiden Frauen hinter der Theke wäre die Fauststadt um einige Nuancen ärmer.

Da ist Elli. „Frau Gutmann" sagen nur Fremde und die auch nicht allzu lange Zeit. Elli hat vor dem Gebäude der Winzergenossenschaft ihren Weinbrunnen, eine weit und breit im Land nicht mehr anzutreffende Einrichtung, um den sich Staufener und Stadtbesucher einträchtig zum Wein versammeln. Zwar ist der Brunnen mit vielen witzigen „Lebensweisheiten" reichlich gespickt, doch Elli hat immer noch einen Spruch mehr „drauf".

Wenn sie in der Hektik ihrer Tätigkeit Zeit findet, stimmt sie ein Lied an, am liebsten „Gold und Silber lieb ich sehr", und die Gäste sind verwundert über die glockenhelle Stimme der Weinwirtin, die den „Rempart" hinauf bis zu „Auerbachs Kellertheater" und die Hauptstraße hinab bis zum „Hirschen" klingt. Doch es kommt auch oft vor, daß Elli ihre Mundharmonika hervorholt und den Gästen das Beisammensein mit dem „Staufener Schloßberg" noch angenehmer gestaltet. Um 22 Uhr heißt ihre Melodie: „Ade zur guten Nacht, jetzt wird hier Schluß gemacht", denn mit Rücksicht auf die Nachbarn wird der Weinbrunnen um diese Zeit geschlossen.

Die Wirtin des Gasthofs „Zum Bahnhof" singt nicht hinter der Theke, was nicht bedeutet, daß sie es nicht könnte: sie hat es schon bewiesen bei der großen Sitzung der Staufener Narren. Wie jeder die Wirtin mit ihrem Vornamen Lotte anredet, so spricht man auch vom „Bahnhöfle", wenn Lottes Lokal gemeint ist.

Das Bahnhöfle ist Treffpunkt der „Goetheschüler", der stets wechselnden internationalen Schar am Staufener Goethe-Institut. Lotte „bekocht" die jungen Leute mittags, abends – wie sie gerade Lust haben, bei ihr zu speisen, doch am Donnerstagabend, da sind sie bestimmt im Nebenzimmer des Bahnhöfle beieinander. Dort haben schon mancher Deutsch Lernende und manche Studierende sich kennen und lieben gelernt, und die Anzahl der Ehen, die ihre Wurzeln in Lottes Bahnhöfle haben, ist in Briefen dokumentiert, die die Wirtin aus aller Welt erreichen, wobei ihr Vorname neben der Stadtangabe genügt, um die Post bei der richtigen Empfängerin ankommen zu lassen.

Kein Wunder, daß ein solcher Bekanntheitsgrad Repräsentationspflicht erfordert; so hat Lotte schon am schwedischen Hof an der Tafel gesessen, und 1989 war sie beim Neujahrsempfang des Bundespräsidenten zugegen.

Die kleine Lotte, die ihre Hände in Stirnhöhe heben muß, um Bier zu zapfen, hat ein großes Herz, und mancher arme Teufel hat bei ihr schon zum Sonderpreis gespeist und getrunken.

Trudperts Tal: das Münstertal

In jenen iro-schottischen Mönchen, die nach Germanien kamen, um hier mit Wort und Tat im Dienst der neuen Lehre zu wirken, müssen starke Flammen christlichen Eifers gelodert haben. Sie lebten als Eremiten, gründeten Klöster und bezahlten manchmal ihren missionarischen Eifer mit dem Leben.

So auch Trudpert, der 604 in das Tal unterhalb des Belchen kam, um die heidnischen Alamannen zu bekehren. An der Mündung des Pfaffenbaches in den Neumagen errichtete der Mönch seine Einsiedelei, doch blieben ihm hier nur rund drei Jahre, denn 607 wurde er von zweien seiner Knechte im Schlaf mit der Axt erschlagen. Am Ort der Mordtat entspringt eine Quelle, über der die Trudpert-Kapelle errichtet wurde.

860 wird die Kirche im Münstertal zum ersten Mal erwähnt. „Das Tal" ist eigentlich eine unprä-

St. Trudpert. Zeichnung von G. Bucellin 1624

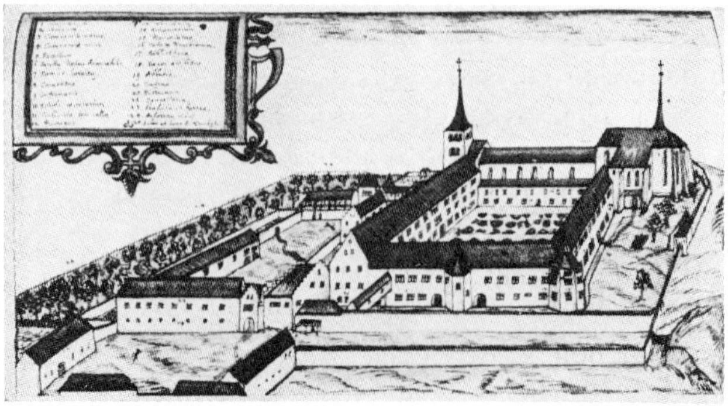

zise Bezeichnung, besteht es doch genaugenommen aus mehreren Tälern. Sein Name leitet sich von der Stadt Münster ab, die nach ihrer Zerstörung durch die Ungarn (926) zu einer blühenden mittelalterlichen Stadt aufstieg. Der Ort besaß mehrere Schmelzöfen, eine eigene Münzstätte, Spital und Kaufhaus sowie ein eigenes Siegel; 1346 wurde die Stadt von den Freiburgern zerstört, um die ernstzunehmende Konkurrentin im Silbergeschäft ein für allemal auszuschalten. Außer einem Eichenholzbalken, einem angebrannten Balkenkreuz, ist neben einigen Gefäßresten, Münzen und Ziegelsteinen nichts von der durch Silberhandel reich gewordenen Stadt übriggeblieben.

Schon früh war der Erzreichtum des Tales entdeckt worden. Weihnachten 1028 wurden dem Bischof von Basel von Kaiser Konrad II. die Rechte an den Silbergruben im Münstertal und seiner Umgebung verliehen. Das edle Metall machte nicht nur die Stadt, sondern auch das Kloster und die Herren von Staufen wohlhabend. Nach der Zerstörung von Münster kam zwar der Silberbergbau wieder in Gang, doch die Vorkommen erschöpften sich allmählich, so daß Freiherr Anton von Staufen der Gedanke kam, mit Hilfe der Alchimie zu Gold und damit zu Geld zu kommen, um sich so von seiner Schuldenlast zu befreien.

Durch die Entdeckung Amerikas und seiner Silbervorkommen lohnte sich der aufwendige Abbau des ohnehin nur noch spärlich vorhandenen Metalls nicht mehr und wurde schließlich ganz eingestellt. Trotzdem versuchte man immer wieder einmal, Erz abzubauen; im 18. und 19. Jahrhundert grub man nach Blei und im 20. nach Flußspat. Heute dient ein stillgelegter Stollen der Asthmatherapie, und in Untermünstertal wurde der „Schindler-Stollen" der Grube „Teufelsgrund" als Besuchsbergwerk eingerichtet.

Mittelpunkt des Münstertals sind Kirche und Kloster St. Trudpert. Im Bauernkrieg wurde die Abtei geplündert; der Dreißigjährige Krieg brachte dann den vollständigen Ruin, denn am 28. Dezember 1632 zerstörten 1000 Schweden Kirche, Kloster und mehr als 70 Häuser im Tal.

Peter Thumb baute zwischen 1715 und 1727 Teile der Klosteranlage und der Kirche wieder auf; neben St. Peter, St. Margarethen, der Pfarrkirche von Tiengen, St. Ulrich und den nicht mehr vorhandenen Klöstern Ettenheimmünster und Tennenbach hat der Vorarlberger Meister des süddeutschen Barocks mit St. Trudpert eine weitere Probe seines Könnens gegeben. Nach der Säkularisation wurden wichtige Teile des Klosters abgerissen. Neubauten, auch die Klosterkirche mit Kuppel, entstanden zwischen 1918 und 1929.

In der neueren Geschichte fand der Märtyrertod Trudperts eine Parallele: in den letzten Kriegstagen des Jahres 1945 ermordeten SS-Männer den Dekan Strohmayer aus Münstertal.

Nach dem Feldberg ist der Belchen mit 1414 Metern der zweithöchste Gipfel des Schwarzwaldes, viele meinen, er sei auch der schönste. Johann Peter Hebel fragte: „Ist es wahr, daß die erste Station von der Erde zum Himmel der Belchen ist?" Wer an einem klaren Herbst- oder Wintertag von hier aus das gesamte Alpenpanorama, ja sogar den 230 Kilometer entfernten Montblanc erblickt, wird Hebels Frage nachdrücklich bejahen.

Der alemannische Dichter drückte seine Bewunderung für den Belchen in immer wieder neuen Bezeichnungen aus: der Gewaltige, der Große, Niebewegte, Äthervertraute, Wolkenspendende, Weitgesehene. Er ist tatsächlich weit zu sehen und wird mit seiner weißen, leuchtenden Firnfeldkuppe die frühen Menschen beeindruckt haben, die in der weiten Ebene des eisfreien Rheintales Bison, Mammut, Nashorn und Hirsch jagten, er muß ihnen mit seinem blendenden Gipfel wie Gestalt gewordenes Licht aus einer anderen Welt erschienen sein. Der auf keltischen Ursprung zurückgehende Name „der Leuchtende" wird so verständlich; vielleicht ergibt sich auf diese Weise auch zum gallo-römischen Apollo „Belenus" oder „Mars Beleda", dem Sonnengott, eine Verbindung.

Vom Gipfel des Gewaltigen aus wirkt das Tal des hl. Trudpert winzig, doch seine Tat war gewaltig, legte er doch den Grundstein zum ersten Kloster nördlich der Alpen!

Vierbeinige Denkmäler

Im Herbst 1984 reisten achtzehn Kühe aus dem Münstertal ins Schweizer Sarganserland, um dort den Grundstock für eine besondere Zucht zu bilden und die Art zu erhalten.

Als „Hinterwälder" ist die Züchtung aus keltischem und alemannischem Rind im Gebiet des hinteren Wiesentales und in den Hochlagen von Belchen, Feldberg und Schauinsland beheimatet.

Um die Jahrhundertwende grasten im Südschwarzwald noch 32 000 dieser Kühe, heute sollen es nur noch zwischen 2500 und 2800 sein.

Schuld am Rückgang der Zahl dieser anspruchslosen Wiederkäuer ist die Einstellung, den Wert von Rindern an der Milch- und Fleischqualität zu messen. Da hatte die Hinterwälder Kuh keine Chance mehr, denn das feingliedrige Kleinrind, das sich mit kargem Weidegrund begnügt, kann mit anderen Rassen in dieser Hinsicht nicht konkurrieren.

Auch andere vierbeinige Schwarzwälder wären bald nur noch in der Erinnerung erhalten geblieben, auch sie standen kurz vor dem Aussterben. Gemeint sind die „Schwarzwälder Füchse", Kaltblutpferde, die wegen ihrer Gutmütigkeit sehr beliebt sind. Wie die Hinterwälder zeichnen sie sich durch ihre Anspruchslosigkeit aus.

Einst sollen diese Tiere mit der blonden Mähne und blondem Schweif aus Österreich in das damals vorderösterreichische St. Märgen gekommen sein, deshalb werden sie auch „St.-Märgener-Füchse" genannt. Andere Quellen behaupten jedoch, Schwarzwälder Waldbauern hätten diese Rasse speziell für die Arbeit im Wald an dichten, steilen Hängen herangezogen.

Die Schwarzwälder Füchse sind beim Holzeinschlag den Maschinen überlegen und werden als „Spezialisten für harte Waldarbeit" wieder mehr und mehr für diese Tätigkeit eingesetzt.

Es ist beruhigend zu wissen, daß weder Hinterwälder noch Schwarzwälder Füchse aus dem Bild der südwestdeutschen Landschaft verschwinden werden – zu viele Tierarten gingen schon für immer verloren.

Parallelen

Gleiche Berg- und Flußnamen, Gewann- und Flurbezeichnungen treten im Schwarzwald sehr häufig auf; Feldberg und Belchen, Murg und Kinzig sind nicht allzu weit von ihren Namensvettern entfernt, ja, Wutach und Wiese fließen – nur wenige Kilometer voneinander entfernt – in den gleichen Landschaften dahin. Wie viele Orts- und Flurnamen gleichen sich manchmal auch Sagen und Legenden, die sich an unterschiedlichen Orten ereignet haben sollen, wie eine Fichtennadel der anderen.

Im Münstertal, unterhalb des Belchen, baute der irische Mönch Trudpert als Vorläuferin des dortigen Benediktinerklosters eine Klausnerei, er starb bekanntlich eines gewaltsamen Todes. Aber auch im heutigen Kreis Lahr gibt es ein Münstertal, und auch dort wurde ein irischer Mönch in seiner Einsiedelei, Vorgängerin des ehemaligen Benediktinerklosters, ermordet. Sowohl im Breisgau als auch im Münstertal bei Ettenheimmünster sprudeln am Ort des grausamen Geschehens Quellen. Einen Unterschied zwischen den frommen Geschichten gibt es doch: während Trudpert 607 von seinen Knechten mit der Axt erschlagen wurde, kam Landelin 640 durch das Schwert eines zornigen Jägers um.

Bei der Duplizität so vieler Einzelheiten verwundert es kaum noch, daß der Baumeister Peter Thumb sowohl die zerstörte St.-Trudpert-Kirche wieder aufbaute als auch das – heute vollständig verschwundene – Kloster Ettenheimmünster umbaute und vergrößerte.

Auch zwei Legenden vom wundersamen Auffinden zweier Marienstatuen im Schwarzwald, die fast zeitgleich stattgefunden haben sollen, weisen viele Ähnlichkeiten auf: Gegen Ende des 17. Jahrhunderts lagen bei Schonach österreichische Soldaten. Bei ihrer nächtlichen Rückkehr aus der Stadt Triberg vernahmen sie häufig einen wundersamen Gesang in den Wipfeln der Tannen. Als sie einmal bei Tage die Bäume bestiegen, um der Ursache nachzugehen, fanden sie in der Spitze der größten Tanne ein hölzernes Marienbild. Später wurde in der Stadt erzählt, ein Triberger habe es ungefähr hundert Jahre zuvor als Dank für seine Heilung vom Aussatz angefertigt.

Die Soldaten stellten das Bild an den Baumstamm und einen Opferstock daneben. Auf diese Weise sammelten sie soviel Geld, daß bald eine hölzerne Kapelle gebaut werden konnte, Vorgängerin der heutigen Kirche „Maria in der Tanne".

Am Rande des baumgekrönten Giersberges bei Kirchzarten waren Hütebuben im Jahre 1700 bei ihren Herden, als sie aus dem Wald Gesang vernahmen. Bei ihren Nachforschungen fanden sie in einem der Bäume eine Madonnendarstellung. Das Gnadenbild fand nach dem Bau einer Einsiedelei und einer hölzernen Kapelle hundert Meter oberhalb von Kirchzarten ein Zuhause. Dem ersten Einsiedler beim Kirchlein folgte ein geheimnisvoller Bruder Lorenz Roste, ein Adliger mit Vermögen, wie vermutet wurde. Er ließ die heute noch erhaltene steinerne Kapelle errichten und betreute zweiundvierzig Jahre lang die Wallfahrten. Den Altar im Kirchlein schuf der Bildhauer Mathias Faller aus dem Kloster St. Märgen, dessen letztes großes Werk der Hauptaltar von Breitnau war. Zur Ausstattung der Wallfahrtskapelle gehört auch eine Anna-Selbdritt-Figur, die um 1500 entstanden ist.

Abschließend seien noch grenzüberschreitende Parallelen von Bergbezeichnungen angeführt: Der Belchen im Schwarzwald hat im Schweizer Jura einen Namensvetter und auf der französischen Rheinseite gleich drei, den Großen Belchen (Grand Ballon), den kleinen (Petit Ballon) und den elsässischen (Ballon d'Alsace). Es wird erzählt, alle fünf gleichnamigen Berge seien für keltische Druiden vermessungstechnische Fixpunkte gewesen – wer kann schon das Gegenteil beweisen?

Der Name „Heiligenbronn" ist im Schwarzwald gleich viermal anzutreffen. Das im Hotzenwald bei Waldkirch (verwundert es noch, daß es auch diesen naheliegenden Namen mehrmals gibt?) nimmt für sich in Anspruch, Schauplatz jener Legende gewesen zu sein, bei der die vertriebene schottische Königin Notburga ihrer Dienerin befahl, mit einem Stab an den Felsen zu klopfen, worauf eine Quelle hervorsprudelte, mit dessen Wasser die Königin ihr Neugeborenes, das neunte ihrer Kinder, taufen konnte.

In Heiligenbronn zwischen Breitnau und Hinterzarten, in dessen Kapelle ebenfalls eine Notburgastatue mit ihren Kindern aufbewahrt wird, erzählt man sich die gleiche Geschichte mit Hinweis auf Waldkirch, wobei unklar bleibt, in welcher Beziehung die Quelle im Hochschwarzwald zu der Legende steht.

Wie dem auch sei, die Kapelle gegenüber dem Feldberg ist seit fast 500 Jahren Wallfahrtsort für Frauen, die einer Geburt entgegensehen. Das Gnadenbild wurde früher auf die Höfe getragen, in denen Frauen niederkamen.

Sulzburg: Birchtilos Bauwerk

Während eines Rittes von Straßburg nach Weißenburg soll der Breisgaugraf Birchtilo von König Otto III. Güter im Sulzbachtal erbeten haben. Ob die Geschichte der Wirklichkeit entspricht, ist nicht zu überprüfen, jedoch existiert eine Urkunde vom 22. Juni 993, in der Otto – damals 13 Jahre alt – das Reichslehen im Sulzbachtal dem Grafen überträgt.

Sulzburg. Stich von M. Merian 1643

Dem Wunsche Birchtilos, einem Vorfahren der Zähringer, und günstigen Umständen verdankt die heutige Nachwelt eine frühmittelalterliche Kirche – eine der ältesten Steinkirchen nördlich der Alpen –, denn der Graf erbaute im gleichen Jahr 993 eine dreischiffige Pfeiler-Basilika. Er wurde 1005 in der Kirche beigesetzt, sein Grab fand sich bei der Wiederherstellung 1964.

St. Cyriak in Sulzburg besitzt architektonische und bildnerische Einmaligkeiten früher christlicher Kunst:

Der Mäanderfries, noch aus der Gründungszeit, die Holzdecke von 1510, die Krypta aus dem 11. Jahrhundert, die Fresken mit den klugen und den törichten Jungfrauen (zwischen 1510 und 1520). Das Bauwerk selbst ist ein wichtiges Zeugnis sakraler Architektur der ottonischen Zeit, das nach seiner Renovierung der ursprünglichen Form wieder sehr nahe kommt.

Der Kirchturm ist zweifellos der älteste in Südwestdeutschland; das Balkenholz stammt nachweislich von einem im Winter 996 gefällten Baum.

Der Weg nach Sulzburg führt durch einen barocken Torturm, hinter dem sich ein gemütliches Städtchen mit viel guter Bausubstanz auftut.

100 Jahre lang war Sulzburg Residenzstadt der Markgrafen – ein bescheidener Zeitraum gegen die 1200jährige Geschichte des an drei Seiten von Wald begrenzten Ortes am Ausgang des wildromantischen Sulzbachtales.

Der Wald lieferte das Holz für den Bergbau, der bis ins 3. Jahrhundert n. Chr. nachgewiesen werden kann. Über 500 Bergleute sollen während des 16. Jahrhunderts im Erzbergbau Sulzburgs beschäftigt gewesen sein. Ein Bergbau-geschichtlicher Wanderweg, ein Bergbau-Museum und begehbare Stollen geben heute einen Rückblick auf die Zeit, zu der viele Einwohner ihren Lebensunterhalt den Gütern der Berge verdankten.

Ein anderer Bodenschatz war schon zur Keltenzeit das kostbare Kochsalz, das hier aus Salzquellen gewonnen wurde.

Erinnerungen an die älteste israelitische Gemeinde Badens sind die von nazistischer Brandschatzung verschont gebliebene Synagoge und der 1670 terrassenförmig am Hang angelegte jüdische Friedhof.

Fast 1000 Jahre ruht jetzt in Sulzburg der Mann, der einst von seinem König diesen Landstrich erbat. Birchtilo muß die Gegend sehr geschätzt haben – und den vielen Besuchern, die jedes Jahr hierher kommen, ergeht es ähnlich.

Malteserstadt Heitersheim

Viermal im Jahr strömen Besucher nach Heitersheim: zum Bartholomäus- und zum Klausmarkt (Bartholomästig, seit 1466; Klaustig, seit 1481), genauso wie zum Malteserfest, dem ersten der Markgräfler Dorffeste nach dem Winter; die meisten Gäste kann Heitersheim jedoch am Fronleichnamstag zählen: die von der Künstlerin Gabriele Goebel angelegten Blumenteppiche ziehen selbst Besucher aus der weiteren Umgebung in die Malteserstadt.

Schon in den ersten frühen Stunden des Fronleichnamstages beginnen die Bürger und die Vinzenz-Schwestern mit dem Auslegen der Bilder aus Millionen Blüten, gehäckseltem Gras, Farnblättern, Zweigen, Torf, Steinen, gefärbtem Sand, Mais- und Getreide-Körnern. Bereits nach dem Malteserfest sind die ersten kunstvollen Gebilde aus dauerhafteren Materialien entstanden; Blumen und Blätter können jedoch erst am Morgen des Festtags verarbeitet werden. Die Prozessions-Teilnehmer ziehen rechts und links der Blütenteppiche von der Kirche zum Schloß hinauf und nach dem Segen wieder stadtabwärts bis zum Ochsenplatz und anschließend in die Kirche. Außer dem Priester mit der Monstranz betritt niemand die in mühseliger Arbeit entstandenen Bilder und Ornamente aus Blumen. Naturfreunden mag es weh ums Herz sein, wenn sie sehen, wie die zarten Pflanzen-Gebilde zerrupft und zu nur wenige Stunden dauernden Teppichen zusammengefügt werden. Da kann nur der Gedanke versöhnen, daß dies zur Ehre Gottes geschieht.

„Malteserstadt" – über 500 Jahre wirkten von Heitersheim aus die Ritter des Johanniter- bzw. des Malteser-Ordens. Vom Geschlecht der „Heiter" war die Besitzung an die Herren von Staufen übergegangen. 1272 übergab Ritter Gottfried von Staufen den Ort, der ab 1100 im Besitz des Klosters Murbach gewesen war, an die Freiburger Johanniter. Bis 1806 war die Geschichte von Heitersheim mit dem Orden, der sich ab 1530 „Malteser" nannte, verknüpft. In den zwanziger Jahren des 15. Jahrhunderts wurde Heitersheim Sitz des „Großpriorates Deutscher Zunge", das von den Alpen bis nach Ungarn und Skandinavien reichte.

300 Jahre lang blieb Heitersheim Sitz und Residenz des obersten Meisters, 257 Jahre lang war es Fürstentum. Doch die eigentliche Geschichte des vom Sulzbach durchflossenen Ortes begann schon viel früher: Aus der Hallstadtzeit stammt ein hier gefundenes Bronzeschwert; Platten-Gräber mit Beigaben weisen auf alamannische Siedlungen im 6. und 7. Jahrhundert hin.

Auch die Geschichte des Schlosses verlief sehr abwechslungsreich, im Bauernkrieg diente es Breisgauer Bauern als Hauptquartier; 86 Jahre nach dem Tod des letzten Fürsten, 1807, erwarben es die Freiburger Vinzentinerinnen und nutzten es als Erziehungsheim, Schwestern-Krankenhaus, Alters- und Schwesternheim. Nach einem teilweisen Abriß vermitteln die heutigen Reste des Schlosses nur noch einen unvollkommenen Eindruck von der einst prächtigen Anlage.

Ebenfalls beeindruckend muß ein größeres Gebäude gewesen sein – man spricht von einem römischen Palast – das durch Luftbilder entdeckt und mit dessen Freilegung erst begonnen wurde.

Badenweiler

Römer bei Sulzburg, Römer bei Heitersheim – wo ein mildes Klima und Berge für den Weinanbau vorhanden waren, ließen sie sich am Rande des

Badenweiler. Stahlstich 1838

Schwarzwaldes nieder; kamen dann noch heiße Quellen hinzu, so hatten sie einen idealen Siedlungsplatz gefunden.

Einen weiteren entdeckten sie auf der Sonnenterrasse des Blauen, im „Mustergärtlein" des lieben Gottes, wie Hebel später die Gegend bezeichnen wird. Hier konnten die Kinder des sonnenreichen Apennin leicht ihre Heimat vergessen, denn an diesem Schwarzwaldberg verwöhnte sie die Sonne, umgab sie eine prachtvoll-artenreiche Vegetation – und vor allem konnten sie sich dem für sie so wichtigen Badeleben hingeben.

Wurde das Heilbad als ein Vorort der römischen Provinzhauptstadt Augusta raurica angesehen? Ein Name für das Badenweiler der Römer ist jedenfalls nicht bekannt. Vielleicht hatten schon Kelten die Quellen genutzt, doch Bauten dürften sie nicht errichtet haben. Das blieb den Römern vorbehalten, die einen Badepalast erstellten, der mit 66 Metern Länge noch den von Aquae Aureliae übertraf, seine Reste wurden bereits 1784 freigelegt.

Zu dieser Zeit war die Burg Baden, oberhalb des Ortes, bereits über 100 Jahre Ruine; die Franzosen hatten sie im Holländischen Krieg gesprengt, als sie sich aus dem eroberten Badenweiler zurückzogen.

Die 1122 schon erwähnte Zähringerburg war 1444 nach häufigem Besitzerwechsel vom letzten Grafen von Freiburg seinen Neffen Rudolf und Hugo von Hachberg-Sausenberg vermacht worden; das Datum gilt als Geburtsjahr des Markgräfler Landes.

Die Ruinen von Burg und Badeanlagen sind neben dem artenreichen Kurpark heute Anziehungspunkte für die Kurgäste, unter denen in der Vergangenheit zwar auch einige berühmte Namen zu finden waren, die jedoch bei weitem nicht mit den Gästelisten von Baden-Baden konkurrieren können. Lassen sich die beiden Kurorte überhaupt miteinander vergleichen? René Schickele hat es gewagt und gemeint, der eine verhalte sich zum anderen wie Kammerspiele zum großen Theater.

Kandern

Wie oft ist sie schon erzählt worden, die Geschichte vom mittellosen Europäer, der nach Amerika auswanderte und Millionär wurde!

Der folgende Fall hat seinen Ursprung im unteren Kandertal, in dem zu Füßen der Burg Sausenberg gelegenen einstigen Bergwerksort Kandern: Johann August Sutter, ein verschuldeter Mann, der „drüben“ sein Glück machte, brachte es zu solch ausgedehntem Besitztum, daß er „Kaiser von Kalifornien“ genannt wurde.

Die schon zur Mitte des 16. Jahrhunderts erwähnte Papiermühle von Kandern weist eine Tafel als die Geburtsstätte des späteren „Kaisers“ aus, der dort am 15. Februar 1803 zur Welt kam.

Am 1. Juli 1839 erreichte Sutter San Francisco, nachdem er Frau und fünf Kinder sowie einen riesigen Schuldenberg in Kandern zurückgelassen hatte. Vor dem Einschiffen hatte er aus Le Havre seiner Angetrauten mitgeteilt, daß er nicht daran denke, zurückzukehren – und das tat er auch nicht. Mit einem Empfehlungsschreiben des amerikanischen Konsuls in Honolulu, das Sutter als einen „Schweizer Kavalier, unter Menschen ein Mann ersten Ranges“ auswies, konnte er sich östlich des Sacramento Land aussuchen. Dieser Besitz, mit einer Mauer umgeben, wurde zum „Sutter-Fort“, auf dem Getreide, Obst und Gemüse angepflanzt wurden, auf dem aber auch Schmieden, Brauereien, Gerbereien, Mühlen, Sägewerke und andere Werkstätten errichtet wurden; Viehherden und ausgedehnte Plantagen ergänzten das Bild.

Sutter, der Indianer, Deutsche, Engländer, Franzosen und Schweizer zu Hunderten eingestellt hatte, galt schließlich als der angesehenste und wohlhabendste Bürger ganz Kaliforniens.

Dem raschen Aufstieg folgte der jähe Niedergang. Auf dem Besitz des „Kaisers“ wurde Gold gefunden. So erfreulich dieser Fund für den Fort-Besitzer eigentlich hätte sein müssen, er stürzte ihn ins Unglück, denn die von überall anreisenden goldgierigen Abenteurer zerstörten bei ihrer Suche die Kulturen. Sutters Schaden wurde von einer Kommission des Senats auf eine Million Dollar geschätzt.

Am 18. Juni 1880 wurde der Unglückliche tot in einem Hotelzimmer aufgefunden; sein Fort ist als Museum neu erstanden, im Garten wächst eine Eiche aus Kandern.

Sein Biograph bezeichnete ihn zwar als „Fabulierer, bestrickender Träumer, glänzender Schauspieler auf der Bühne des Lebens“ – doch selbst nach Abstrichen dürfte noch genug vom Erfolg des einst Mittellosen übrig bleiben.

Für viele war Auswandern oft der letzte Ausweg, dem Elend in der Heimat zu entgehen, denn Notzeiten gab es auf dem Schwarzwald immer wieder. Wegen mangelnder Rentabilität waren beispielsweise im 17. Jahrhundert die letzten Silbergruben geschlossen worden; vorbei waren die „silbernen“ Zeiten, da im Münster- und oberen Wiesental, aber auch an der Kinzig „auf Silber gegraben“ und auch manchem einfachen Mann sein kleines Glück beschert worden war.

In der Gegend von Todtnau verlegte man sich auf das Bürstenmachen, während andernorts mit der schon lange gebräuchlichen Heimweberei einiges hinzuverdient wurde. 1732 erließ Markgraf Karl Friedrich ein Patent, das zur Gründung von Manufakturen anregen sollte; „fremden“ Unternehmern wurden darin besondere Privilegien eingeräumt. Das veranlaßte viele Fabrikanten aus Basel und dem Elsaß, als Ergänzung zu ihren jenseits der Grenzen bereits bestehenden Betrieben besonders im unteren Wiesental und am Rhein zusätzliche Werkstätten zu eröffnen.

Ganze Industriezweige entwickelten sich auf diese Art aus den alten Gewerben, selbst Zunder, Holzschindeln, Bürsten und die Produkte der Schnefler wurden schließlich industriell hergestellt. Großen Aufschwung erlebten die Textil- und Papierindustrie; vorbei waren die Zeiten, da die Landwirte – und später die Leineweber – aus Flachs und Hanf ihre eigenen Textilien herstellten – Bleichereien, Spinnereien und Färbereien übernahmen die Fabrikation im großen Stil, und mancher kleine, bisher selbständige Handwerker wurde Fabrikarbeiter.

Mit dem Aufkommen des „Fremdenverkehrs“ entdeckten die Menschen des Schwarzwaldes – doch nicht nur sie – daß auch die Geschenke der Natur, mit denen sie so überreich bedacht worden sind, vermarktet werden können.

Schlacht bei Kandern

Fast ungefähr ein Jahrzehnt nach dem Aufbruch des Johann August Sutter wurde seine einstige Heimat von den Ereignissen durchgerüttelt, die als „Badische Revolution“ in die Geschichte eingingen. Den größten Blutzoll dieser kurzen Zeit forderte eine Schlacht am 20. April 1848 in der Nähe von Kandern.

Friedrich Hecker

Die Freischärler waren zusammen mit ihrem Anführer Friedrich Hecker von den Regierungstruppen in der kleinen Stadt arg bedrängt worden. Vor den Truppen flüchteten die Aufrührer von Kandern zur Scheideck, dem Übergang nach Steinen. Die Soldaten unter der Führung des Generals von Gagern trafen auf die Freischärler bei der von ihnen besetzten Paßhöhe.

Das weitere Geschehen liest sich in Geschichtsbüchern so: „Bevor es zum Gefecht kam, forderte Gagern nochmals zur Niederlegung der Waffen auf. Da fielen schon die ersten Schüsse, die den General tödlich trafen."

Gustav Struve, ein weiterer Rädelsführer, schildert die Ereignisse anders, wobei er hervorhebt, die Wahrheit unverfälscht mitzuteilen: „Noch einmal riefen die Republikaner: ‚Brüder!' Mit rauher, vor Leidenschaft bebender Stimme rief Gagern diesen aber zu: ‚Gesindel seid ihr! Blut soll fließen!' Fast gleichzeitig mit dem badischen Offiziere ... an der Seite seiner Leute, fiel General v. Gagern, den Säbel in der Hand, mit seinem Pferde."

Heute erinnern auf der Scheideck Gedenksteine und eine Tafel an General von Gagern, vier Militärs und zwanzig Freischärler.

Der höchste Schwarzwaldgipfel

Es ist das Schicksal der nahe dicht bewohnter Gegenden gelegenen Berge, von den Anrainern zum „Hausberg" erkoren zu werden. Das geht dem Kandel wie dem Schauinsland, dem Schönberg wie Belchen und Blauen so – auch beim Feldberg ist es nicht anders.

Doch im Gegensatz zu den Erhebungen mit nur regionaler Bedeutung ist der höchste Gipfel im Schwarzwald und der zweithöchste in Deutschland – nach der Zugspitze – Hausberg für das gesamte baden-württembergische Ländle; Stuttgarter und Freiburger Autokennzeichen sind dort oben genauso häufig anzutreffen wie Karlsruher, Pforzheimer und Konstanzer.

Wer an Wochenenden in das Feldberggebiet fährt, bewegt sich meistens in einer längeren Autoschlange, als er sie aus den großen Städten kennt, und im Winter, nach Beginn der Skiläuferinvasion, sind an vielen Stellen die Straßenränder dichter beparkt als in manchen Straßen Freiburgs.

Der nicht ganz 1500 Meter hohe Berg hat schon immer die Menschen angelockt, das begann bald nach der Eiszeit. Es kamen Kelten, Römer und Alamannen. Wie der Belchen die Jäger der „Rheinebenen-Tundra" magisch angezogen haben muß, leuchtete und lockte auch der Feldberg mit seinen Gletschern weit ins Land hinein. Die gewaltigen Gletscherfelder, die den mit einer Firnkappe bedeckten Gipfel umringten, haben sich erst sehr spät zurückgebildet. Das heutige winterliche Bild des Feldbergmassivs vermittelt nur einen bescheidenen Eindruck des damaligen Anblicks.

Lange dauert meistens – zur Freude der Wintersportler – die weiße Jahreszeit auf den dortigen Höhen: über vier von zwölf Monaten liegt Schnee, es ist aber auch jederzeit mit Schneefall zu rechnen. Aus dem Jahre 1800 ist überliefert, daß Fürstabt Gebert von St. Blasien den Schnee von Bauern durchhacken ließ, da er ein Vergletschern befürchtete, als der Berg im Juli noch immer unter einer dichten, weißen Decke lag.

Der Feldberg ist auch „Wiege des deutschen

Der Feldsee. Von F. Höfle

Skisports“. 1891 gründeten Todtnauer den ersten deutschen Skiclub und vergnügten sich auf „Schneeschuhen“ an den Feldberghängen. Zwar wurden die Skier in Nordeuropa erfunden, doch in Deutschland nimmt das Feldbergmassiv für sich in Anspruch, die ersten Benutzer der nordischen Erfindung zu Gast gehabt zu haben. Der „erste Schneeschuläufer mit norwegischen Schneeschuhen“ war hier der Franzose Dr. R. Pilet.

Nicht einmal zwei Jahrzehnte nach Auftauchen der ersten Skiläufer wurde hier jene Vorrichtung ausgetüftelt, mit der die zu Tal Gefahrenen wieder bequem nach oben gelangen können: der Skilift. Die Schwarzwälder Erfindung, würdige Fortsetzung der Kuckucksuhren und des Orchestrions, stammt aus Schollach. Ausgedacht hatte sie sich der „Schneckenwirt“ Robert Winterhalter. Seinen ersten Lift betrieb er noch mit der Wasserkraft seiner Mühle. Der zweite wurde von einem 15-PS-Motor angetrieben und verhalf dem Schneckenwirt bei der Internationalen Wintersportausstellung in Triberg zur Goldenen Ausstellungsmedaille des Großherzogs von Baden. Der weitsichtige Plan Winterhalters, auf dem Feldberg zwei Lifte zu installieren, scheiterte an der Haltung der Feldberger, die meinten, eine solche Einrichtung würde die Landschaft verschandeln. Übrigens ist heute der einträglichste Lift des Schwarzwaldes an der gleichen Stelle in Betrieb, die auch der Schneckenwirt dafür vorgesehen hatte.

Niemand soll glauben, der Winter allein sei die ideale Jahreszeit für einen Aufenthalt auf dem 1493 Meter hohen Riesen, denn er ist auch ein Paradies für Wanderer. Der „Naturpfad Feldberg“ bietet eine unvergleichliche Vielfalt an Naturschönheiten und Fernsichten, dabei verläuft er durch ein Naturschutzgebiet mit alpiner und subalpiner Flora, die ihre größte Pracht im Sommer entfaltet. Schließlich der fast kreisrunde Feldsee mit 42 Metern Tiefe; er ist nur von Wanderern zu erreichen und bietet mit seinem dunklen, klaren Wasser zwischen den senkrechten Felswänden einen unvergeßlichen Anblick.

Menschen der vorgeschichtlichen Zeit kamen, wie später die Kelten, nur in kleinen Gruppen auf den Feldberg, heute werden jährlich rund zwei Millionen Besucher gezählt. Die Straßen erlösten einige Gemeinden des Gebietes von ihrer Einsamkeit, auf der anderen Seite machen viele, mehr als dem Berg gut tut, von der Möglichkeit Gebrauch, bequem hinaufzufahren. Wie so viele Dinge hat auch die Erschließung durch Straßen ihre zwei Seiten, denn neben der Sogwirkung auf Ausflügler ermöglicht sie erst vielen behinderten und alten Menschen die Begegnung mit der Vielfalt einer einzigartigen Landschaft und die Versorgung der Wanderer in den Berghütten.

Die Folgen massenhaft auftretender Besucher sind nicht zu übersehen: Bodennarben und Erosionsschäden an vielen Stellen. Da Schilder nur geringe Wirkung zeigen, werden Verbote an einigen Stellen durch Stacheldraht drastisch verstärkt; zusammen mit Hotelbauten, Radarschirmen und einer Vielzahl notwendiger und überflüssiger Bauten tragen sie alle nicht zur Verschönerung des höchsten Schwarzwaldberges bei. Das erste Naturschutzzentrum Baden-Württembergs soll die Ausflügler zu Feldberg-freundlichem Verhalten erziehen.

Hebels Geburtshaus in Hausen

Johann Peter Hebel. Von F. Iwanowitsch 1809

Vom „Höchsten“ eilt sie hinab in ihr Tal, „des Feldbergs liebliche Tochter“, wie J. P. Hebel die Wiese nannte. Er kannte sie genau, denn nicht weit von seinem Elternhaus entfernt durchfloß sie die „Huusemer Matten“. In Hausen, im großen Wiesental, ist das Hebelhaus heute ein besuchenswertes Heimatmuseum.

Selbstverständlich existiert neben einem großen auch ein kleines Wiesental, dessen Flüßchen allerdings vom Belchen aus auf die Reise zur Vereinigung mit seiner großen Schwester geht.

Ähnlich liegen die Verhältnisse bei der Alb, beide Flüsse entstammen verschiedenen Bergen und fließen drei Kilometer nördlich von St. Blasien zusammen. Entspringt die eine am Feldberg, so liegt die Quelle der anderen am Herzogenhorn. Beide haben ihre eigenen Täler, die nach den Hauptorten Menzenschwand und Bernau benannt sind.

Auch an den Albflüssen wuchsen Künstler heran, im Menzenschwander Tal Franz Xaver Winterhalter, der „van Dyck seiner Zeit“, wie ihn Queen Victoria bezeichnete. Er portraitierte Königinnen, Prinzessinnen und Könige von Belgien über Frankreich bis Österreich und England.

In Bernau stand die Wiege des Malers Hans Thoma, der den Schwarzwald der Vergangenheit in zahlreichen stimmungsvollen Bildern dokumentierte. Hans Thoma, von 1899 bis 1920 Galeriedirektor der Kunstschule Karlsruhe, hinterließ nicht nur in Bildern, sondern auch in vielen Aufzeichnungen Schilderungen seiner Heimat und seiner eigenen Kindheit:

„Für uns Buben war das Futterschneiden eine nicht gerade beliebte Arbeit, wenn wir im Winter von der Schule heimkamen...

Und da hat das Futterschneiden manchmal etwas lange gedauert, weil wir zwischendurch mal lieber in den Schnee hinausgegangen sind zum Schlittenfahren oder zum Schneeballwerfen...“

Von Thoma wissen wir auch, daß Fürstabt Martin Gerbert, Universalgelehrter und bedeutendster Abt St. Blasiens, den Kartoffelanbau in die Gegend gebracht hat und Pfarrer Josef Döbele von Görwihl den Heidelbeerwein: „Dem Pfarrer Döbele haben seine Görwihler zu viel Schnaps getrunken. Da hat er im Jahre 1879 den Versuch gemacht, ob man aus den Heidelbeeren nicht auch einen Wein machen könne. Der Versuch ist gelungen... Das Weinmachen aus Heidelbeeren verbreitete sich im ganzen Gebiet des früheren Zwing und Bann St. Blasien.“

St. Blasien war von Anfang an wichtig für das Bernauer Tal, denn es wurde um die Wende vom 11. zum 12. Jahrhundert vom Kloster aus besiedelt. So ist wahrscheinlich auch der Name „Bernau“ auf einen der Benediktinermönche, Berno oder Berner, zurückzuführen, die hier siedelten und um 1157 die erste Kirche bauten.

Die Winter im Schwarzwald schildert Hans Thoma als „recht lang und schneereich“, was nach den Erfahrungen der letzten Jahre kaum noch zutrifft, denn die „weiße Weihnacht“ ist hier recht selten geworden.

Der Hotzenwald

Mit ungefähr 200 Aufführungen war „De Hotzeblitz“ eines der erfolgreichsten Theaterstücke der „Alemannischen Bühne Freiburg“.

Hotzeblitz? Das unnatürliche Naturereignis soll einst im gewitterreichen Hotzenwald sehr verbreitet gewesen sein. Manche „lumpige alde Hüdde ging de Bach ab“, wenn der Hotzeblitz einschlug – Brandstiftung mittels eines Bindfadens und einer brennenden Kerze, die lang genug sein mußte, den Hausbewohnern Zeit zu lassen, auf dem Feld bei der Arbeit zu sein, wenn das „Unglück“ geschah.

Auch anderen armen Gegenden Deutschlands wird eine solche Art der Selbsthilfe nachgesagt. Ob der Versicherungsbetrug im Hotzenwald tatsächlich so häufig praktiziert wurde wie behauptet wird, ist nicht mehr festzustellen, jedenfalls kann er beim heutigen Stand der Ursachenermittlung kaum noch ausgeführt werden.

Die Bezeichnung „Hotzenwald“ kam erst im 19. Jahrhundert durch Victor von Scheffel auf, sie setzte sich nur langsam gegen das bisher verwendete „Hauensteiner Land“ durch, doch heute ist sie üblich.

Für viele, die zum erstenmal vom Hauensteiner Land, der Grafschaft Hauenstein oder der gleichnamigen Burg und Stadt hören, sind die Zusammenhänge etwas verwirrend, doch sie sind leicht zu erklären:

Die Feste Hauenstein soll bereits um 1108 bestanden haben, sie diente dem Schutz der Bewohner des gleichnamigen Ortes, der sich zu Füßen des 60 Meter hohen Burgberges, des „hohen Steines“, am Ufer des Hochrheins ausbreitete. „Ausbreiten“ ist allerdings ein unpassender Ausdruck bei einer Ansammlung von 38 Häusern, aus denen 1962 die Stadt bestand. Die Bezeichnung „Stadt“ ist dagegen völlig korrekt, denn mit ihren wenigen Häusern und den 177 Einwohnern (ebenfalls 1962) besaß Hauenstein schon seit 1317 Stadtrecht, es war somit – vor der Eingemeindung nach Laufenburg – die kleinste Stadt Deutschlands.

Vom Burgberg aus geht der Blick weit in das Rheintal. Von den einstigen Gebäuden ist dort oben allerdings nichts mehr zu sehen, bleiben einige Trümmerreste unberücksichtigt. 1503 brannte die Burg völlig nieder und wurde nicht mehr aufgebaut. Der Waldvogt, der den weiten Landstrich für Österreich verwaltete, siedelte nach Waldshut um. Die „Grafschaft Hauenstein“, die in Wirklichkeit niemals eine Grafschaft gewesen war, ist fast genau mit dem Gebiet des Hotzenwaldes identisch.

Hauensteiner Familie

Mit Entwicklungshilfe gelang es, der einstigen Armut „auf dem Wald“ Herr zu werden. Heute existiert ein gut ausgebautes Straßennetz, das die Urlauber zu properen Gasthäusern, Pensionen und Hotels mit Schwimmbad und Sauna bringt; die alten beschwerlichen Wege, wie sie die Wallfahrer, die vom Rhein nach Todtmoos pilgerten, vorfanden, existieren nicht mehr.

Der Ausdruck „Hotz“ für den Bewohner des Hotzenwaldes wird normalerweise als Hochachtung verstanden, er soll soviel wie „Waldbauer“ bedeuten. Doch die manchmal bedächtige Art der „Wälder“ fordert auch manchmal zu Spott heraus, so daß „Hotz“ auch als Beleidigung aufgefaßt werden kann – besonders wenn behauptet wird, in jener Gegend müßten die Leute morgens den Mond mit Stangen verschieben, weil es sonst nicht Tag würde.

„Hotz“ hat schon viele Deutungsversuche erfahren, nach Scheffels Meinung beispielsweise kann der Begriff von der heimischen Volkstracht abgeleitet werden, da „Hotzen“ nach den spätmittelalterlichen Zunft- und Gewerbevorschriften der Fachausdruck der Schneider für einen aus flämischem Garn hergestellten Tuchstoff ist. Anläßlich der Brautfahrt der Marie Antoinette von Wien nach Paris war auch eine Hauensteiner Kompanie zum Dienst in Freiburg angetreten. Die Städter werden die für sie sehr ungewöhnliche Tracht bestaunt, vielleicht aber auch belächelt haben.

Der 1408 habsburgisch gewordene Hotzenwald unterstand lange Zeit dem mächtigsten Kloster des Schwarzwaldes, St. Blasien. Die Hotzen, manchmal als eigenwillig, aufsässig und störrisch eingestuft, erhoben sich mehrmals gegen die Klosterherrschaft, da sie auf alte Rechte pochten, die ihnen ihr „guter Graf Hans" einst zugesagt hatte, obwohl er dazu gar nicht berechtigt gewesen war. Die Hotzenwälder griffen zu den Waffen, belagerten die Hochrheinstädte und verlangten ihr angebliches Recht. Vom ersten Aufruhr 1525 bis zur Mitte des 19. Jahrhunderts, als der letzte Aufstand niedergeschlagen wurde, gab es viel Leid, Elend – und sogar Blutvergießen. Am 29. April 1739 wurden fünf Rädelsführer hingerichtet; sie wurden um sieben Uhr von Waldshut nach Albbruck gebracht, wo sie um 9 Uhr 30 die Richtstätte erreichten. Der damalige Waldvogt berichtet an die kaiserliche Kommission: „Nach nochmaliger Verlesung der Todesurteile, Brechung des Stabes und anderer kurzer Zeremonien sind Leoni Brutschi von Dogern, Josef Lüber von Rütte, Michael Eckert von Herrischried und Michael Hartmann von Finsterlingen durch das Schwert vom Leben zum Tod hingerichtet worden. Hartmann wurde nach der Enthauptung auf ein neben dem Hochgericht (Galgen) aufgerichtetes Rad geflochten, sein Kopf in der Mitte dieses Rades mit einem Nagel angeheftet und seine in dieser Unruhe gebrauchte Hellebarde neben dem Kopf auf das Rad angeschlossen. Die zwei Köpfe des Josef Lüber und des Michael Eckert sind auf dem Galgen aufgenagelt worden" (nach Ebner). Viertausend Zuschauer wohnten dem grausigen Schauspiel bei, das acht Tage nach der Enthauptung des Jakob Leber von Brunnadern stattfand.

Einer der geistigen und politischen Führer, ja sogar Auslöser der Unruhen war Johann Fridolin Albietz, der mit Salpeter handelte und deshalb „Salpeterhans" genannt wurde, seine Anhänger bezeichneten sich als „Salpeterer", und ihre Aufstände gingen als „die drei Salpeterkriege" in die Geschichte ein.

Da selbst Hinrichtungen die Aufstände nicht zum Erliegen brachten, ließ Maria Theresia 27 Familien der „Hotzendickschädel" – insgesamt sollen es 136 Personen gewesen sein – in das von Türken verwüstete Banat umsiedeln.

Es war nicht das einzige Mal, daß „Wälder" ihre Heimat verlassen mußten. Wegen Teuerung und Not im Lande gab es mehrere Auswanderungswellen: nach Algerien, Mexiko, Texas und viele Gegenden Nordamerikas.

Ob die Nachkommen der Auswanderer in die Heimat ihrer Vorfahren zurückkehren würden? Der landschaftliche Reiz des Hotzenwaldes könnte sie schon dazu verleiten, denn nirgends ist der Schwarzwald so sagenumwoben und geheimnisvoll wie hier, nirgends ist der Tann so dunkel, gibt es noch so urwüchsige, unberührte Wälder. Das Leben der Bevölkerung hat sich, nachdem Straßen und Bahn das Land erschlossen haben und Besucher keine Seltenheit mehr sind, erheblich verbessert. Auch wenn die technischen Anlagen der Schluchseewerke und die vielen von den Kraftwerken am Hochrhein ausgehenden Stromleitungen und ihre Masten nicht recht in die Landschaft passen, so bestehen doch noch viele Paradiese, etwa die zahlreichen Moore, die verträumten Täler, die grandiosen Felspartien und eine vielseitige Flora und Fauna.

An alten Bauten existiert – von den wenigen Burgruinen abgesehen – wenig im Hotzenwald. Kein Wunder, wurde das Land doch erst relativ spät erschlossen. Nicht unerwähnt soll jedoch die Kirche von Hochsal bleiben, mit deren vierstöckigem Kirchturm die Leute auf dem Wald sich so sehr identifizieren, daß sie ihn „Alter Hotz" nennen; in ihm soll Kaspar Hauser eingesperrt gewesen sein. Von der Kirche aus dem Jahre 1089 zu zwei bemerkenswerten Kapellen: Bei Nöggenschwiel, dem Rosendorf des Schwarzwalds mit über 20 000 Rosenstöcken, steht ein Bau zur Verehrung der hl. Appolonia, die bei Zahnweh angerufen wird. Das kleine Gebäude, vor dem zwei Steinkreuze an Schneeopfer erinnern, heißt deshalb im Volksmund das „Zahnkäppele". Auf einer Waldlichtung bei Herrischried, an der Pilgerroute nach Todtmoos, liegt die Ödlandkapelle; das öde Land ist inzwischen aufgeforstet und nur der Name erinnert an den früheren Zustand.

Das bekannteste Bauwerk der Gegend ist der „Schwarzwalddom" mit seiner gewaltigen Kuppel in St. Blasien. Der erste seiner Vorgänger war vermutlich eine hölzerne Kapelle, die von den Benediktinern hier etwa 850 errichtet worden sein mag. Es folgten ein „altes" und ein „neues" Münster, denn die Geschichte von Kirche und Kloster ist eine Folge von Bränden, Zerstörungen und Wiederaufbau. Als schließlich 1783 wieder einmal ein neues Gotteshaus eingeweiht wurde, war das Ende des Klosters nicht mehr fern: im Frieden von Lunéville verlor Österreich seine Besitzungen auf dem Schwarzwald und im Breisgau, und die Säkularisation in der Folge des Reichsdeputations-

Kloster St. Blasien

hauptschlusses von 1803 verschonte auch St. Blasien nicht. Die nach Österreich ausgewanderten Benediktiner kehrten nie mehr in das von ihnen gegründete Kloster zurück. Jesuiten übernahmen das Erbe und führen seit Anfang der dreißiger Jahre dort eine Klosterschule.

1977 sorgte ein Schweißer dafür, daß die Brandserie auch in der neueren Zeit ihre Fortsetzung fand. Es entstanden zwar nur im Kloster Schäden, doch bei der Instandsetzung erfuhr auch die Kirche eine Restauration und erstrahlt seit 1984 in heiterem klassizistischen Glanz.

Der Hotzenwald und seine Bewohner haben viele unruhige Zeiten erlebt, Elend und Not waren ständiger Gast „auf dem Wald". Um diese Zustände werden die wenigsten Zuschauer wissen, die sich bei den Aufführungen des „Hotzeblitz" köstlich amüsieren. Das Stück von Hotzenwälder Bauern und ihrer listigen Daseinsbewältigung wird übrigens nur 40 bis 50 Meter von der Stelle entfernt aufgeführt, an der während des ersten Aufstandes der Salpeterhans im Gewahrsam verstarb, im Roten Bären in Freiburg, dem ältesten Gasthaus Deutschlands.

Eichener See und Erdmannshöhle

Auf dem Weg von Schopfheim nach Wehr, dort, wo sich Schwarzwald, Dinkelberg und Hotzenwald treffen, liegen auf engstem Raum einige erdgeschichtliche Merk- und Sehenswürdigkeiten beieinander, die ihr Geheimnis zum Teil bis auf den heutigen Tag bewahren konnten. Während im nahen Schopfheim so gut wie alle Begebenheiten und Bauten mit exakten Zahlen versehen werden können, ist es selbst der modernen Wissenschaft bisher noch nicht gelungen, sämtlichen seltsamen Erscheinungen am Berührungspunkt der drei Landschaften auf den Grund zu gehen.

Um den „Untergrund" geht es meistens in dieser Dolinen-Region. Dolinen sind Senken und Vertiefungen, die durch Einstürze von Erdschichten über Hohlräumen entstanden sind. Zwischen den Dörfern Eichen und Hasel finden sich eine Reihe solcher Einsturzdolinen, die Durchmesser von 20 bis 200 Meter haben, doch auch die nähere Umgebung, bis zu Nagelfluh- und Tschamber-Höhle am Rhein, ist reich an solchen Einbrüchen, von denen das Teufelsloch mit der Mündung in einen noch unerforschten Tropfsteingang der bekannteste ist.

Ebenfalls noch unerforscht sind die Zu- und Abflüsse des Eichener Sees. Mancher neugierige und nicht informierte Wanderer wird den Hinweistafeln zum See folgen und verblüfft vor einer Matte stehen, auf der soeben Gras gemäht wird – nach dem See wird er vergeblich Ausschau halten. Unter Umständen kann er manchmal viele Jahre warten, bis er ihn zu Gesicht bekommt, denn das Gewässer erscheint nur unregelmäßig.

Unterschiedlich wie sein Auftreten – in manchen Jahren mehrmals in kurzen Abständen hintereinander, dann oft lange Zeit überhaupt nicht – ist auch die Ausdehnung des Eichener Sees, der ungefähr 300 Meter Durchmesser und 3 Meter Tiefe erreichen kann. Obwohl das Wasser sehr rasch ansteigt, zwischen 10 und 150 Zentimeter am Tage, fließt es nur langsam wieder ab. Die Forscher konnten die endgültigen Vorgänge um dieses Naturkuriosum noch nicht aufklären, doch scheinen Verstopfungen im unterirdischen Höhlensystem den Grundwasserspiegel durch Stauung ansteigen und das Wasser austreten zu lassen.

Wie um den Eichener See, so ranken sich auch um die Erdmannshöhle von Hasel zahlreiche Sagen. 820 wird „Hasalaho" zum ersten Mal in einer Urkunde erwähnt. Die Liste der einst in Hasel Begüterten ist eine fast lückenlose Aufzählung aller damals rundum ansässigen Geschlechter und Klöster: St. Blasien, St. Gallen, das Stift von Säckingen, das Deutschordenshaus von Beuggen, die Herren von Bärenfels, von Wies, von Wieladingen und die Markgrafen von Sausenberg-Rötteln.

Älter als alle Geschlechter zusammen, die in

Hasel Besitz hatten, ist der Hauptanziehungspunkt des Ortes, die Tropfsteinhöhle. Sie soll – nach unsicheren Quellen – schon 1271 erwähnt worden sein, sicher verzeichnet ist „Erdmännleins Grub" jedoch 1755, und 1800 heißt es, die Höhle sei „schon seit mehreren Menschenaltern" unter dem Namen „Erdmännleins Loch" bekannt.

Der Name der Höhle hat sich aus Sagen entwickelt, die erzählen, sie sei von Erdmännlein und Erdweiblein bewohnt. Das waren kleine, hübsche Leute, die mit den Haslern freundschaftlich verkehrten, ihnen bei der Arbeit halfen – manchmal aber auch Schabernack trieben.

Johann Peter Hebel, der im nahen Schopfheim die Lateinschule besuchte, schildert die Begegnung zwischen dem „Eveli" und einem Erdweiblein: „'s Eveli seit: ‚Gott dank der, und wenn du's Erdmännlis Frau bisch, willi di nit förche'." Das Weiblein nimmt Eveli mit in die Höhle und in ihre Stube, wo „chopseri (kostbare) Stei" an den glitzernden Wänden sind.

Auch Victor von Scheffel hat im „Trompeter von Säckingen" der Höhle von Hasel ein literarisches Denkmal gesetzt.

In der vermutlich „ältesten" Höhle Deutschlands können 560 Meter begangen werden, ein kleiner Bach durchfließt sie, und durch Tropfwasser hat sich in ihrem Innern ein kleiner See gebildet.

Wie in allen Tropfsteinhöhlen tragen die einzelnen Abteilungen und Säulen-Gruppen auch hier phantasievolle Namen, und mit Phantasie vermag das Auge auch die bezeichneten Figuren zu erkennen – selbstverständlich sind auch steinerne Erdmännlein darunter. Doch nicht nur für das Auge, auch für das Ohr hat die Höhle ein seltenes Erlebnis bereit: die klingenden Tropfsteine; ein heller Ton ist zu hören, wenn sie angeklopft werden. Die Entstehung dieser hohlen Stalagmiten konnte bisher noch nicht eindeutig erklärt werden.

Einbrüche, wie sie die Dolinen bezeugen, müssen nicht nur in Wald und Feld erfolgen – können da die Leute von Hasel überhaupt noch ruhig schlafen?

Tatsächlich hat es im Ort schon entsprechende Ereignisse gegeben, so 1771, „als in des Kaspar Josten Wohnung innerhalb weniger Minuten der Stubenofen mit Brandmauer, Feuerherd und einem Teil der Küche durch einen Erdbruch hinunterstürzte, so daß nichts mehr davon zu sehen war!" Etwas ähnliches 1777 im Nachbarhaus, „wo auch der Stubenofen samt Keller mit achtzig Vierteln Grundbirnen in den Boden hinabsank." So setzte es sich fort, als 1788 des Müllers Wohnhaus, Mühle und Stallung absenkten und im Hause des Johann Jakob Bürgin der Kellerboden nachgab „und den gesamten Kartoffelvorrat verschlang." Viele Häuser, auch Turm und Chor der Kirche, wiesen damals zahlreiche Sprünge auf. Unter Pfarrhaus und Kirchhof wurden Gänge entdeckt, doch da es seit 1800 kein Ereignis dieser Art mehr in Hasel gegeben hat, wurde der Plan aufgegeben, das Dorf zu evakuieren.

Bei den Einstürzen wurde auch häufig die Höhle in Mitleidenschaft gezogen, doch viele der sichtbaren Zerstörungen wurden von Menschen verübt. Wer den riesigen, Jahrmillionen alten „Rittersaal" aus Tropfsteinen mit den herrschaftlichen Bauten der Menschen auf der Erdoberfläche vergleicht, der wird feststellen, daß die Burgen und Schlösser nur relativ kurze Zeit bestehen, wie viele Ruinen ringsum im Land und der Rest des nahen ehemaligen Schopfheimer Schlosses beweisen.

Erdmännlein-Sagen

Von Erdmännlein und Erdweiblein werden zahlreiche Geschichten erzählt, viele sind fast oder völlig mit denen der Heinzelmännchen aus Köln identisch.

Da die kleinen Leute aus dem Schwarzwald auf eine jahrhundertealte Vergangenheit zurückblikken können, dürfen sie als Vorfahren der Kölner Wichtel gelten.

Sowohl in Hasel als auch in der rheinischen Domstadt halfen die kleinen Leute den tugendhaften Menschen bei der Arbeit und ermahnten die Bösen. Für ihre Hilfe erbaten sie gelegentlich Obst oder Kuchen; im Winter war es für sie eine große Freude, auf der „Kunst", der Ofenbank, hocken zu können, um sich zu wärmen und den alten Erzählungen der „Großen" zuzuhören.

In der Nähe der Hammerschmiede von Hausen wohnten sie in einer Höhle, dem Erdmännleinsloch. Nachts kamen die kleinen Gesellen und arbeiteten fleißig in der Schmiede mit.

In der Mühle von Wehr mahlte eines der Männlein nachts das Getreide. Der Müller ließ ihm einen neuen Anzug machen, da es immer schlecht gekleidet war, legte ihn auf den Mühlstein und beobachtete den kleinen Gesellen. Der zog sogleich die neuen Kleider an, verließ die Mühle und betrat sie nie wieder.

Zwischen Wehr und Hasel vermutete ein Mann einen Dachs in einem Erdloch. Er schickte seinen Hund hinein und hielt einen Sack vor das Loch. Nach kurzer Zeit sprang auch etwas in den Sack, den der Mann auf den Rücken nahm und wegtragen wollte. Da hörte er: „Krachöhrle, wo bist du?" Und aus dem Sack tönte es: „Auf dem Buckel im Sack!" Da merkte der Mann, daß er ein Erdmännlein gefangen hatte und ließ es sogleich wieder frei.

Ein Ritter von Bärenfels verfolgte die Erdmännlein von Hasel oft mit seinen Hunden. Als einst die Schwester des Ritters vor ihm floh, bot ihr ein Erdmännlein Zuflucht an und zerschmetterte den Bärenfelser durch einen Felsbrocken.

Eine weitere Erdmännlein-Sage stellt die Verbindung zu Schneewittchen und den sieben Zwergen her, sie ist – wie die vorhergehenden – dem „Begleiter durch die Erdmannshöhle" von Michael Koschmieder entnommen: Ein habgieriger Ritter von Burg Rötteln wollte, daß seine Tochter einen reichen Grafen heiratete, doch die hatte schon einem anderen Treue geschworen. Nachts floh das Mädchen mit seinem zahmen Reh zur Erdmannshöhle, wo die Männlein sie freundlich aufnahmen. Als eines Tages das Mädchen im Freien Blumen pflückte und ihr Reh nahebei weidete, schoß der heimliche Bräutigam auf das Tier. Doch wie er seine Beute holen wollte, fand er seine Braut tödlich getroffen darniederliegen. Bis er Leute zu Hilfe herbeigeholt hatte, war der Leichnam verschwunden. Erdmännlein sollen ihn in der Höhle in einen steinernen Sarg gelegt haben, weshalb dieser Teil der Höhle heute noch Fürstengruft heißt.

Steinerne Zeugen

Reich an Kreuzen, Wegweisern, Gedenk- und Grenzsteinen, ja sogar an Menhiren ist der gesamte Schwarzwald und sein Einzugsgebiet. Buchstäblich auf Schritt und Tritt begegnet ihnen der Wanderer in den Wäldern, an Äckern, Straßen, in den Weinbergen und Ortschaften. Oft blicken diese Zeugen vergangener Zeit auf ein beträchtliches Alter zurück.

Auf etwa dreitausend Jahre wird der „Heidenstein" von Schwörstadt geschätzt. Die große steinerne Platte soll einmal eine der vier Seiten einer Grabkammer gewesen sein, und ein ovales Loch darin hat angeblich der Seele des Bestatteten als Ausgang gedient.

Ebenfalls ein hohes Alter dürften die Menhire auf dem Hotzenwald und am Hochrhein verzeichnen. Über ihre Funktion oder Bedeutung kursieren so viele, zum Teil abenteuerliche Erklärungen, daß man sich besser an eine der um diese Steine kreisenden Sagen hält, der Phantasie freien Lauf läßt und im Hinterkopf behält, daß fundierte Beweise bisher weder für die eine noch für die andere Deutung erbracht werden konnten.

Nicht ganz so betagt wie die eben erwähnten Zeitzeugen sind viele alte Grenzsteine. Sie sind erst ab Ende des Mittelalters gesetzt worden, da bis zu diesem Zeitpunkt markante landschaftliche Gegebenheiten wie Flüsse, Erhebungen und andere „natürliche" Verläufe als Grenzen ausreichten. In der zweiten Hälfte des 15. Jahrhunderts wurde damit begonnen, an umstrittenen Grenzorten Steine zu setzen, und erst ab dem 16. Jahrhundert wurden solche Steine behauen und mit Wappen, Namen, Buchstaben und Jahreszahlen versehen. Verhältnismäßig viele solcher Steine blieben im nördlichen Schwarzwald und in der Vorbergzone erhalten. Für die Kontrolle der Grenzsteine war einst ein Kollegium, der sogenannte Umgang, zuständig.

Diese Kommission schritt die Grenze ab, um den ordnungsmäßigen Zustand der Steine zu begutachten. Bei dieser Begehung mußten Kinder anwesend sein, denen an neugesetzten Steinen eine Ohrfeige verabreicht wurde, auf daß sie sich den Standort einprägten.

Seltene Grenzsteine sind die Drei-, Fünf- und sogar Siebenmärker, das heißt Steine, bei denen drei, fünf oder sieben Gemarkungen zusammenlaufen. Ein Dreimärker liegt auf der Grenze „Ahldorf – Mühlen – Rohrdorf" im nördlichen Schwarzwald, ein Fünfmärker auf dem Schönberg im Vorberggebiet, und schließlich bezeichnet ein Siebenmärker die Stelle, an der die Bänne Lörrach, Brombach, Stetten, Ottwangen, Rapperswyhl, Adelhausen-Eichsel, Hagenbach und Inzlingen zusammentreffen.

Weit in die Zeit zurück reichen auch manche „Chrützstei", steinerne Kreuze, die an Verbrechen oder Unglücksfälle erinnern. Manchmal sind die Inschriften im Laufe der Jahrzehnte und Jahrhunderte verwittert, doch im Volk sind die Anlässe für das Setzen solcher Sühne- und Gedenksteine häufig in Erinnerung geblieben.

Nach den Vorstellungen der damaligen Zeit konnten plötzlich ums Leben Gekommene ihre Sünden nicht mehr bereuen, deshalb wurden Kreuze an den Stätten des tragischen Geschehens errichtet, auf daß Vorbeikommende ein Gebet für den vom Tode Überraschten sprächen und so seine Qualen im Fegefeuer verkürzt würden.

Viele Kreuze künden vom Tod im freien Feld. Im Gewann Billinger (nördl. Schwarzwald) stand ein Steinkreuz (heute im Ort Betra), in das ein Soldat mit Lanze und ein pflügender Bauer eingemeißelt sind. Es erinnert an jenen unglücklichen Landmann, der sich wehrte, als ihm ein Soldat im Dreißigjährigen Krieg sein Pferd vom Pflug wegnehmen wollte, und der kurzerhand erschlagen wurde.

Häufig wurden in die „Mordkreuze" die Mordwerkzeuge eingeritzt, sie sind zum Teil im Laufe der Jahre verwittert – Zeichen für vergebene Schuld?

Kreuze und Gedenksteine und die damit verbundenen Geschichten sind so zahlreich, daß nur Beispiele herausgegriffen werden können: hier wurde ein Förster von einem Wilddieb erschossen, dort starb ein Bauer bei der Waldarbeit, hier stürzte eine Frau vom Erntewagen. Heute, im Zeitalter des verstärkten Motorverkehrs, nimmt an den Straßenrändern die Zahl von Gedenkkreuzen für Unfallopfer stark zu.

Auch aus Dankbarkeit wurden viele Kreuze aufgestellt, so zum Beispiel das Hans-Jehle-Kreuz auf dem Schönberg, das der Überlieferung nach an der Stelle errichtet wurde, wo ein Hund seinem Herrn das Leben rettete, als er in die Hände eines Banditen geraten war.

Nach 1945 entstanden zahlreiche neue Kreuze aus Stein und Holz, aus Dankbarkeit für glückliche Heimkehr aus Krieg und Gefangenschaft.

Eine praktische Bedeutung hatten die vielen Weg-, Feld- und Weinbergkreuze, an denen die im Freien arbeitenden Menschen beim Angelusläuten ihre Gebete verrichteten. Manchmal sind, statt eines plastischen Corpus, an den entsprechenden Stellen Haupt, Hände, Herz und Füße eingemeißelt, gelegentlich auch die sogenannten Heilszeichen wie Dornenkrone, Kelch, Speer, Hammer und Nägel.

Erwähnt seien noch einige bedeutende Kreuze des Schwarzwaldes: Ein reich mit Ornamentschmuck versehenes altes Kreuz steht nahe der historischen Unteralpfener Mühle, nicht weit davon entfernt säumen zahlreiche, zum Teil originelle Kreuze den Weg zwischen Unteralpfen und Gaiß im südlichen Hotzenwald, unter ihnen das bekannte „Feiste Hergöttle", ein 1776 auf zwei Mühlsteinen errichtetes Kreuz, bei dem Corpus und Kreuz aus einem Stein gehauen worden sind.

Auf keinen Fall darf das spektakulärste Kreuz auf dem Schwarzwald unerwähnt bleiben: der „Balzer Herrgott" oder „Winkelherrgott". Es ist kein vollständiges Kreuz, sondern ein steinernes Corpus eines vermutlich einst nahebei gestandenen Kreuzes. Zahlreich sind die Sagen, die sich um die von einer Wetterbuche umfaßte und im Laufe der Jahre umwachsene Christusfigur ranken. Dem tatsächlichen Geschehen dürfte die Annahme nahekommen, daß 1870 die Steinfigur an den damals 170 Jahre alten Baum bei Gütenbach im Forstamt Furtwangen angelehnt worden ist. 1986 wurde der Kopf, der fast vollständig zugewachsen war, wieder freigelegt. Ob Kultstein oder Kreuz, ob Grenzbezeichnung, Bildstock oder Grabstein, sie alle sind steinerne Zeugen des Lebens der Menschen und ihrer Schicksale.

Stolze Städte: Waldshut-Tiengen, Laufenburg, Bad Säckingen, Rheinfelden

Wie die prächtigen Perlen an einer Kette, so sind sie am Hochrhein aufgereiht, jene mittelgroßen Städte, die alle etwas gemeinsam zu haben scheinen und die doch alle die eigene Individualität wahren. Ob in ihnen behagliche Behäbigkeit, weltweite Industrie, oder beide gleichzeitig daheim sind – mit anderen deutschen Orten können sie nicht verglichen werden, die Hochrheinstädte am rechten Ufer des hier noch jungen Stromes.

Auf hoher Rheinterrasse, gegenüber der Aare-Mündung, erhebt sich Waldshut, 1242 bis 1249 durch Albrecht von Habsburg zum Schutze des Rheintales und zur „Hut des Waldes" erbaut. Von

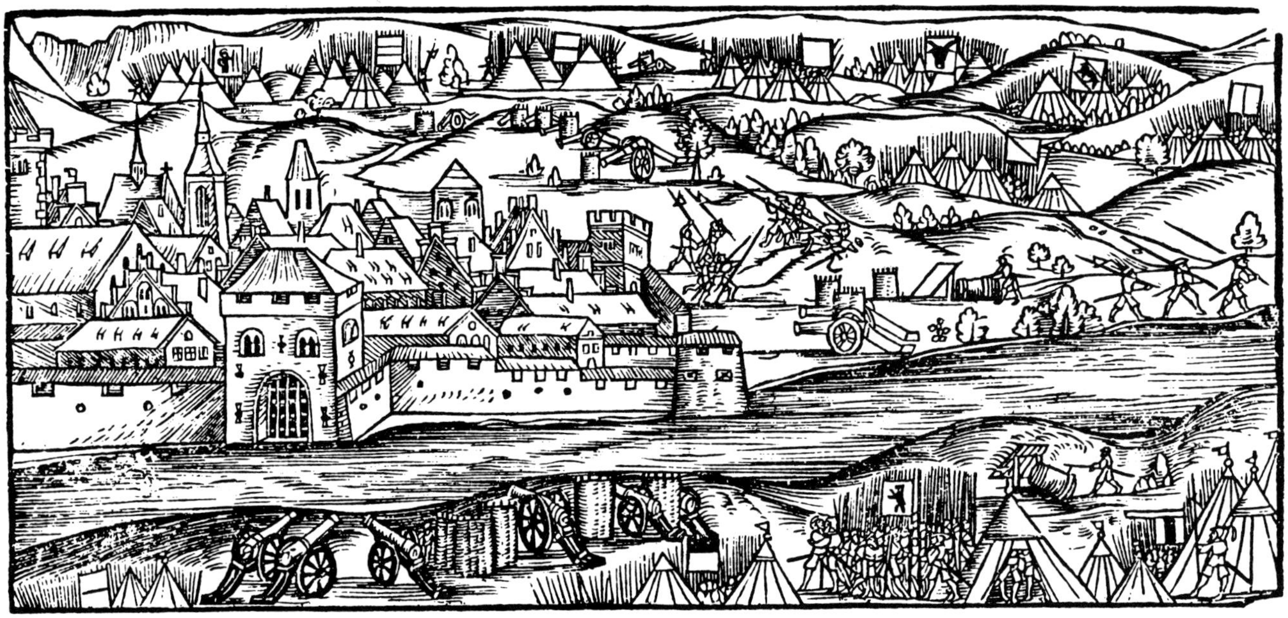

Waldshut. Holzschnitt von Johannes Stumpf 1548

hier aus beherrschte das vorderösterreichische Waldvogteiamt das einstige Hauensteiner Land.

Waldshut gehört voller Berechtigung in das hier beschriebene Gebiet, doch Tiengen, mit dem es zur „Großen Kreisstadt" zusammengefaßt wurde? Tiengen liegt östlich der Schlucht und war als Sitz der Grafen Sulz Hauptstadt der Landschaft Klettgau. Tiengen kann sich neben Waldshut durchaus behaupten. Das wird jeder bestätigen, der den entzückenden Ort mit seinen romantischen Gassen, den zahlreichen spätgotischen Häusern und der von Peter Thumb barock umgebauten, einst gotischen Pfarrkirche erlebt. Die meisten Gebäude stammen vom Wiederaufbau im 16. Jahrhundert, nachdem die Eidgenossen 1499 den Ort völlig niedergebrannt hatten.

Da war Waldshut im Jahre 1468 besser davongekommen – wie erzählt wird, durch eine List: 16 000 Schweizer belagerten damals die Stadt und gedachten sie auszuhungern. Als die Belagerung bereits fünf Wochen andauerte, waren, bis auf einen feisten Hammel, alle Vorräte der Städter aufgebraucht. Die belagerten Bürger ließen das gutgenährte Tier ungehütet auf der Stadtmauer herumlaufen. Ob der Anblick des anscheinend gleichgültig geachteten Fleischspenders oder Meinungsverschiedenheiten die Eidgenossen umstimmten, darüber wird gestritten, jedenfalls gaben sie ihren Plan auf und zogen ab.

Natürlich klingt die Hammel-Geschichte amüsanter als trockene historische Fakten, und jedes Jahr im August feiern die Waldshuter den glücklichen Ausgang des damaligen Geschehens mit dem Chilbi-Fest, selbstverständlich trabt auch immer ein geschmückter Hammel im Festzug mit, der anschließend versteigert wird.

Was den Waldshutern ihre Chilbi, ist den Tiengenern der Schwyzertag im Juli. Das Fest geht auf 1415 zurück, als es auch den Bürgern von Tiengen gelungen war, eine Belagerung der Eidgenossen erfolgreich abzuwehren.

Bewegte Zeiten haben beide Städte mehr als genug erlebt. 1524/25 hatte sich Waldshut der Reformation und dem Bauernkrieg angeschlossen, und der Wiedertäufer Balthasar Hubmaier entfesselte einen Bildersturm in der Stadt. Daraufhin entzogen die Habsburger der Gemeinde die gewährten außerordentlichen Privilegien. Weiteres Unheil brachten 1611 die Pest und im Dreißigjährigen Krieg die Schweden. 1726 vernichtete ein Großbrand fast 50 Bürgerhäuser und das Rathaus. Das heutige barocke Rathaus entstand 1770 und verleiht dem Stadtbild zwischen Oberem und Unterem Tor ein schmuckes Aussehen.

Von 1865 bis 1869 bewohnte Heinrich Hansjakob als Leiter der Bürgerschule eine Wohnung im Haus des heutigen „Rheinischen Hofes". Hier schrieb der Priester und Schriftsteller seine Abhandlung über die Salpeterer, die 1745 Waldshut belagert hatten.

Auf einem Stadtsiegel von 1273 ist bereits das „Waldshuter Männli“ zu sehen, das älteste Wahrzeichen der Stadt. Mit diesem Männlein hat es folgende Bewandnis: Der Waldshuter Rat konnte keinen Namen für seine neue Stadt finden und schrieb schließlich eine hohe Geldsumme für denjenigen aus, der einen treffenden Namen wüßte. Da kam eines Tages ein hutzeliges Männlein mit einem riesigen Hut in den Ratssaal, die „Hotzenflinte“, der Regenschirm unter dem Arm verriet, daß der Kleine vom Hotzenwald heruntergestiegen sein mußte. Das ausgesetzte Geld lag auf dem Tisch und nachdem sich das Männlein vergewissert hatte, daß es tatsächlich derjenige bekommen sollte, der einen Stadtnamen wisse, nahm es seinen Hut, strich das Geld hinein und sprach: „Ich streich das Geld in meinen Hut, die Stadt soll heißen Waldeshut“ – und so heißt sie noch immer.

Tiengens Wahrzeichen ist ein alter Eckturm der Stadtmauer, der Storchenturm.

Erlebten die Waldshuter und Tiengener ihre Vergangenheit als zwei eigenständige Städte auf unterschiedliche Weise, so haben sie seit 1975 ein gemeinsames Schicksal; möge es künftig vom Frieden bestimmt sein, auf daß sich – wie es schon seit einigen Jahren der Fall ist – die einstigen Kontrahenten, Waldshuter und Tiengener auf der einen, Schweizer auf der anderen Seite, weiterhin bei den gemeinsamen Sommerfesten zusammenfinden.

Laufenburg, zum ersten Male 1207 erwähnt, gibt es gleich zweimal, denn die deutsche Stadt hat jenseits des Flusses ihr Schweizer Pendant – Napoleon machte es 1801 möglich. Beide Städte tragen ihren Namen zu Recht, denn im Fluß hatten sie ihre gemeinsamen Felsbarrieren, im Alemannischen „Laufen“ genannt, und je eine Burg stand diesseits und jenseits des Rheins. Verbunden über das Wasser und die Landesgrenze hinweg sind die beiden Teile der einst einzigen Stadt durch eine Brücke.

Eine Brücke auch zwischen Bad Säckingen und dem schweizerischen Stein, holzgedeckt und „uralt“, was bedeutet, daß sie im 13. Jahrhundert erbaut, 1408 durch Hochwasser zerstört, wieder aufgebaut und 1480 abermals – das heißt: 11 von

Säckingen. Kupferstich von M. Merian 1644

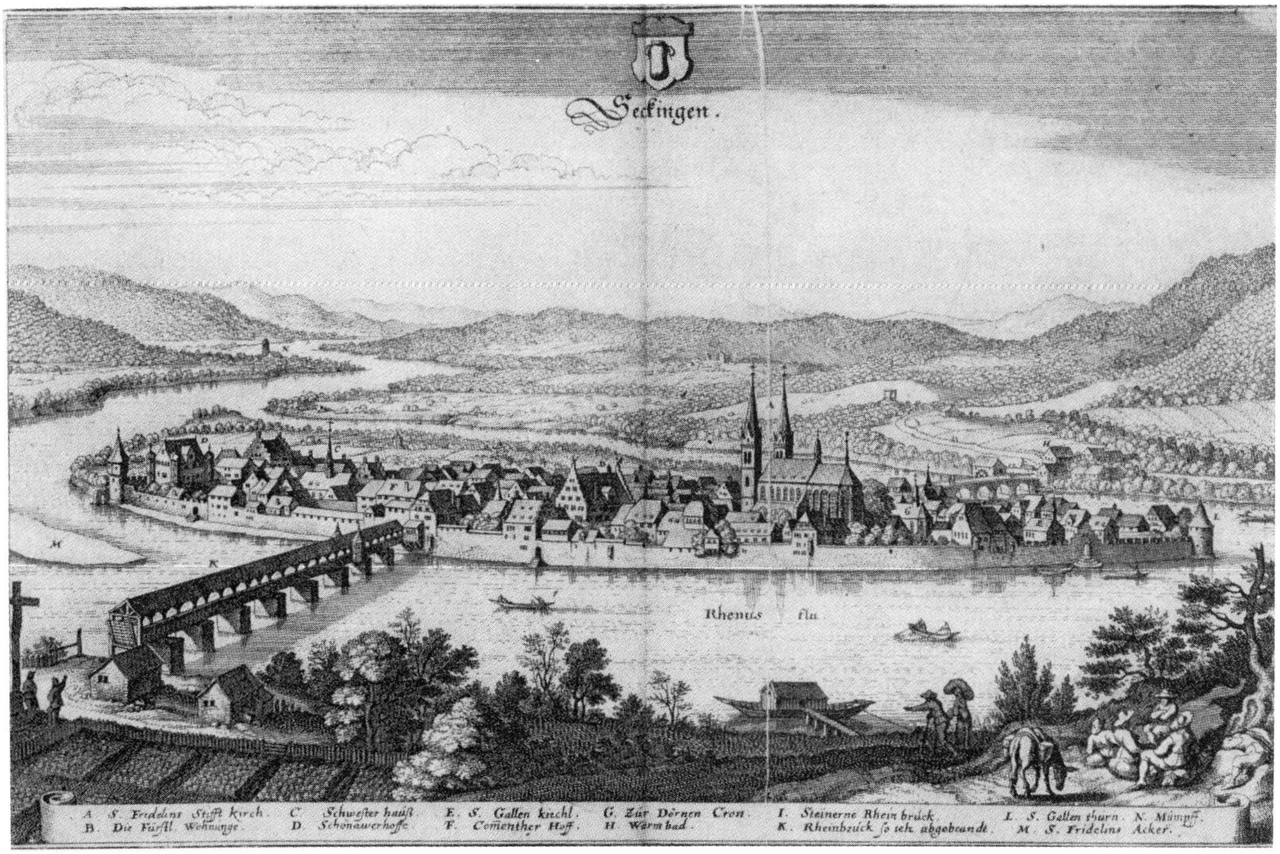

12 Brückenjochen wurden weggerissen – dem Wasser zum Opfer fiel. 1570 wurden die hölzernen durch steinerne Pfeiler ersetzt, und die Brükke erhielt ihr Aussehen, das sie bis vor kurzer Zeit hatte. Im Dreißigjährigen Krieg und 1676 wurde sie niedergebrannt, 1744 betätigte sich wieder einmal das zerstörerische Hochwasser und 1799 wieder das Feuer. Als 1990 die älteste und längste Holzbrücke Europas abermals eine Sanierung erfuhr, waren viele Säckinger – und mit ihnen mancher Tourist – mit dem Ergebnis recht unzufrieden: die einst dunkle, weit offene Konstruktion bietet sich seit 1991 hell und beinahe geschlossen dar.

Nicht nur eine hölzerne Brücke besitzt Säckingen, da sind noch die alten Häuser in der malerischen Fischergasse, der Gallusturm, die ehemalige Residenz der Fürstäbtissin und – Keimzelle und Mittelpunkt – das Fridolinsmünster. Nicht vergessen sei das Trompeterschlößchen, in dem zwar ein Trompetenmuseum eingerichtet worden ist, in dem aber der berühmte Trompeter, dem Joseph Victor von Scheffel zu Weltruhm verhalf, niemals gewohnt hat. Es gibt keinen Zweifel: die Kunstfigur des rührseligen Stückes, nach dem wirklichen Menschen Franz Werner Kirchhofer geschaffen, hat dem irischen Mönch Fridolin den Rang abgelaufen, wenn es um die Popularität geht. Dabei legte der Missionar den Grundstein zur Stadt, als er sich um 500 auf einer Rheininsel niederließ.

Joseph Victor von Scheffel. Scheffel-Medaille

Während seiner Säckinger Zeit ließ sich der Rechtspraktikant Scheffel, Schöpfer des Trompeter-Opus', gerne nahe dem Rhein nieder – im Wirtshaus „Knopf". Originalton des zech- und sangesfreudigen Dichters: „Ist dann das Tageswerk vorüber, so geht die arme Seel' ins Gasthaus ‚Zum Knopf', ...trinkt ruhig ihr Bier aus und wenn die oktroyierte Polizeistunde... eingebrochen ist, so geht sie mit ihrem Hausherrn, dem jungen Bürgermeister, nach Haus."

Polizeistunde und Singen vertragen sich schlecht miteinander, im März 1851 störte den Platzkommandanten die sangeslustige Fröhlichkeit am Stammtisch, er schickte die Wache aus, um Ruhe herzustellen. Doch Scheffel muß heftig reagiert haben und ließ sich auf eigenes Verlangen ins Wachlokal abführen. Nach einem heftigen Auftritt kam zwar alles wieder ins Lot, doch dem sensiblen Dichter war die Stadt verleidet, er meldete umgehend seinen Austritt aus dem Amt und ließ „Knopf" und Stadt hinter sich. Heute ist das 1456 erstmals erwähnte Wirtshaus ein komfortables Hotel für deutsche und schweizerische Reisende und Urlauber.

Mögen die Rheinstädte neben vielem Gemeinsamen auch eine Reihe von Einzigartigkeiten aufweisen, in einem Punkt nimmt Säckingen eine absolute Sonderstellung ein: der hoch kohlesäurehaltigen Quellen und der Mineral- und Thermalbäder wegen ist es Kurort und darf seinen Namen mit dem Prädikat „Bad" schmücken.

Um Rheinfelden hatten zwar schon prähistorische Menschen sowie Römer und Alamannen gesiedelt, doch Stadt wurde der Ort erst 1922, als sich einzelne Gemeinden zusammenschlossen. Der Name für den neuen Ort wurde kurzerhand von der auf Schweizerischer Seite gegenüberliegenden 850 Jahre älteren Stadt übernommen und damit es keine Verwechslungen gebe, nannte man sich zur Unterscheidung „Rheinfelden (Baden)".

Bei Rheinfelden wurde 1898 das erste Flußkraftwerk Europas in Betrieb genommen, es soll in den nächsten Jahren durch eine neue, modernere Anlage ersetzt werden.

Zeittafel

vor 45 Mio. Jahren	Herausbildung des Schwarzwaldes durch allmähliches Absinken des Oberrheingebietes.
600 000 bis 10 000	Eiszeit. Die Schwarzwaldhöhen sind vergletschert.
ca. 20 000 bis 1 800 v. Chr.	Steinzeit. Erstes Auftreten von Menschen. Der Schwarzwald ist noch unbesiedelter Urwald, an seinem Rande, in der Freiburger Bucht, am Hochrhein und an der Ostgrenze gibt es jedoch Siedlungsspuren. Die Flußnamen Glotter, Kinzig, Murg u.a. sind vermutlich indogermanischen (vorkeltischen) Ursprungs.
1 800-800 v. Chr.	Bronzezeit. Auf dem Schwarzwald gibt es noch keine Ansiedlungen.
ab 800 v. Chr.	Eisenzeit. Kelten haben sich in den Randgebieten des Schwarzwaldes niedergelassen. Keltische Berg- und Gewässernamen: Belchen, Brigach, Breg. Keltische Fliehburg Tarodunon (umstritten) bei Zarten.
58 v. Chr.	Cäsar besiegt die keltischen Helvetier. Das Schwarzwaldgebiet kommt unter römische Herrschaft.
74 n. Chr.	Der Schutzwall gegen die Germanen, der „Limes", wird errichtet. Römische Siedlungen wie Baden-Baden, Badenweiler, Breisach, Hüfingen, Pforzheim, Riegel und Rottweil entstehen. Die römische Heerstraße über den Schwarzwald wird angelegt.
259 / 260 n. Chr.	Germanische Alamannen durchbrechen den Limes und verdrängen die Römer. Alamannen sind die Vorfahren der heutigen Bevölkerung im südlichen Oberrheingebiet, am oberen Neckar- und Donauland sowie der deutschsprachigen Schweiz und im Vorarlberg.
496	Die Franken besiegen unter Chlodwig die Alamannen. Das Gebiet nördlich der Linie Oostal-Enztal kommt unter fränkischen Einfluß, der Raum südlich dieser Linie gehört zum alamannischen Herzogtum.
nach 600	Iro-schottische und fränkische Missionare bekehren die Bevölkerung zum Christentum; die späteren Heiligen Columban, Fridolin, Gallus, Pirmin, Trudpert und Ulrich gründen Mönchszellen und kleine Klöster.
nach 1000	Die Besiedelung der Schwarzwaldhöhen beginnt, kommt jedoch wegen der ungünstigen Beschaffenheit des Landes und der unfreundlichen Witterung nur langsam voran. Grundherren wie die Zähringer und die Grafen von Calw sowie die Benediktinerklöster erschließen Siedlungs- und Anbauflächen durch Rodung.
ab 1120	Die Zähringerstädte Freiburg, Offenburg und Villingen werden gegründet.
um 1150	Erzlagerstätten werden entdeckt und lassen den Bergbau aufblühen. Erzverhüttung, Herstellung von Holzkohle und Glas verschlingen große Mengen des vorhandenen Holzes, wodurch die Wälder verwüstet werden; Gemeinden und ganze Landstriche wie Wiesen- und Kinzigtal werden zu Notstandsgebieten, die Bewohner müssen sich neue Erwerbsquellen suchen. Hochadelsgeschlechter wie die Zähringer, die Grafen von Württemberg, die Staufer, Welfen und Zollern festigen ihre Macht.
1268	Dem Untergang der Staufer folgt eine starke territoriale Aufsplitterung.
1347-1350	Die europäische Pestepidemie verlangsamt die Besiedlung des Schwarzwaldes.
14. Jh.	Erste Aufzeichnungen über Badeleben in Griesbach, Liebenzell, Peterstal, Rippoldsau, Teinach und Wildbad.
15. Jh.	Teile Südwestdeutschlands kommen als „Vorderösterreich" unter habsburgische Herrschaft (bis 1805). Sitz der Regierung ist ab 1651 Freiburg i.Br.
1457	Gründung der Universität Freiburg.
um 1525	Die Reformation bewirkt weitere territoriale Zersplitterung. Der Bauernaufstand „Bundschuh" und die Bauernkriege verändern die soziale und wirtschaftliche Struktur.
1599	Gründung von Freudenstadt.
1618-1648	Dreißigjähriger Krieg. Einige Schwarzwaldgemeinden werden völlig ausgelöscht. Zur Abwehr der Franzosen in den Reunionskriegen wird auf dem Schwarzwaldkamm ein Verteidigungssystem errichtet.
ab 17. Jh.	Im Nordschwarzwald entstehen kleine waldgewerbliche Siedlungen. Höhepunkt der Flößerei und der Glashütten. Es bilden sich Flößer- und Glasträgerkompagnien und Textilmanufakturen; aus hausgewerblichen Anfängen entwikkelt sich eine industrielle Uhrenproduktion. Der Bergbau geht zurück. Die Bäder Baden-Baden, Badenweiler und Wildbad erleben einen erheblichen Aufschwung.
1723	Donaueschingen wird Residenz der Fürsten zu Fürstenberg.

1726-1748	Die Salpetererkriege im Hotzenwald.
1806	Unter Napoleon I. kommt es zur Gründung des Großherzogtums Baden und des Königreiches Württemberg, die zu den alleinigen Herrn auf dem Wald werden. Die Klöster werden aufgrund des Reichsdeputationshauptschlusses (1803) aufgehoben.
1813	Baden gehört dem Rheinbund an.
1815	Baden wird Mitglied des Deutschen Bundes.
1846	Die Eisenbahnstrecke Mannheim–Basel wird fertig.
1848-1849	Badische Revolution unter der Führung von Hecker und Struve.
1871	Baden wird Mitglied des Deutschen Reiches.
1873	Die „Schwarzwaldbahn" Offenburg–Villingen wird eröffnet.
1887	Feierliche Einweihung der „Höllentalbahn" Freiburg–Donaueschingen.
1891	Anfänge des Wintersports am Feldberg.
1914-1918	Erster Weltkrieg. Der Schwarzwald bleibt von Unruhen verschont.
1918	Großherzog Friedrich II. von Baden und König Wilhelm II. von Württemberg danken ab. Die Länder Freistaat Baden und Württemberg entstehen als demokratische Republiken.
1933-1945	Alle Länder werden aufgehoben; Baden und Württemberg werden Gaue. Die Judenvertreibung beginnt.
März 1944	Die Ravennabrücke im Höllental wird gesprengt.
Nov. 1944	Die Freiburger Innenstadt mit Ausnahme des Münsters wird durch Bomben zerstört.
April 1945	Freudenstadt wird zerstört und von französischen Truppen eingenommen.
1945	Der Schwarzwald kommt zur französischen Besatzungszone.
1946	Das nördlich der Autobahn Karlsruhe–Ulm gelegene Gebiet wird zum Staat Württemberg-Baden mit der Hauptstadt Stuttgart.
1947	Südlich der Autobahn entstehen die Staaten Baden mit der Hauptstadt Freiburg und Württemberg-Hohenzollern mit der Hauptstadt Tübingen.
13.5.1949	Die Bundesrepublik Deutschland wird gegründet.
25.4.1952	Die drei alten Staaten schließen sich zum neuen Bundesland Baden-Württemberg zusammen.
1962	Konrad Adenauer und Charles de Gaulle besprechen in Baden-Baden die Bildung einer Europäischen Union.

Wandern im Schwarzwald

Zahlreich sind die Wandermöglichkeiten, die der Schwarzwald zu allen Jahreszeiten bietet. Exemplarisch seien hier drei der schönsten Wanderrouten, aus dem nördlichen, dem mittleren und dem südlichen Schwarzwald, vorgestellt:

Auf dem Felsenweg über dem Achertal

Eine knapp 4stündige Rundwanderung, die geologisch und landschaftlich sehr interesssant ist. Sie bietet schöne Ausblicke in die Rheinebene, in die Schwarzwaldtäler und auf die Berge des Nordschwarzwaldes. Sie ist besonders schön im Frühjahr (Obstbaum- und Ginsterblüte) sowie im Herbst (Laubfärbung). Festes Schuhwerk ist erforderlich. Für 45 Min. führt die Wanderung über Teersträßchen.
Ausgangspunkt der Wanderung ist das Gasthaus „Schwarzwaldstube“ im Ortsteil Lauenbach (270 m) von Ottenhöfen. Neben dem Gasthaus steht ein Übersichtsplan, der den ganzen Felsenweg zeigt. Wegzeichen für den gesamten Felsenweg ist ein schwarzes F auf weißem Grund in grüner Raute.

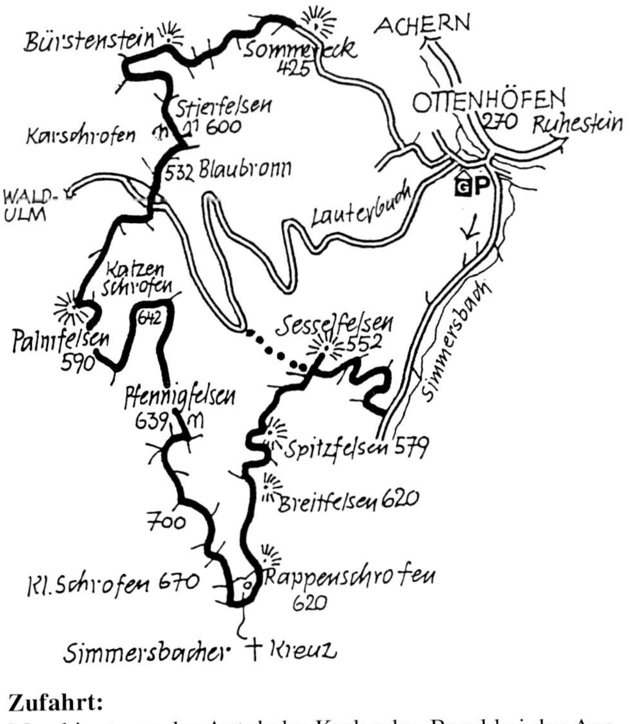

Zufahrt:
Man biegt von der Autobahn Karlsruhe–Basel bei der Ausfahrt Achern nach Osten ab, fährt an Achern vorbei in Richtung „Schwarzwaldhochstraße“, durchquert Kappelrodeck und erreicht nach 12,8 km den Ortsanfang von Ottenhöfen. Kurz nach dem Ortsschild biegt man rechts ab, überquert die Acher und kommt gleich darauf zum Gasthaus „Schwarzwaldstube“ im Ortsteil Lauenbach, wo man ausreichend Parkmöglichkeiten findet.

Anfahrt mit öffentlichen Verkehrsmitteln:
Bahn: Achertalbahn Achern–Ottenhöfen, Bahnhof Ottenhöfen, Entfernung vom Bahnhof bis zum Gasthaus „Schwarzwaldstube“ 500 m.

Gehzeit und Steigung:
Reine Gehzeit: 3 Std. 50 Min. (14 km)
Höhendifferenz: 550 m

Abkürzung:
Man fährt mit dem Wagen vom Gasthaus „Schwarzwaldstube“ das Sträßchen durch das Lauenbachtal aufwärts (Wegweiser „Blaubronn-Fahrstraße“). Nach 4 km erreicht man im Wald einen Parkplatz mit Hütte und Brunnen, wo die Wanderung beginnt. Man geht für 600 m wieder das Teersträßchen zurück. Bei einer Linkskurve wandert man ein Teersträßchen nach rechts Richtung „Sesselfelsen–Simmersbach“. Nach 20 Min. ab Parkplatz erreicht man den Sesselfelsen und führt dann die oben beschriebene Rundwanderung weiter durch. Man beendet die Rundwanderung bei dem Teersträßchen, oberhalb von Blaubronn, das man rechts abwärts geht, um nach wenigen Schritten den Parkplatz wieder zu erreichen.
Gehzeit: 2 Std. 29 Min. (9 km)
Höhendifferenz: 250 m

Einkehrmöglichkeiten:
Unterwegs keine. Am Ausgangspunkt unserer Wanderung, in Lauenbach, Gasthaus „Schwarzwaldstube“ (Montag Ruhetag, Betriebsferien im November); in den anderen Ortsteilen von Ottenhöfen zahlreiche Gaststätten.

Empfohlene Wanderkarten:
1. Atlasco-Wanderkarte 1:30.000 Nr. 233 oder 278
2. Atlasco-Wanderkarte 1:25.000 Nr. 207
3. Kompaß-Wanderkarte 1:30.000 Nr. 877
4. Schwarzwaldvereinskarte 1:50.000, Blatt 2 (Baden-Baden-Hornisgrinde)
5. Wander- und Freizeitkarte „Oberkirch-Vorderes Renchtal“ 1:25.000, herausgegeben von der Stadt 7602 Oberkirch.

Empfohlene Literatur:
„Geologische Wanderung auf dem Felsenweg", herausgegeben von den Gemeinden Ottenhöfen und Kappelrodeck, Text und Gestaltung von Dr. H. Maus. Unter anderem erhältlich in der Gaststätte „Schwarzwaldstube" am Ausgangspunkt unserer Wanderung.

Auf dem Hansjakob-Weg von Schapbach nach Schwarzenbruch

Eine gut dreistündige, sehr empfehlenswerte Rundwanderung auf dem Hansjakobweg. Der Anstieg am Anfang der Wanderung ist zwar anstrengend, aber dann ist die Wanderung außerordentlich angenehm und erholsam. Ganz besonders schön ist die aussichtsreiche Rundwanderung im Mittelteil bei den Höfen von Schwarzenbruch sowie zum Schluß durch das wildromantische Wildschapbachtal. Sie kann zu jeder Jahreszeit empfohlen werden, außer wenn viel Schnee liegt. Für 46 Min. führt die Wanderung über geteerte Sträßchen.
Die Rundwanderung beginnt an der Südseite des Gasthauses „Ochsen" (390 m), deutlich gekennzeichnet durch das Zeichen des Hansjakob-Weges, einen schwarzen Hut in weißem Feld, Richtung „Hasenacker-Littweger Höhe".

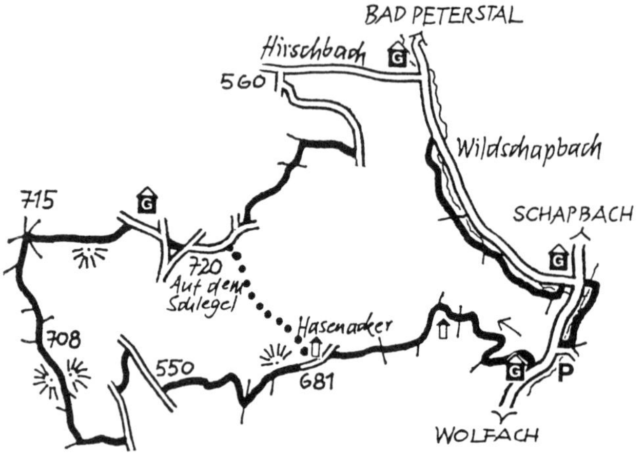

Zufahrt:
Von der Autobahn Karlsruhe–Basel benützt man die Ausfahrt Appenweier und fährt dann nach Osten auf der Bundesstraße 28 durch das Renchtal bis Bad Peterstal (30 km ab Autobahn). Dort biegt man bei der Kirche rechts ab und fährt über den Freiersberg nach Vorwildschapbach. Hier fährt man die Straße im Wolftal für 500 m rechts abwärts und findet dann bei einer schönen Doppeleiche – bei der Einmündung des Holdersbachtales – einen großen Parkplatz (43 km ab Autobahn). Man kann auch 150 m weiter fahren bis zum Hotel „Ochsen", wo ebenfalls Parkmöglichkeit besteht. Von Freiburg kommend kann man durch das Elztal auf der B 294 nach Wolfach fahren und fährt von dort das Wolftal aufwärts. Man benötigt dafür dieselbe Zeit wie über die Autobahn, jedoch ist die Strecke kürzer (67 km).
Von der Autobahn Stuttgart–Westlicher Bodensee benutzt man am besten die Ausfahrt Horb und fährt dann über Horb, Freudenstadt, Bad Rippoldsau zum angegebenen Parkplatz (52 km ab Autobahn).

Anfahrt mit öffentlichen Verkehrsmitteln:
Bus: Freudenstadt–Wolfach (Nr. 7266), Haltestelle Schapach „Ochsen".

Gehzeit und Steigung:
Reine Gehzeit: 3 Std. 5 Min. (13 km)
Höhendifferenz: 500 m

Abkürzungsmöglichkeit:
Vom Bergsattel Hasenacker nach 42 Min. Gehzeit kann man nach rechts auf dem breiten, ungeteerten Hasenackerweg (Wz. des Querweges) direkt zum Bergsattel „Auf dem Schlegel" wandern.

Einkehrmöglichkeiten:
Unterwegs: Auf dem Schlegel das „Schmalzhüsli" (nur samstags und sonntags ab 12 Uhr geöffnet; Tel. 07834/1675). In Wildschapbach, 100 m von unserer Wanderroute talaufwärts Gasthaus „Grüner Baum" (dienstags Ruhetag; Betriebsferien im Januar; Tel. 07839/218). In Vorwildschapbach Gasthaus „Tanne" (mittwochs Ruhetag; Betriebsferien im Februar; Tel. 07839/484).
Am Ausgangspunkt unserer Wanderung Hotel „Ochsen" (donnerstags Ruhetag; Betriebsferien November bis Weihnachten; Tel. 07839/223).

Empfohlene Wanderkarten und Literatur:
1. Altasco-Wanderkarte 1:30.000, Nr. 236
2. Altasco-Wanderkarte 1:25.000, Nr. 208 oder Nr. 274
3. Schwarzwaldvereinskarte 1:50.000, Blatt 4 (Offenburg-Hornberg) oder Blatt 5 (Freudenstadt-Schramberg).
4. Wander- und Freizeitkarte „Wolfach und Oberwolfach" 1:20.000, herausgegeben von den Bürgermeisterämtern 7620 Wolfach und Oberwolfach.
5. „Der Hansjakobweg". Ein Wanderführer von Kurt Klein, erschienen im Morstadt Verlag, Kehl.

Wutachschlucht-Rundwanderung

Eines der interessantesten Wandergebiete des Schwarzwaldes stellt die Wutachschlucht dar, die man unbedingt einmal durchwandert haben sollte. Wem die knapp 6stündige Rundwanderung zuviel ist, der kann sie abkürzen. Die Rundwanderung gibt ungewöhnlich interessante geologische, geographische und pflanzliche Eindrücke. Die Wanderung sollte bei trockenem Wetter durchgeführt werden und es sollte keine längere Regenperiode vorangegangen sein, da sonst die Wege sehr schlüpfrig sind. In den Sommermonaten sind am Wochenende oft größere Wandergruppen unterwegs, jedoch nicht an Werktagen. Während der Schneeschmelze wird der Wutachschluchtweg manchmal überflutet und teilweise weggeschwemmt. Der Schwarzwaldverein muß deshalb diesen Weg im Frühjahr meistens neu herrichten, was im allgemeinen bis zum 1. Mai geschehen ist. Besonders schön ist die Wanderung im Frühsommer zur Blütezeit, oder im Herbst bei der Laubfärbung. Das Wichtigste bei dieser Wanderung ist gutes Schuhwerk: man sollte für die Wanderung Bergstiefel anziehen. Die 6stündige Wanderung geht fast immer über schmale abwechslungsreiche Waldpfade, mit Ausnahme von 20 Minuten, wo sie über geteerte Landstraßen verläuft.

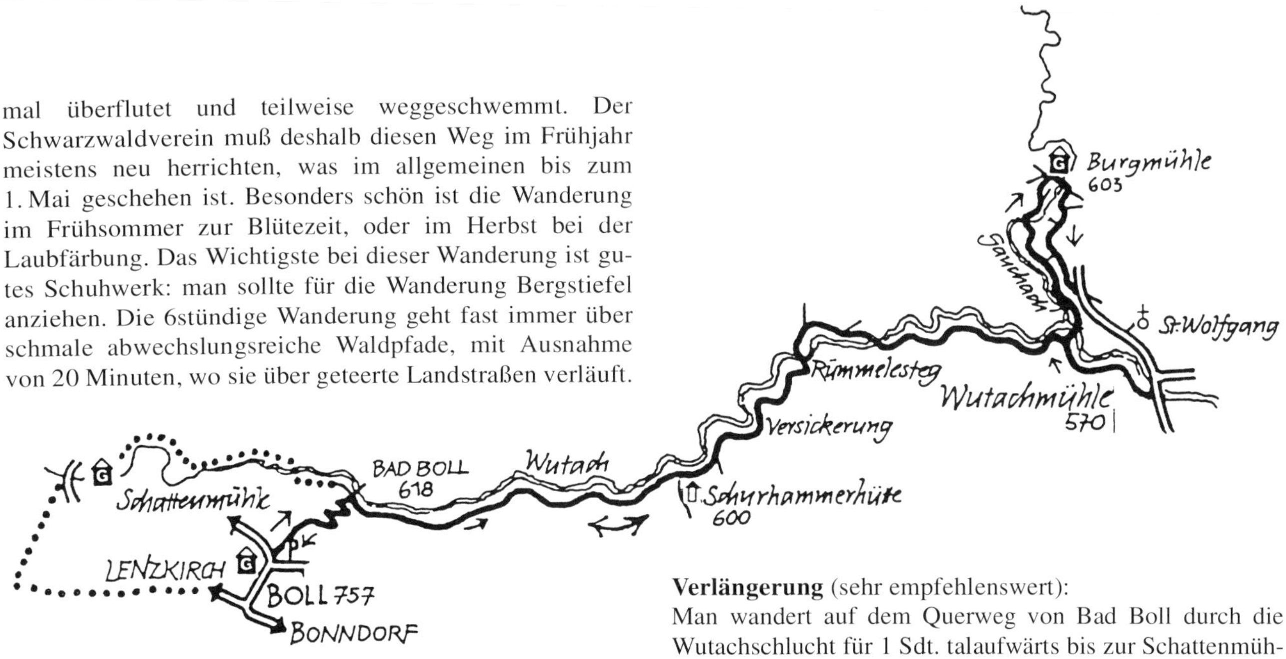

Zufahrt:
Auf der B 315 von Titisee über Lenzkirch Richtung „Bonndorf". 700 m nach der Ortsausfahrt von Gündelwangen bei der Lotenbachbrücke, biegen wir links ab, Richtung „Löffingen". Nach 100 m geht von dieser Hauptstraße ein kleines, geteertes Sträßchen rechts ab, Wegweiser: „Dorf Boll". Es geht vorbei an den wenigen Bauernhäusern von Tiefental, und nach 3 km von der Brücke aus sind wir in dem kleinen Dorf Boll, wo wir die Wutachstraße links weiter abwärts fahren, bis zum Ortsrand. Gegenüber dem Gasthof „Wutachschlucht" ist ein schöner Parkplatz mit einer Orientierungstafel. Man kann das Dorf Boll auch von Bonndorf aus mit dem Fahrzeug erreichen, oder von Löffingen über Reiselfingen und die Schattenmühle.
Die Rundwanderung kann auch an der Wutachmühle begonnen werden.

Anfahrt mit öffentlichen Verkehrsmitteln:
Ausgangspunkt Boll: Bus: Bonndorf-Wutachschlucht (Rundkurs der Südbadenbus GmbH, St. Blasien),
Haltestelle Boll Ortsmitte (verkehrt von Mai bis Oktober, nur samstags und an Sonn- und Feiertagen).
Ausgangspunkt Wutachmühle: Bus: Donaueschingen-Bonndorf (Nr. 7260), Haltestelle Wutach-Wutachmühle (verkehrt nur an Werktagen). Blumberg-Riedböhringen-Wutach-Wutachmühle (Nr. 7271) (verkehrt nur an Werktagen).

Gehsteig und Steigung:
Reine Gehzeit: 5 Std. 45 Min. (23 km)
Höhendifferenz: 550 m

Abkürzung:
Bei der Gauchachmündung wandert man die Wutachschlucht geradeaus weiter Richtung „Wutachmühle" und läßt die Gauchachschlucht links liegen.
Gehzeit: 4 Std. 45 Min. (19 km)
Höhendifferenz: 420 m

Verlängerung (sehr empfehlenswert):
Man wandert auf dem Querweg von Bad Boll durch die Wutachschlucht für 1 Sdt. talaufwärts bis zur Schattenmühle (Einkehrmöglichkeit). Von dort wandert man die wildromantische Lotenbachklamm hoch (30 Min.). Am Ende der Klamm, bei der B 315, gehen wir im spitzen Winkel nach links und wandern auf dem geteerten Sträßchen (fast kein Verkehr) für 45 Min. über Tiefental nach Boll.
Gehzeit: 8 Std. (32 km)
Höhendifferenz: 650 m

Einkehrmöglichkeiten:
Unterwegs in Bad Boll befindet sich ein Kiosk.
In der Gauchachschlucht: Naturfreundehaus „Burgmühle" (kein Ruhetag, ganzjährig geöffnet; Tel. 07654/553).
Am Ausgangspunkt in Boll: Gasthof-Pension „Wutachschlucht" (montags Ruhetag, Betriebsferien Mitte Januar bis Mitte Februar; Tel. 07703/238).
Bei der Verlängerung: Gasthaus „Schattenmühle" (im Sommer kein Ruhetag, von November bis Mai dienstags Ruhetag, Betriebsferien im November; Tel. 07654/1705).

Empfohlene Wanderkarten und Literatur:
1. Atlasco-Wanderkarte 1:30.000, Nr. 223, 224 oder 237
2. Kompaß-Wanderkarte 1:30.000, Nr. 899
3. Schwarzwaldvereinskarte 1:50.000, Blatt 9 (Schluchsee-Wutachtal)
4. Wanderkarte „Lenzkirch" 1:30.000, herausgegeben von der Kurverwaltung 7825 Lenzkirch.
5. Taschenwanderbuch Wutach- und Gauchachschlucht von Fritz Hockenjos, 5. Auflage, erschienen im Rombach-Verlag Freiburg.

Die Wanderungen sind mit freundlicher Genehmigung der Autoren Herbert Falk und Sepp Wurster den folgenden Bänden aus der Reihe Wanderparadies Schwarzwald, Atlasco-Verlag, entnommen:

Band II, Wanderung 27
Band IV, Wanderung 65
Band IX, Wanderung 179

Literaturhinweise

Archäologische Ausgrabungen in Baden-Württemberg. Hrsg: Landesdenkmalamt Baden-Württemberg, 1984 Stuttgart

Isolde Doelfs/Leif Geiges, Bad Krozingen. Freiburg, 1979

Regine Dölling, Dome, Kirchen und Klöster in Baden. Frankfurt/Main, 1967

Elisabeth Erdmann (Hrsg.), Staufen im Breisgau. Freiburg, 1989

Walter Fahl, Schönberg-Batzenberg-Panorama. Freiburg, o.J.

Leif Geiges/Annemarie Heimann-Schwarzheber, Kunstführer Markgräflerland. Mannheim, 1986

Karl Greiner, Hirsau. Alzenberg, 1950

Rolf Gustav Haebler, Geschichte der Stadt und des Kurortes Baden-Baden. Baden-Baden, 1969

Heinrich Hansjakob, Bauernblut (Neuaufl.). Haslach i.K., 1974

ders., Der Schwarze Berthold. Freiburg, 1891

ders., Der Waldshuter Krieg vom Jahre 1468. Freiburg, 1901

ders., Die Salpeterer. Waldshut, 1866

ders., Dürre Blätter. Heidelberg, 1890

ders., Erinnerungen einer alten Schwarzwälderin (Neuaufl.). Haslach i.K., 1982

Ingeborg Hecht, Der Siechen Wandel. Freiburg, 1982

dies., Die Welt der Herren von Zimmern. Freiburg, 1981

dies., Staufen. Freiburg, 1976

Albert Hiss, Kaltbrunn-Wittichen und das Kloster der Seligen Luitgard. Kaltbrunn, o.J.

Karl-Martin Hummel, Kleines Alpirsbacher Heimatbuch. Freudenstadt, o.J.

Diethard H. Klein, Badisches Hausbuch. Freiburg, 1982

Dieter Kohlhepp/Horst Friedrich Vorwerk, Hotzenwald, Wiesental, Hochrhein. Freiburg, 1988

Michael Koschmieder, Begleiter durch die Erdmannshöhle (nur vor Ort erhältlich).

A. Kottmann, „Calw im Schwarzwald“. München, ^{4}1990

Ingeborg Krummer-Schroth/Leif Geiges, Oberrheinisches Mosaik – Der Südliche Teil. Freiburg, 1981

Karl Lambrecht, Rottweiler Narrenfibel. Rottweil, 1974

Karl Lambrecht/Frieder Kraus, Masken unserer Stadt „Rottweil“. Stuttgart, 1975

Manfred Lange, Kleiner Führer durch das Münstertal. Münstertal, 1983

Thomas Lehner, Die Salpeterer. Berlin, 1977

Ekkehard Liehl, Der Hohe Schwarzwald. Freiburg, 1980

Hugo Moser, Schwäbischer Volkshumor. Stuttgart, 1981

E. Müller-Ettikon, Die Salpeterer. Freiburg, 1979

Johann Ottmar, Die Burg Neuneck und ihr Adel. Göppingen, 1974

Karl-Heinz Pohle, Der Hotzenwald. Freiburg, 1977

Rudolf Pörtner, Mit dem Fahrstuhl in die Römerzeit. Düsseldorf, o.J.

Quärmer-Käschtle, Wanderungen für Autofahrer. Freiburg, o.J.

Max Rieple, Sagen und Schwänke vom Schwarzwald. Konstanz, o.J.

Franz Prinz zu Sayn-Wittgenstein, Schwarzwald. Passau, 1975

Erika Scheerer, Fasnet in Rottweil. Rottweil, 1964

Hermann Schilli, Vogtsbauernhof. Offenburg, o.J.

Richard Schmidt, Kloster Alpirsbach. Königsheim/Ts., o.J.

Fritz Schülin (Hrsg.), Wanderführer durch das Markgräflerland. Freiburg, 1971

Wilhelm Staub, Sagen des Schwarzwaldes. Bühl-Baden, 1959

Gustav Struve, Geschichte der drei Volkserhebungen in Baden 1848/49 (Nachdr.). Freiburg, 1980

Walter Vetter (Hrsg.), Freiburg in Trümmern 1944-1952. Freiburg, 1982

Horst Friedrich Vorwerk, Breitnau. Freiburg, 1986

C.L. Wieland, Beschreibung der römischen Monumente, welche sich in der Stadt Baden bey Rastatt befinden. Karlsruhe, 1811.

Burg Kloster Kirche

Burgruine Klosterruine

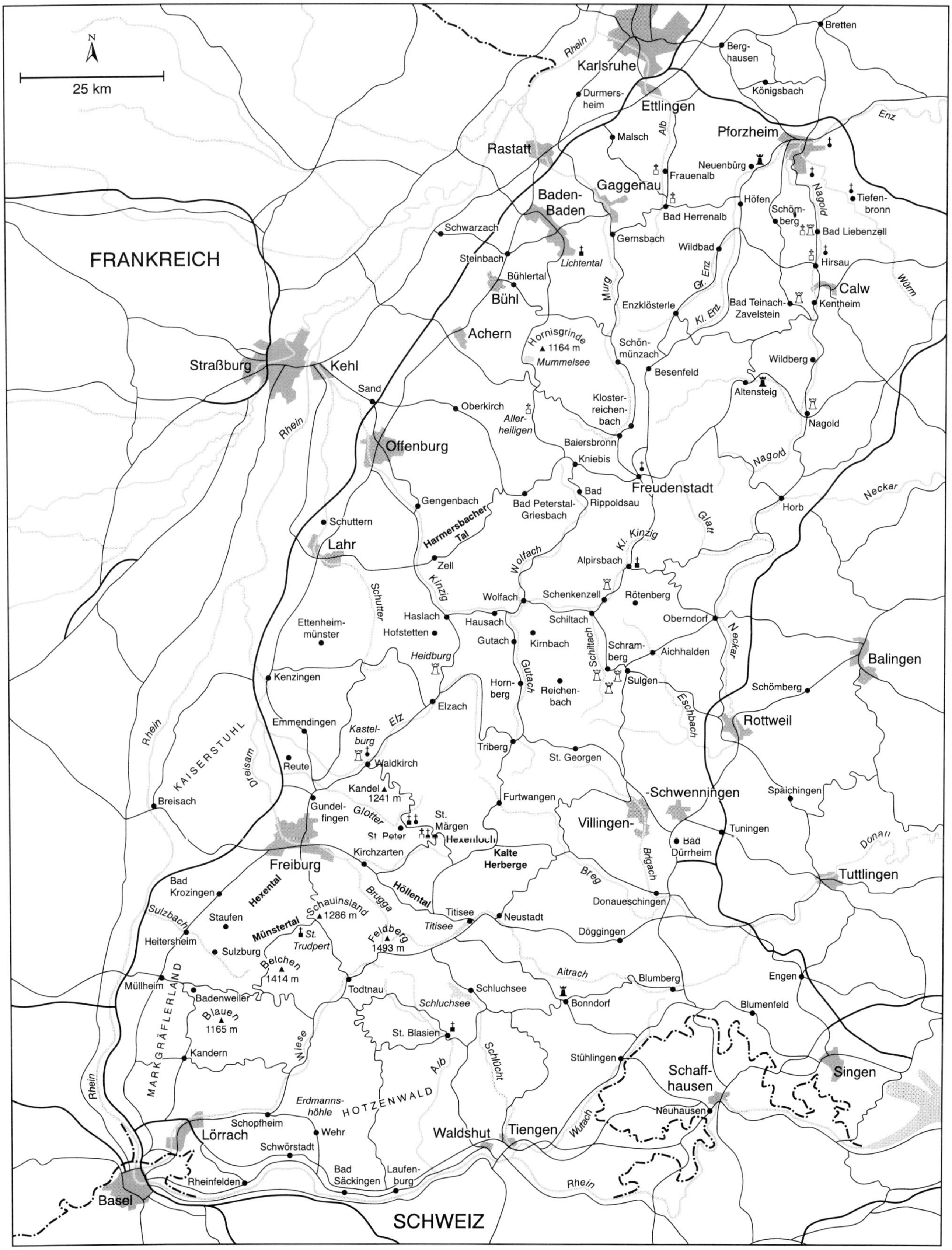

N
25 km
FRANKREICH
SCHWEIZ
Karlsruhe
Bretten
Berghausen
Königsbach
Durmersheim
Ettlingen
Pforzheim
Enz
Rhein
Malsch
Alb
Rastatt
Neuenbürg
Frauenalb
Gaggenau
Baden-Baden
Höfen
Tiefenbronn
Schömberg
Nagold
Bad Herrenalb
Bad Liebenzell
Schwarzach
Gernsbach
Wildbad
Steinbach
Lichtental
Hirsau
Bühlertal
Bühl
Murg
Gr. Enz
Calw
Kentheim
Würm
Enzklösterle
Kl. Enz
Bad Teinach-Zavelstein
Achern
Hornisgrinde
1164 m
Mummelsee
Schönmünzach
Straßburg
Kehl
Wildberg
Besenfeld
Altensteig
Sand
Oberkirch
Allerheiligen
Klosterreichenbach
Nagold
Offenburg
Baiersbronn
Kniebis
Freudenstadt
Bad Rippoldsau
Bad Peterstal-Griesbach
Gengenbach
Horb
Neckar
Glatt
Schuttern
Harmersbacher Tal
Lahr
Zell
Wolfach
Kl. Kinzig
Alpirsbach
Schutter
Kinzig
Schenkenzell
Rötenberg
Wolfach
Haslach
Hausach
Schiltach
Oberndorf
Ettenheimmünster
Hofstetten
Gutach
Kirnbach
Schiltach
Schramberg
Aichhalden
Heidburg
Neckar
Balingen
Kenzingen
Hornberg
Gutach
Reichenbach
Sulgen
Schömberg
Elzach
Eschbach
Rottweil
Emmendingen
Kastelburg
Elz
Triberg
St. Georgen
Rhein
Kaiserstuhl
Dreisam
Reute
Waldkirch
Kandel
1241 m
Furtwangen
Villingen-Schwenningen
Spaichingen
Breisach
Gundelfingen
Glotter
St. Märgen
St. Peter
Hexenloch
Tuningen
Bad Dürrheim
Donau
Freiburg
Kirchzarten
Kalte Herberge
Brigach
Breg
Tuttlingen
Bad Krozingen
Hexental
Brugga
Höllental
Donaueschingen
Sulzbach
Staufen
Schauinsland
1286 m
Titisee
Neustadt
Titisee
Münstertal
St. Trudpert
Feldberg
1493 m
Döggingen
Heitersheim
Sulzburg
Belchen
1414 m
Aitrach
Blumberg
Engen
Müllheim
Todtnau
Schluchsee
Markgräflerland
Badenweiler
Schluchsee
Bonndorf
Blumenfeld
Blauen
1165 m
St. Blasien
Schlücht
Kandern
Wiese
Alb
Stühlingen
Schaffhausen
Singen
Rhein
Erdmannshöhle
Hotzenwald
Neuhausen
Schopfheim
Wutach
Lörrach
Wehr
Waldshut
Tiengen
Schwörstadt
Bad Säckingen
Laufenburg
Rheinfelden
Rhein
Basel

Register

Auf den Spuren großer Kulturen

Diese repräsentativen Bild-/Text-Bände folgen den Spuren großer Kulturen. Mit brillanten Farbfotografien und profunden Texten porträtieren sie Kulturlandschaften und bedeutende Städte der Welt.

Kurt Benesch
Santiago de Compostela
200 Seiten mit 120 Farbfotografien
ISBN 3-451-22466-6

Mourad Kusserow/Wolfgang Müller
Kulturlandschaft Andalusien
200 Seiten mit 188 Farbfotografien
ISBN 3-451-22468-2

Heinrich Pleticha/Wolfgang Müller
Kulturlandschaft Thüringen
200 Seiten mit über 140 Farbfotografien
ISBN 3-451-22314-7

Heinrich Pleticha/Wolfgang Müller
Kulturlandschaft Sachsen
200 Seiten mit ca. 120 Farbfotografien
ISBN 3-451-22913-7

Mourad Kusserow/Wolfgang Müller
Marokko
Land zwischen Orient und Okzident
200 Seiten mit 100 Farbfotografien
ISBN 3-451-21805-4

Karl-Heinz Fleckenstein/Wolfgang Müller
Jerusalem
Die Heilige Stadt der Juden, Christen und Muslime
224 Seiten mit 126 Farbfotografien
ISBN 3-451-21256-0

Heinrich Pleticha/Wolfgang Müller
Unvergängliches Prag
Die Goldene Stadt in Geschichte und Gegenwart
208 Seiten mit 101 Farbfotografien
ISBN 3-451-21453-9

Heinrich Pleticha/Wolfgang Müller
Die Toskana
Spurensuche im Land der Etrusker und der Renaissance
200 Seiten mit 145 Farbfotografien
ISBN 3-451-22031-8

Heinrich Pleticha/Erich Spiegelhalter
Burgund
Spurensuche im Land der Klöster und großen Herzöge
200 Seiten mit ca. 100 Farbfotografien
ISBN 3-451-22914-5

Ilma Reissner
Georgien
Geschichte – Kunst – Kultur
240 Seiten mit 99 Farbfotografien
ISBN 3-451-21454-7